乡村旅游与乡村酒店

——贵州省第三届乡村酒店发展论坛文集

主编 张文磊 梁文清 彭远森

主办单位：贵州省旅游资源保护与开发促进会
贵州省都匀市人民政府
贵州省黔南布依族苗族自治州旅游局
黔南民族师范学院

西南交通大学出版社
·成 都·

图书在版编目（ＣＩＰ）数据

乡村旅游与乡村酒店：贵州省第三届乡村酒店发展
论坛文集/张文磊，梁文清主编. —成都：西南交通
大学出版社，2016.1
　　ISBN 978-7-5643-4446-7

Ⅰ. ①乡… Ⅱ. ①张… ②梁… Ⅲ. ①乡村 – 旅游业
发展 – 中国 – 文集②乡村 – 旅游饭店 – 经营管理 – 中国 –
文集 Ⅳ. ①F592.3-53②F719.2-53

中国版本图书馆 CIP 数据核字（2016）第 002963 号

乡村旅游与乡村酒店
——贵州省第三届乡村酒店发展论坛文集

主编　张文磊　梁文清

责 任 编 辑	黄淑文	
封 面 设 计	何东琳设计工作室	
出 版 发 行	西南交通大学出版社 （四川省成都市二环路北一段 111 号 西南交通大学创新大厦 21 楼）	
发 行 部 电 话	028-87600564　028-87600533	
邮 政 编 码	610031	
网　　　　址	http://www.xnjdcbs.com	
印　　　　刷	成都蓉军广告印务有限责任公司	
成 品 尺 寸	185 mm×260 mm	
印　　　　张	15	
插　　　　页	8	
字　　　　数	384 千	
版　　　　次	2016 年 1 月第 1 版	
印　　　　次	2016 年 1 月第 1 次	
书　　　　号	ISBN 978-7-5643-4446-7	
定　　　　价	68.00 元	

本书编写委员会

前　言

　　随着人们经济水平的提高，更多的人要求一种"绿色、健康、优质"的回归田园式的生活，乡间农家乐、度假村、商务酒店层出不穷，在满足人们心理和物质需求上起到很大作用，也对当地产生了很好的经济效益。现阶段，我国经济社会等各方面发展处于一个新常态时期，经济发展从高速变为中高速，结构不断优化升级，高新产业正在逆势上扬，新一轮创业浪潮正在形成，驱动从要素驱动、投资驱动转向创新驱动。

　　为了在新常态下更好地促进贵州省乡村酒店业的发展，2015 年 6 月，贵州省旅游资源保护与开发促进会和都匀市政府联合举办了贵州省第三届乡村酒店发展论坛，论坛同时得到了黔南布依族苗族自治州旅游局和黔南民族师范学院的大力支持。论坛上，省内外专家学者以及乡村酒店经营管理者，热烈探讨和交流，并取得了丰硕的成果。

　　本次乡村酒店论坛的研究成果分为四个部分：第一篇是贵州、黔南乡村旅游和乡村酒店的发展现状与问题。第二篇主要是国内外乡村旅游的典型案例分析，乡村旅游、乡村酒店与大数据、特色文化、现代科技、特色饮食的融合趋势，乡村酒店品质的提升途径以及乡村旅游利益分配。第三篇是贵州乡村酒店业主对乡村酒店建设、管理、经营的深刻体会。第四篇是围绕乡村旅游开发的模式、产品设计、乡村主题酒店的建设、乡村旅游与丰富多彩的少数民族文化、3D 虚拟技术和地理信息技术在乡村旅游中的运用、乡村旅游可持续发展等的探讨。

　　总之，这些乡村旅游的研究成果视角广阔，既有深度又有特色，可以为乡村旅游的相关研究者、管理者、经营者的深入探讨和运用提供有益的借鉴。

贵州省第三届乡村酒店发展论坛

组 委 会

二〇一五年七月

目　录

第一篇 领导致辞

贵州省第三届乡村酒店发展论坛致辞

韦恩胜

（都匀市 副市长）

大家上午好！今天是中华民族传统佳节端午节，受州委常委、市委书记等的委托，我代表中共都匀市委、市人大、市政协、市政府，向莅临本次论坛的各位领导、专家及企业家朋友们表示热烈的欢迎！

对联合主办贵州省第三届乡村酒店发展论坛的贵州省旅游资源保护与开发促进会、黔南布依族苗族自治州旅游局、黔南民族师范学院的各位领导以及社会各界朋友们表示衷心的感谢！

都匀市是贵州省南部经济政治中心，是云贵川通往两广两湖和华东地区的黄金通道，是西南地区出海的交通枢纽。都匀气候怡人，依山傍水，风景秀丽，水族风情浓郁；有高山草地、溪流纵横、气势宏伟、引人入胜的归兰山景区；有高山草原、气势磅礴的百里毛尖长廊，茶味十足；有春季山花烂漫、夏季气候凉爽、秋季鲜花盛开、冬季雾凇一片的螺丝壳；有主峰海拔 1 961 米、生态植被良好的原生态斗篷山——剑江国家级重点风景名胜区；有近百座不同风格不同时期的桥梁横跨在剑江河上，都匀因此而得名——高原桥城。

研究数据显示，全国乡村旅游景区点每年接待游客超过 5 亿人次，年收入超过 2 000 亿元，春节旅游黄金周全国城市居民出游选择乡村旅游的约占 70%，每个黄金周形成大约 1 亿人次规模的乡村旅游市场。当前，都匀市的旅游业面临前所未有的发展机遇，按照州委对都匀建设的要求，都匀正围绕“一圈两翼”战略规划发展和建设贵州南部旅游集散中心和休闲度假城市，实施城市中心扩展工程，完善城市旅游基础设施，打造剑江两岸生态休闲度假旅游精品线路；积极弘扬民族文化，利用都匀毛尖茶产业和生态资源优势，大力发展乡村旅游业，促进城乡一体化转型升级。近年来，都匀市一批城郊休闲型、农业企业型、避暑度假型、文化体验型等乡村旅游产品初具规模，作为承载平台之一的乡村酒店发展后劲十足。

在都匀召开的贵州第三届乡村酒店发展论坛，作为推动发展的高级平台，让来自省内外的领导、专家学者及企业代表，结合省情探讨和研究新产业下乡村旅游、乡村酒店的发展新模式和新理念，总结、交流、推广我省乡村酒店和乡村旅游科学发展的经验，必将助推全省乡村旅游酒店升级。

都匀市要利用好这一平台，和乡村酒店联盟同行切磋技艺、加强合作与交流，从当地实际出发，找到乡村酒店发展的新路子；充分发挥旅游资源优势，进一步推进都匀乡村旅游产业发展，努力把都匀建成一个茶香桥美的文化都匀，山清、水绿、城静、村美的宜居都匀，人都好、物都丰的美丽都匀。

贵州省第三届乡村酒店发展论坛致辞

吴 进

（贵州省乡村酒店联盟 理事长）

缤纷6月，我们有幸相聚桥城都匀，在这里隆重召开贵州省第三届乡村酒店发展论坛。借助这个宝贵的机会，向大会简短报告一下2014—2015年贵州省旅游资源保护与开发促进会的工作。

一是2014年在麻江县举办了贵州省第二届乡村酒店发展论坛，参会人员140人，编写了《贵州省第二届乡村酒店论坛大会文集》，20多万字。

二是组织发展。2014年7-10月，共发展新盟员22家，颁发"会员之家"牌匾22块。

三是开展美丽乡村酒店评比，促进乡村酒店发展和规范管理。2014年10月下旬，"乡村酒店评优组"何子明、吴进、彭远森、谭绍芬一行赴遵义，对遵义乡村酒店进行现场考评，给"毛家山庄""华林农庄""泸江水寨""合兴苑"等4家乡村酒店颁发了"美丽乡村酒店"牌匾。

四是对乡村旅游献计献策。2015年3月上旬，应湄潭县妇联主席杨继琴邀请，吴进、彭远森、傅汝吉、肖进源、苗秀云、郑亚等同志，赴湄潭参加了县妇联举办的"乡村酒店发展座谈会"，在会上建言献策，肖进源同志在会上作了《全省乡村酒店发展研究的报告》，会后还到茶山酒店、高台镇江河村考察指导。

五是举办乡村旅游节庆活动。2015年4月25日至5月24日，理事长吴进在遵义县政府的支持下，在乡韵庄园举办了"遵义县生态美食文化节"，在一个月的时间内，敞开、无偿向游客供应生态美食餐饮。

接下来我们会进一步规范行业纪律，提高乡村酒店的服务质量；经常性的开展学习活动和向外学习，相互借鉴，取长补短；坚持高质量的如期举办乡村酒店论坛，提高理论水平，研究乡村旅游文化，为促进乡村旅游的发展提供适用的经验；设立各地区的乡村酒店联盟分支机构，为广大乡村酒店提供更方便的服务。我们要建立信息互通、资源共享的机制；建立乡村酒店联盟网站、微信公众平台，宣传政策，提升乡村酒店联盟的知名度和影响力。

贵州省第三届乡村酒店发展论坛致辞

王明亮

（黔南州旅游局　局长）

全国绿色城市都匀隆重举行贵州省第三届乡村酒店发展论坛，是深入贯彻落实 2015 年全国、全省旅游工作会议精神的重要举措，必将为黔南乡村旅游业又好又快、更好更快地发展产生巨大的促进作用。

一、正确把握乡村酒店在乡村旅游业发展中的地位和作用，做好顶层设计

乡村旅游有广义和狭义之分，目前包括世界经济合作与发展委员会等国际组织在内广为接受的乡村旅游，是指旅游者以乡村空间环境为依托，以乡村独特的自然风光和人文特色（生产形态、生活方式、民俗风情、乡村文化等）为对象，以满足旅游者观光、度假、娱乐、购物、求知、回归自然等方面需求为一体的一种旅游形式，它包括乡村田园休闲、森林休闲、草原休闲、渔猎及渔家休闲等几种形态。而乡村酒店是发展乡村旅游不可缺少的载体，是未来乡村旅游发展的重要支撑。乡村酒店和乡村旅游大致经过了三个发展阶段：一是初创阶段。1986 年成都"徐家大院"诞生，拉开了中国乡村旅游序幕，这一阶段主要依托乡村独特的自然风光和人文特色，农民自发为旅游者提供简单的服务。它以农民自发经营、客源具有不稳定性、服务质量不高、创新能力较弱为主要特征。二是全面发展阶段。1995 年 5 月 1 日起实行双休日以后，中国乡村旅游迎来了新的发展阶段，政府出台了一系列支持乡村旅游发展的政策文件，着手投资完善乡村旅游服务设施，加大对乡村旅游酒店的培训和管理力度，这一阶段乡村旅游和乡村酒店开始从粗放发展向有序发展过渡。它以政府引导规范、农民自主经营、创利能力增强为主要特征。三是提质转型与可持续发展阶段。这一阶段主要以旅游度假为宗旨，以村庄野外为空间，以人文无干扰、生态无破坏、为旅游者提供返璞归真乡村生活的一种旅游形式。该阶段对乡村酒店的管理者和经营者的要求很高，不是简单地满足游客吃住，还应能为游客提供休闲运动、保健、医疗等服务设施和服务技能。它以经营管理集团化、客源群体稳定化、服务技术规范化、创利能力较强为主要特征，如中国·南方梅园生态村（广东普宁）、萤火虫之家垦丁恒春生态农场（台湾恒春）、优游吧斯阿里山邹族文化园（台湾嘉义）和法国普罗旺斯、匈牙利诺格拉德州著名的历史文化遗迹——古老村落鸦石村等。

因此，我们要认识乡村酒店在乡村旅游业中地位和作用，摸清各发展阶段的特点和规律，在同一地区不能一哄而上，避免产品同质化。当前最重要的就是制定发展规划，筛选出自己的个性和亮点，做好主题定位与设计，保护性地开发乡村旅游和乡村酒店。

二、清醒认识乡村旅游和乡村酒店的发展势头和态势，增强发展信心

前瞻产业研究院发布的《2014—2018 年中国休闲农业与乡村旅游市场前瞻与投资战略规划分析报告》数据显示，我国已建成的 4 万多个旅游景区（点），一半以上分布在广大农村

地区；全国乡村旅游景区（点）每年接待游客超过 5 亿人次，旅游收入超过 2 000 亿元；每年"十一"和"春节"两个旅游黄金周，全国城市居民出游选择乡村旅游的约占 70%，每个黄金周形成大约 1 亿人次规模的乡村旅游市场。随着我国城镇化水平提高以及人民群众精神文化需求层次提升，乡村酒店将会是未来乡村旅游业发展的主力军。作为旅游人，我们要倍增信心，主动作为，积极推动乡村旅游和乡村酒店发展。

三、抓住时机，发挥优势，促进乡村酒店发展

目前，全国乡村旅游发展总体仍处于起步阶段，各地乡村酒店都在同一起跑线上，我们应该抓住时机，发挥优势，促进其快速发展。目前，主要抓好以下几项工作：

（1）高标准、差异化定位乡村旅游酒店主题，编制乡村旅游产业发展规划。

黔南州乡村不缺旅游资源，但缺旅游产品。全面挖掘乡村旅游资源，系统研究市场需求，高标准、差异化定位乡村旅游酒店主题，创新策划乡村游憩方式，综合协调乡村基础设施建设，科学布局旅游产业分布，合理开发和规划，改变重设施建设轻环境营造的现象，要对乡村酒店产品进行深层次开发，拓宽酒店业态，挖掘乡村旅游酒店文化内涵，努力使农耕文化与现代文化和谐相融，编制区域乡村旅游产业发展规划。

（2）抓好乡村资源的景区化包装与提升工程。

乡村酒店发展，必须依托乡村旅游景区开发。而景区开发要根据市场需求并在乡村旅游产业发展规划的基础上，对乡村旅游资源进行包装与提升，完善旅游基础配套设施，特别做好改厕、改厨、道路亮化、房屋美化、房间卫化等旅游环境整治工程，把乡村旅游资源转化为乡村旅游产品，把简单的乡村旅游服务转化为系统的乡村旅游景区服务，提升乡村旅游产品品质，带动乡村酒店的发展。

（3）引进大资本和专业旅游管理团队经营乡村旅游和乡村酒店。

乡村旅游已进入规模化、资本化时代，单凭农民力量已无力支撑现代乡村酒店的发展，需要引进大资本对乡村酒店进行产业升级和引进专业的旅游管理团队来提高经营者的管理水平，才能保障乡村酒店可持续发展。

（4）做好乡村旅游市场的整合与促销推广工作。

随着乡村旅游的发展，在大型城市的周边，乡村酒店已经不是单一孤零的项目，而是布局有序区域化的群体。做好区域旅游产业整合，组合形成多种产品，组团实施系统的推广促销，共同开拓市场，才能促进乡村酒店可持续发展。

（5）搞好乡村旅游和乡村酒店从业人员培训工程。

目前，我省乡村酒店开发经营者多为当地农民，由于服务观念、卫生观念及现代管理的局限，从业人员服务意识和服务技能与旅游市场需求还有很大差距，需要通过培训，提升从业人员素质，为乡村酒店可持续发展注入活力。

黔南乡村旅游业已经迈出了新的步伐，州旅游局将一如既往地关注、支持乡村旅游酒店的发展，在规划编制、项目建设、宣传推介、人才培养等方面给予全力支持。

贵州省第三届乡村酒店发展论坛致辞

黄　胜

（黔南民族师范学院　副院长）

贵州省第三届乡村酒店发展论坛在我院召开，这是一件十分有意义的事情。

在乡村旅游蓬勃发展的今天，如何留住远道而来的客人，这是一直以来乡村旅游发展中的重点和难点。因此，必须开发出一系列乡村特有的旅游产品，设计多样的乡村旅游体验项目。而作为发展乡村旅游的基础行业——乡村酒店，就必须走上从单纯的提供食宿到能满足游客游、购、娱等多样需求的发展道路。

今天论坛的主题揭示了我们聚在一起的目的，我院旅游与酒店管理专业的师生会以此为契机，继续深入研发，为贵州乡村旅游、乡村酒店的发展提供更好的服务。

在贵州第三届乡村酒店发展论坛闭幕式上的演讲

何子明

（贵州省旅游资源保护与开发促进会　会长）

贵州省第三届乡村酒店发展论坛就要降下帷幕了，举办方推荐我做总结发言，我讲四个方面类容：

一、贵州省旅游资源保护与开发促进会简介

贵州省旅游资源保护与开发促进会（以下简称"省旅促会"）是由老领导王朝文、刘玉林、喻忠桂发起，于 2006 年元月 8 日成立的，是一个多学科、多门类、多"兵种"合成的非政府、非营利性民间社团。"保护、开发、富民、服务"是我们的宗旨。10 年来，我们遵循宗旨、依靠团队，做了一些看得见、摸得着的实事。到省内外考察调研 80 次以上，编辑出版了 11 本书，其中《贵州旅游文化集萃》黔南卷、黔西南卷、贵阳卷，填补了市、州全面系统介绍景区（点）旅游文化的空白。省卷已完成文字组稿，有望今年成书。《震天撼地贵州水》得到贵州省出版基金资助，将参加 2015 年 8 月 1 日在贵阳举办的全国书展。做了五个规划，主办了七次论坛，举办了两届旅游景区（点）小节目文艺汇演。乡村酒店联盟是我们的创举，杨胜明同志说：省旅促会做了我们想做而没有做成的事，这是旅游接地气的事，是抓手，要认真地抓下去。为贵州旅游发展做出重大贡献的汪朝阳、胡克铨、龙方先生授予贵州省旅游资源保护开发"终生"荣誉，为他们颁发了证书。总之，我们参与、见证了贵州旅游产业跨越式发展，为贵州旅游发展献上了忠诚。

二、为什么到都匀举办第三届乡村酒店发展论坛

把第三届贵州乡村酒店发展论坛放到都匀办，是由我们促进会常务理事许伟老师牵的线，经过研究确定的，其由：一是都匀是全国优秀旅游城市，是贵州的南大门。二是通过论坛，助推都匀乡村旅游发展，提升都匀的知名度和美誉度。我们看到，厦（门）蓉（成都）高速、贵（阳）广（州）高铁的建成，为珠三角游客进出黔南提供了极为便捷的条件，通过论坛吸引更多的珠三角游客到都匀旅游。三是黔南有独特的抗战文化、水族文化。四是黔南州原人大主任罗平义参加了省旅促会成立大会，看到《贵州旅游文化集萃》的编辑方案和大纲后，提出合作编辑出版黔南卷作为向黔南州成立五十周年献礼。经过对接，得到罗平义、王巩汉、罗文亮等老领导及市、县通力合作，顺利完成了黔南卷的编辑出版。论坛在都匀举行，是对帮助过我们的政府、领导及同志们的一种回报。

三、对论坛的认识

第三次乡村酒店发展论坛是都匀市龙舟旅游文化节系列活动之一。一天半时间，有 9 位专家主题演讲，有 5 位乡村酒店业主交流，按照大会安排，圆满完成了第三届乡村酒店发

展论坛各项议程。这次论坛可谓内容丰富、精彩纷呈，非常成功。我收到 13984429833 发来的短信说："从首届论坛走到今天，感觉论坛规模越来越大，层次越来越高，内涵越来越深厚。"说它成功，我认为有几条显著标志：首先是专家演讲，层次高，水平高，既是理论指导，又是实践经验总结。张河清教授、杨胜明局长，运用投影，图文并茂，增强了论坛和交流的冲击力和感染力。其次，最新最有说服力的是返乡农民李光智，创办农业合作社，方吉义创办乡村酒店，是"创新驱动、万众创业"的典范，值得我们学习借鉴。再次是论坛传递理念，农家乐是背靠大中城市，依托风景名胜区，促进农村产业结构调整、让外出打工人员返乡就地就近就业、实现致富奔小康的重要途径。大力发展乡村酒店，可带动种植、养殖、加工、运输、餐饮、文化、旅游商品的发展。乡村酒店餐饮要独具特色，"特色"就是吃的米、面、蔬菜、肉类、禽蛋应是有机、生态、绿色、无公害的。经济发展、社会进步、收入增加，但感到食品不安全。为提高生命生活质量、追求高品质的生活，舍得花钱，我们应当在这方面费工夫、下力气把它做好，去寻找发展空间。同时，要搞好服务，提高服务质量，搞好环境卫生，特别是要进行"厕所革命"。最后，对这次论坛成果的运用，我希望大家把交流的经验稍微加以运用，使其开花结果。把论坛专家讲的理论用于指导我们的实践，这才是论坛成功的重要标志。我个人认为，当今社会人心浮躁、物欲横流、金钱至上、道德缺失，重建价值观不能只看到自己鼓起的腰包，更要考虑到自己所应负起的社会责任和价值的传播。

四、四条建议

（一）把专家讲的与本地实际结合。9 位专家讲的既有理论，也有实践，更有国内外典型案例，一定要把别人好的东西与本地实际结合起来，千万不要生搬硬套。

（二）建议都匀市政府启动富民工程。我带考察组赴都匀的团寨、朱紫寨、包阳考察，看到美丽乡村建设，小康水、电、路、讯都建好了，但建好的住的人不是很多，成片土地无人耕种。毕节市七星关区有 4 个农民工小孩喝农药死去，让我的心灵震颤。我们不去研究死因，我们要做的是创造条件，让农民工返乡就地就近创业，启动富民工程，积极推进乡村旅游产业化经营，使农庄变景点，园区变景区，顾客变游客，农产品变旅游商品，真正实现旅游富民。

（三）建议组织乡镇和农家乐业主到丹寨李光智、凯里下司镇望江楼、镇远镖局、桐梓县考察学习。看别人，想自己，找差距，把自己的事做好。

（四）建议旅游转型。要把现在的观光旅游向休闲度假、养心养生游转型，推动乡村旅游向产业化、品牌化、市场化、国际化方向发展。

省旅促会愿为大家服好务。

贵州第三届乡村酒店发展论坛就要胜利闭幕了。在此，对主办单位都匀市政府、黔南州旅游局、贵州省旅游资源保护与开发促进会、黔南民族师范学院，承办单位都匀市旅游局、黔南师院旅游系，对参加论坛的各位专家、各位领导、各位乡村酒店业主，对黔南师院旅游专业师生一并表示衷心的感谢。

论坛至此结束，期待明年相聚。

第二篇 专家演讲

大数据与民族地区的乡村旅游转型升级

张河清

（广州大学旅游学院 中法旅游学院 院长）

改革开放 30 多年以来，中国的旅游业到目前为止是最具有创新能力，对国家的经济发展最具有发展意义的庞大的产业之一。特别是在近几年经济下行的压力下，党中央国务院对于旅游业的产业发展倾注了极大的热情，旅游业在平衡运输、扩大就业、保障民生等方面产生了十分重要的作用，所以也迎来了我国乡村旅游业发展的最佳历史机遇。2014 年底的统计显示，来我国旅游的人次已经突破 36 亿人次，这是全世界最大的市场。出境游已经突破 1 亿人次，同样是全世界最大的旅游市场。珠三角的旅游市场对贵州来讲具有非常重要的意义和价值，原因在于贵广（贵阳—广州）高铁开通以后，大概只需 4 个小时的行程，加上原有的飞机 1 个小时 20 分钟左右的行程，这是开拓最具活力和潜力的珠三角市场的绝佳机会。

大数据与民族地区乡村旅游转型升级，这是一个比较新颖的题目。在旅游产业的发展当中采集和应用大数据为旅游产业发展服务，目前来讲，尚处于起步阶段，但是在一些重要的国际性的旅游目的地及旅游产品的建设当中，已经发挥了十分重要的作用。比如，广州大学旅游学院是跟法国教育部合作了十多年的、唯一的高等教育政府间合作项目，长期在欧洲、美洲、大洋洲，特别是新加坡以及我国香港、台湾地区建立了十分紧密的关系，大数据在彼此之间的旅游开发和市场营销过程当中，发挥着越来越重要的作用。

一、民族地区乡村旅游的十年回顾与前瞻

我从关注神秘湘西，然后再扩展到湘黔桂 3 省边界的侗族旅游圈，连续 3 次获得国家基金项目的支持。十多年以前，我在湘西挂职做过两年的副县长，分管文教卫旅游，所以对湘西比较了解。我的第一个国家基金项目就来自对湘西的一些研究，题目是《民族地区旅游开发区域竞争与形式研究——以湘西为例》，是围绕协调民族旅游产品开发过程当中的同质化现象进行的研究。那时候侗族、布依族、土家族开发的很多民族旅游产品很相似，消费者走到哪里感觉到都是一个样。所以当初我提出的基本观点是：民族旅游开发是跟政治经济文化联系十分紧密的系统工程，必须以民族风情、美丽山水为依托，坚持求同存异原则和诚意原则。

第二个是湘黔桂三省边界的侗族旅游圈，这是近十年以来我长期关注的。贵州我经常来，这一次估计是第 26 次，因此对贵州非常非常的熟悉，这一次获得国家基金资助的项目是 2009 年的《旅游业跨区域联合发展的机制及其绩效评价》，主要是从湘黔桂侗族文化旅游圈相关的一些区域来为他们的民族旅游开发的绩效进行总体评价并提出建议。通过对湘黔桂侗文化旅

游圈的典型个案进行实际研究，提出发展民族地区旅游业的思路和想法，主要是寻求跨区域民族旅游业开发的最佳竞争和合作模式，开发绩效之间竞争联系，促进我国民族地区旅游发展的新模式。我们应用文化生态系识别系统，对于民族传统聚落中的旅游村寨的文化现代基因进行识别，分析其在旅游开发当中的应用问题，认为一村一品、一寨一格是旅游产品开发当中的独特优势，只有这样才能凸显自己的独特竞争力。当时我提出的关于开发绩效的产品项目冲突，以及旅游目的地建设当中日益雷同的现象得到了国家旅游局及国务院领导的重视。当时我提出了5个模式，曾经在国家旅游局、国务院的新闻简报当中转载。

二、大数据对民族地区乡村旅游的重要价值

目前，切合时代特征的新理论、新方法尚待挖掘和应用，比如，新媒体的应用、互联网和大数据的采集。如何在旅游开发特别是民族地区的产品相似、风格雷同的情况下规避竞争对手，弘扬竞争优势，树立独特的旅游目的地形象，吸引国内外的重要的客源，这是一个值得关注的主题。大数据对民族地区的旅游价值主要表现在：第一花样多，第二体量大，第三速度快，第四价值高。它的价值主要是数据的高透明性和广泛的可获取性。谷歌、百度，还有其他的商业机构如中国联通、中国电信以及相关的旅游网站等的海量数据，个人不太容易处理，但是专家团队可以通过一定的技术手段去处理和分析。比如在海量的数据当中寻找都匀相关的数据，把游客对都匀的评价在各个层面进行统计分析，得出哪一个是都匀的优势，哪一个是都匀的劣势，哪一个是旅游者感兴趣的，哪一个是地方政府感到比较麻烦的，哪个是投资商感兴趣的，等等。这样可以帮都匀树立独特的旅游形象，从科学合理的角度拓展都匀的客源市场，这是值得我们倾注大量精力来做的一个课题。

三、大数据背景下民族地区乡村旅游转型升级的主要途径

大数据时代旅游业迎来了转型升级的挑战和变革的新机遇，对于36亿人次这个世界最大的旅游市场，都匀提供的旅游产品在其中可以分得多少？这对我们各位业主、地方政府及旅游景区来讲都是极其重要的！通过大数据，可以评估新型旅游项目的旅游需求。比如，全世界都在珠三角进行营销，国外、国内、相关省市到珠三角进行的推荐活动长年不断，因为，可以说珠三角讲粤语的这些游客占据了全世界的各个角落。去年我到英国、西班牙、法国，在最偏远的英国乡村依然可以看到讲粤语的游客，我非常吃惊，因为我以为那里只会有专业的专家去考察。所以，研究识别游客的需求，可以为我们的旅游产品打造、旅游形象塑造和目的地营销提供很多的思路，以便我们采取更有针对性的具体措施。涉及大数据的旅游应用是一个庞大的系统工程，我们的课题组正在对此作出新的努力，很多研究正在进行当中。

贵州的很多传统民族古村落、民族村寨当中，富有特色、各具形态的我大概去过20多个，但是我发现这些地方依然没有很鲜明的品牌意识，特别是在旅游产品打造过程中确实是流于一般，难以给人深刻的印象。虽然具有很浓郁的民族风情，但是产品的辨识度、独特性不够，对于游客的关注和理解，特别是引导旅游消费方面仍然值得认真思考。很多村落是要延续而并非摧毁，我个人是反对在古村落当中进行所谓的新农村建设的，也不赞成在民族村镇当中进行所谓的城市化，那是对资源的巨大损害。

我们要看到，在国家层面逐步重视民族传统古村落的科技化的同时，在旅游语境下发展

民族村落的价值。我认为，第一、所谓的微创诊治，是用艺术化的眼光来打造和整合现有的民族旅游资源，使其在新的时代背景下焕发出全新的生机。第二、遗产的活化还包括民族村落的相同要素的活化，与旅游要素更紧密的嫁接和活化的过程，塑造个性鲜明的民族文化古村落标签。这就要求更新理念，注重乡土味道，体现民族特点，坚守文化传承。第三，要理清路径，最重要的是要留得住乡愁。贵州的传统民族村寨这一点还是做得不错的，但是我们如何更艺术化地把它与乡愁、与我们的产业更紧密的结合，我认为这个可做得文章还很多。比如乡村酒店转型升级的新模式有五种，第一是品质化的乡村酒店模式，我认为它的核心理念是一个民族古村落就是一个民族乡村酒店，以现代酒店管理推动民族性的服务规范与标准化。另外，还有个性化的民族文化民宿模式、高端化的度假模式、体验式的休闲模式以及产业化的主题模式等。

都匀市旅游资源特色及加快发展思考

肖进源

（贵州省政府发展研究中心旅游经济研究所　所长）

都匀市旅游资源突出表现为优良的自然生态，独特的都匀桥城文化、都匀毛尖茶文化和原生且具个性的少数民族文化的融合体。都匀丰富多彩的自然资源，深厚的文化底蕴和优越的区位环境，是发展生态旅游业的优势所在。都匀旅游资源按其生态特点可以分为自然生态景观、民族风情景观、人文历史景观，且这三种资源在都匀均有丰富的蕴藏，为都匀大力发展乡村生态旅游奠定了资源基础。

一、旅游资源特色

（一）奇特的喀斯特山地风光

喀斯特山地风光旅游资源，是都匀地理类景观旅游资源的综合载体。这里自然生态保护完好，森林覆盖率达 50.4%，拥有原始森林、次生林、水源保护林面积 12 万公顷。都匀属于亚热带季风湿润气候，冬无严寒、夏无酷暑、雨量充沛，雨热同季，年均温度 16.1 ℃。都匀四季较为分明，三伏不热，冬行夏令，秋高气爽，气候湿润，四季如春，属国内少见的冬日温煦、夏季清凉的旅游度假型气候，宜游、宜行、宜度假。七星山、梦遇山、东山、西山、蟒山、马鞍山、象鼻山如屏障环抱全城，城在山中，水在城中。位于都匀市甘塘镇境内的斗篷山，主峰海拔 1 961 米，与梵净山、雷公山齐名，为贵州三大名山。

（二）秀丽的水域风光

都匀水资源丰富，水系发达。都匀城位于"九溪归一"的剑江河畔，众多河流如谷蒙河、文德河、木表河、帮水河、柳党河、高基河、桐舟河、尧林河等汇入沅江源头，剑江穿城而过。碧玉般的剑江水，沿江两岸莺语流花，青山耸翠，是一个山水交融、山清水秀的天然生态环境。丰富的鱼类、鸟类资源优势，已经成为近期生态旅游资源开发的龙头景点，进而带动着全市的旅游资源向纵深发展。

（三）厚重且类型多样的文化

都匀作为贵州南部政治、经济、文化中心，有悠久的历史。老城区所在的东山片区，从古至今一直都是都匀的政治、经济、文化中心，也是都匀古城建立和演变的所在地，历史底蕴深厚，名胜古迹众多。旅游资源单体数量达到 200 余个。资源品质较高，名胜如东山晓日、南楼望月，古迹如南皋书院、鹤楼书院、文庙、远征军第一军留守处，名人如陈尚象、张先培，名会如匀阳音乐会、蔡伦纪念会，名品如都匀毛尖茶、白皮纸、匀酒、落口酥、鸡蛋糕、云片糕、松花豆、冲冲糕等。老城区文化资源类型丰富，分为 19 大类型，资源组合度好，且在约 1 平方公里的范围内富集，具有高强度的吸引力。

（四）绚丽多彩的民族风情

都匀自古以来就是多民族活动地区之一。有布依、苗、水、瑶等33个少数民族，少数民族淳厚朴实，勤劳勇敢，热情好客，民族文化内蕴深厚，民族风情丰富多彩，各具特色。国家级非物质文化遗产有《都匀毛尖茶传统加工技艺》、《水族剪纸技艺》、《水书习俗》、《水族端节》，省级有《水族"夺咚"》、《水族银饰加工技艺》、《水族祭天神》、《水族婚俗》、《沙寨乡布依族扫寨》等。

（五）独特的桥文化景观

都匀是一个桥梁博物馆，全市共有各式桥梁100余座，这些桥梁建造年代各不相同，桥梁的功能各异，特别是市区的数十座桥梁，大多集艺术性、观赏性和实用性于一体，使都匀市成为全国唯一的高原桥城，桥梁成为都匀市城市品牌形象之一。始建于清乾隆丙午年间的百子桥是都匀标志性建筑之一；仿卢沟桥风格修建的银狮桥，融桥梁与艺术为一体，堪称桥中精品；都匀大桥是国内大中型桥梁中斜度最大的桁架拱桥，遇仙桥上有优美的传说；连接市中心和开发区的彩虹桥流线优美，富有现代气息。

（六）美丽的田（茶）园风光

都匀的产业结构以农业经济为主体。独特的自然条件和环境，使当地的观光农业有了很大发展。近年来，先后建起的小围寨办事处的团山、朱紫布依村、包阳村、大河村等一批集环保、生产、旅游于一体的生态园林景观，吸引了大量市内外游客。正在开发的还有"墨冲布依风情园"、毛尖镇茶园观光、水库生态、草原生态和归南水族乡的归南大佛、郎木水族风情村等特色景区、景点，大力发展此类项目，将有效提高都匀市休闲、度假和农业旅游观光的知名度。

综上所述，都匀喀斯特山地风光所蕴涵着的各类地理景观，具有得天独厚、绚丽多彩、异彩纷呈、朴实无华以及多样性、独特性、竞争性的总体特征，具有科考、探险、观光等旅游功能。市内喀斯特山地、山间盆地、动植物景观融观赏性、康娱性和科学性为一体，一起构成河流生态型、空气景观型、原始植物群落型、动物观赏型、风景林型、野生动物栖息地型、民族文化体验型、乡村酒店度假型等价值较高的多种旅游景观，为都匀发展生态旅游殿定了基础，创造了有利条件。

二、都匀市旅游业发展存在的主要问题

近年来，都匀市旅游业在上述资源的支撑下，得到了一定发展，取得了可喜的成绩。但是，由于制约旅游业发展的深层次矛盾突出，与周边旅游发展先进县市的差距正在逐步拉大，地处黔南州中心城市的发展优势逐步削弱。通过调研，具体存在的问题和不足主要体现在以下四个方面：

（一）思想认识待提高，发展竞争意识待增强

一是对旅游发展重要性的认识尚未达成高度共识。对旅游产业与城镇化、工业化进程以及新农村建设的关联性缺乏研究，对其强大的关联带动作用认识不够充分，"旅游投入大、见

效慢、产出少"、"发展旅游不能强市"的错误思想还不同程度地影响着全市旅游发展思路，因而对旅游产业发展难以从战略高度予以足够重视。二是抢抓机遇意识待增强。面对不断变化的旅游发展形势，抢抓机遇的意识不足，尤其缺乏对旅游产业全局性的谋划和前瞻性的研究。对自身发展优势把握不足，特别是随着生活水平不断提高，密集的城市人口为旅游娱乐业发展提供了巨大机遇。认识上的不足导致都匀市对旅游产业发展缺乏具有前瞻性的超前谋划。

（二）项目推进力度待加大，重点区块开发建设待加快

一是旅游开发体制不顺。都匀古桥城开发建设体制不顺、协调难度大的问题迟迟没有破解，严重影响到古桥城旅游开发。此外，重点区块开发建设中条块分割问题比较突出，缺少强有力的组织领导体系，制约了旅游资源的有机整合和项目开发的快速推进。二是重点区块开发进展缓慢。都匀古桥城保护开发工程由于受到体制机制、目标协同、工作协调配合等种种矛盾问题制约，至今尚未形成协调一致的古桥城风貌格局，旅游业对当地经济社会发展的综合带动效应也远未显现。此外，地域位置优越的桥城乡村田园旅游项目，没有形成明确的建设方向和开发思路，缺乏旅游集聚效应。三是市场主体参与不充分。目前，都匀市几大旅游项目板块中，真正参与开发的市场主体只有部分乡村山庄，其余重点区块开发都由政府包揽，这种模式在景区开发初期对文物的保护修复是必要的，但在整体开发过程中难免会产生开发紧迫性不强、市场经济意识薄弱、开发成本高昂等弊端。

（三）功能配套滞后，旅游品质待提升

一是基础设施配套建设滞后。全市旅游"吃、住、行、游、购、娱"六要素配套设施建设明显滞后。特别是主要旅游景区的住宿、餐饮、交通、停车场、游客集散中心、便民设施等基础设施布点不全、功能不齐，可进入性和接待服务水平仍处于较低层次。二是旅游产品功能结构单一。旅游区目前尚处于低层次的静态观光游览阶段，旅游开发层次不高、深度不够，缺少拳头旅游产品，可看、可娱性较弱，难以对游客产生较强的吸引力，旅游产品结构单一，景区历史文化元素与游客互动体验项目、特色餐饮民宿等结合性较差，无法满足游客的深层次体验需求。三是旅游文化内涵挖掘不深入。都匀人文底蕴深厚，但欠缺的是通过高端创意和高位开发深入挖掘、研究、提炼各景点的内在文化含量，并通过巧妙的形式精美呈现给游客，真正体现出都匀旅游的人文核心价值和内在吸引力。

（四）要素制约严重，旅游发展环境亟待优化

一是土地资金制约较严重。在旅游项目开发中土地指标不足、融资压力大的问题较为突出。二是旅游专业人才缺乏。旅游主管部门缺少专业精通的旅游管理人才；重点建设区块中专业性的规划、建设人才力量十分薄弱；专业景区管理及营销人才队伍与景区的发展需求不相匹配。这与都匀旅游强市的发展要求极不适应，也是影响重点旅游区块发展规划贯彻实施、开发建设推进以及景区服务水平的重要原因。三是旅游组织化水平偏低。目前都匀市的旅游企业、旅行社大都"小、散、弱"，缺乏大型龙头旅游企业的支撑引领，市场带动力和竞争优势明显不足等。

三、加快都匀市旅游业转型发展的对策建议

通过对都匀市旅游业发展现状的客观审视和对周边旅游发展先进县市的对比研判，都匀旅游产业发展已经到了破难攻坚、提质升级的关键阶段。必须进一步明确转型发展的战略思路和工作重点，着力将旅游业打造成为都匀市后发崛起的重要支柱产业和现代服务业中率先转型的先导产业。

（一）深入研判都匀市旅游发展面临的机遇和挑战

第一，机遇与优势。一是市场前景广阔。从宏观大势来看，旅游业是发展前景广阔的朝阳产业，我国人口数量大，为旅游产业发展提供了巨大的空间。国务院《关于促进旅游业改革发展的若干意见》中提出，到 2020 年，境内旅游消费达到 5.5 万亿元，城乡居民每年人均出游 4.5 次，旅游增加值占国内生产总值比重超过 5%。随着旅游热的不断升温，都匀已全面进入休闲度假时代，对都市游、乡村游、短途假日游的市场需求旺盛，旅游业发展前景广阔。二是资源区位优势突出。都匀作为黔南州城乡兼具的主体城市，丰富的旅游资源和区域空间为发展旅游产业提供了良好条件。三是产业培育基础良好。都匀经过多年的投入和打造，目前全市重点旅游区块都已不同程度地进入建设发展的实质性阶段，为更好更快地实现打造黔南州都市旅游核心市的桥城目标奠定了坚实基础。

第二，竞争与挑战。从目前来看，对都匀市旅游业影响最大的主要是与周边县市的同质化发展。周边县市与都匀市旅游资源和发展目标相似，近年来，周边县市以打造旅游目的地为目标，充分挖掘区位优势，招引大资本项目，打造旅游休闲基地。这对都匀市旅游发展空间产生了极大的压迫。因此，都匀市必须充分认识到发展的危机感和紧迫感，以时不我待的精神积极应对。

（二）创新思路，明确发展目标

第一，在目标定位上，应超前系统谋划和准确定位。应对都匀自身区位与环境、自然与人文、历史与现状、文化与经济、优势与特色等各方面进行深入研究、科学谋划，得出最适合都匀市旅游发展的主题定位。因为没有精准的发展定位，就难以形成针对性的发展思路、建设总纲和科学规划。根据都匀实际，大力培育以生态与民族"文化体验"、"生态康体"、"都市桥城观光"、"农业休闲"为特色的乡村休闲旅游产业。沿斗篷山、剑江两大旅游资源主轴，着力打造以都匀古桥城、民族风情村镇为代表的历史人文体验旅游品牌；以都匀山水乡村为代表的生态康体休闲旅游品牌。探索桥城资源与生态旅游产品的有机融合，实现单一观光景观向休闲度假旅游基地的转型升级，使全市的旅游功能和旅游产业的区域经济贡献率得到显著提高，逐步实现"旅游强市"、"旅游富民"的最终目标。

第二，在发展模式上，应从单纯的资源依赖向资源和资本并重转变。从外地的发展模式可以看出，随着经济生活水平的不断提高，传统的景区观光旅游正在向着高端的休闲度假旅游转变，旅游产业的发展也由最初的资源依赖型向着资源、资本并重的模式不断升级。结合都匀实际，全市旅游发展要进一步找准着力点和突破口，重点实现三个转变：一是旅游工作重心从创建评比向项目推进和招引转变，强势推进旅游招商，招引一批重大旅游项目落户，带动新一轮旅游开发。二是旅游业态开发从低层次的观光旅游向多元复合的休闲度假旅游转

变。三是旅游工作格局从单一部门的小旅游向合力兴旅的大旅游转变，推动旅游产业与其他产业经济融合发展，树立全市旅游"一盘棋"思想，打破多头管理、条块分割的开发格局。

第三，在开发体制上，应采取政府主导的项目公司模式。据调查，周边县市的旅游发展采取的都是在政府规划指导的前提下，引入实力雄厚的旅游项目公司对本区域旅游产业进行市场化的开发运作。这一模式的精髓在于"体制顺、机制活、用长项、顺市场"。此模式，为进一步推进都匀市旅游项目发展，尤其是加快都匀古桥城的开发建设步伐，提供了借鉴。根据都匀实际，应将发展旅游产业纳入全市经济工作重点，切实树立起"大旅游"的发展理念，走"城旅一体化"的发展道路。进一步加强组织领导、增加财政投入、加大旅游项目的招商力度、完善考核体系，通过一系列扎实的举措，全面打响都匀桥城休闲度假旅游品牌。

（三）坚持项目带动，做精做特重点旅游项目

第一，理顺体制，做强都匀古桥城山水人文旅游。都匀古桥城以其古桥的数量性、建筑的完整性和黔南风貌的独特性，在贵州省乃至全国旅游发展中具有特殊地位，是都匀旅游开发的重中之重。在接下来的一个阶段，应该针对当前开发过程中存在的主要问题，重点做好以下五方面工作。一是加紧理顺体制。强化力量配置，形成权责一致，强有力的古桥城保护开发管理机构。二是强化规划引领。加快编制完成古桥城旅游总体规划和业态布局专项规划，指导古桥城旅游科学有序开发。明确建设期限、目标，尽快形成完整的古桥城风貌。三是坚持古建筑保护与旅游开发并重。探索古建筑合理开发利用的有效模式，可借鉴省外经验，引进实力雄厚的旅游龙头企业和市场多元主体参与都匀古桥城旅游开发。充分利用已修复的历史古建筑，发展文化主题酒店、连锁型精品酒店、民宿客栈、家庭旅馆和乡村酒店等多层次食宿经济。加快打造桥城文化特色商业街市，形成古桥城旅游的良好环境。四是加强文化引导。深厚的文化底蕴是古桥城旅游的精髓内涵。要组织专门力量，进一步深入挖掘都匀历史文化内涵，在旅游项目设计中融入生动有趣的人文典故、民间传说，同时，策划一批参与性、娱乐性强的民族文化体验项目，进一步丰富古桥城旅游的文化魅力。五是提升都匀市综合管理水平。合理设计通行方式，建立环状道路交通网，优化景区交通及社会秩序，促进管理向全域景区化管理转变。

第二，拓展功能，做精桥城商贸游憩区。进一步拓展提升桥城整体功能、品质和文化内涵。一是在文化塑造上，要以"铭记桥城历史，弘扬桥城精神"为主题，深入挖掘历史文化元素，利用广场、雕塑等实景实物，体现桥城的魅力和灵魂，弥补桥城商业气息浓郁文化气息不足的缺陷。二是在发展格局上，树立"泛桥城"的概念，突破目前桥城与周边散点资源缺乏串联、景观缺乏特色、产品不成体系的局限性，通过整合资源、挖掘文脉，将桥城开发与历史建筑群和历史街市进行通盘谋划，连点成面。着力打造文脉相连、独具都匀地域文化特色的"泛桥城"历史文化城乡联动区。三是在业态布置上，要切实抓好桥城开发的功能定位研究和业态布局规划，使高端写字楼、金融机构等商务圈与风尚餐饮、精品购物、休闲娱乐等商业圈互惠互补，打造"高端、品质、时尚、特色"的桥城经典商贸休闲圈。四是在风貌协调上，大力完善地下车库、旅游标志、公共厕所等旅游配套服务设施，实行景区内车辆禁行。妥善解决物业多头管理的问题。

第三，整合资源，做特桥城康体休闲度假游。一是景区功能定位要强调错位发展。当前，桥城区块的整体功能定位尚处于谋划研究阶段，在这一阶段要充分认识到桥城区块地处中心城市、风景秀丽、智力运动赛事设施齐全的优势，深入研究利用"休闲竞技体育基地"和重

大赛事触媒带动区块旅游发展的总体思路，打造全州乃至全省首个以智力运动、体育休闲为主题的旅游度假市，实现与周边县市旅游度假错位竞争。二是关注几大板块功能的整体融合。目前桥城主要以商业房地产开发为主，都市农业园区还没有明确的目标定位和与整体区域相融合的发展规划，造成整个桥城区块的旅游功能不相融合。应进一步深入研究，坚决摒弃急功近利、低层次、粗放式的开发建设思路。桥城开发要避免为平衡资金进行纯粹的房地产开发，都市农业园区及其他区块应禁止碎片化开发和随意转让，防止因资源分散而影响整体功能，实现旅游资源效应最大化。

（四）加大旅游招商，促进产业融合发展

第一，加大桥城旅游项目招引力度。树立全局理念，以大项目带动大旅游，积极招引大资本旅游项目。通过资本投入"无中生有"，打造一批辐射面广、带动力强、符合现代桥城休闲需求的拳头产品。一是以"新、奇、特"为特征，集"游、购、娱"为一体的桥城主题公园项目，是做强都匀市旅游的捷径，应该作为都匀市旅游招商的优先重点，力争加快突破；二是在重点景区引入互动效应强，与文化旅游相配套的娱乐性项目。同时，可在桥城核心区引入反映黔南州布依民族风情项目；在结合桥城体育广场，引入大型运动健身类项目；拓展剑江夜游产品。同时，加强市内星级酒店的差异化发展，在桥城休闲商务区打造彰显地域文化特色的主题精品酒店，进一步丰富桥城都市旅游产品结构，提升层次。

第二，做精乡村旅游项目。一是打造乡村精品游。充分发挥都匀市生态资源丰富和乡村文化独特的优势，采取政府主导，农民主体的开发模式，在归南水族乡的归南大佛、郎木水族风情村和大河村打造主题鲜明的民宿特色精品示范村、农家乐休闲旅游特色村和乡村文化主题庄园；在毛尖镇等农副产品特色村，打造以现代农业为主题的生态酒庄、开心农场等农耕体验项目，带动新农村生态旅游做大做精。二是扶持休闲养生项目。扶持部分绿野特色山庄做精做特。目前，都匀部分绿野特色山庄具备了较好的发展基础，正朝着绿色生态旅游、野外山地运动、高端盆景园、养生休闲会所等综合体验项目发展，应继续对该项目予以重视，从政策上给予扶持，使之发展成为都匀古桥城游的重要外延，带动都匀农村生态旅游发展。

第三，做深旅游融合发展。在重视项目招引的同时，做好现有桥城资源与旅游产业相互融合的文章。对旅游资源的界定不应再局限于现有的几个自然和人文景点，而要进一步挖掘旅游业与其他产业的融合衍生产品。充分发挥都匀茶产业发展优势和以茶产业休闲商务区等现有和在建的城市资源，打造茶加工旅游、体育旅游、会展旅游、文化商贸旅游、节庆旅游等新型旅游经济，丰富都匀都市旅游的形式及内涵，拓展旅游与城市融合发展的广度和深度。

（五）优化环境，提升旅游服务形象

第一，加大基础设施建设力度，优化旅游发展环境。一是加快建设桥城至斗篷山旅游专用通道，畅通连接斗篷山—都匀古桥城、乡村旅游通道，对融合三大板块，打造"都匀—古桥城"5A 景区具有重要意义。二是提升归南水族乡旅游公路，改善山区、半山区旅游通行条件，提高农村公路通行标准和路况。三是规范和优化旅游标牌、标志设置。在全市交通要道和通行路口设置统一规范的旅游标牌标志，禁止出现随意摆放标牌标志，影响旅游形象的乱象发生。四是以旅游发展规划为主导，加强综合配套设施建设，科学完善旅游业态布局。根据客源数量、构成和消费能力，合理设置与之相适应的旅店、餐饮、购物点等三产服务项目以及旅游集散中心、旅游咨询服务点等配套设施，坚持适度超前的理念，鼓励各类经营主体积极参与。同时，以规范管理、行业自律和消费引导为抓手，提高从业人员的整体素质和服务档次，打造规范有序的旅游服务环境。

第二，加强旅游软实力建设，提升旅游服务形象。一是切实加强全市旅游人才队伍建设，提高旅游经营管理能力。引进一批高级旅游管理经营人才，同时，选拔市内相关人员进行业务深造，打造一支懂业务、会经营、善管理的旅游人才队伍。强化导游队伍培训和甄选力度，培育一批素质过硬、技巧熟练的品牌导游。二是加强市场合作，发挥龙头旅行社的带动作用。加强与全省乃至全国知名旅行社的横向合作，依托品牌龙头旅行社做好都匀市旅游线路的推介和客源组织工作；加大对全国百强旅行社的招引力度，改变都匀市旅行社小而散的现象。从整体上提升都匀市旅游组织化能力和水平。三是加大宣传推广力度，提高公关能力水平。组织专门力量，充分利用现代媒体，对外树立都匀旅游整体形象，对内强化全市互动宣传。增强旅游宣传的艺术性和技巧性，提高旅游宣传的感染力。

第三，围绕都匀茶产业和传统工艺，深挖茶文化旅游产品。深度挖掘一批具有一定声誉的茶产业工艺制品和优质工业用品。以旅游产品为主打，在品种改良、加工工艺、产品包装上，进一步改进，突出都匀桥城和布依民族元素。借助产品展销、游客集中线路和集散场所推介给游客，打造点、线结合的旅游商品营销体系，使都匀旅游形象宣传与特色产品营销互动推进，进一步丰富都匀市旅游产业内涵。

（六）加强领导，健全要素保障

第一，加强组织领导。建议成立市旅游发展委员会，由市政府主要领导任主任，分管领导任副主任，市旅游局等各相关职能部门及乡镇街道领导为成员，加强对全市旅游工作的统筹力度。实行定期例会制度，围绕全市旅游发展目标，对一些重大战略性问题和开发建设中的各类矛盾，随时研究，及时解决。加强旅游开发重点街镇、重点区块的领导班子和专业人才力量，选配责任心强、专业精通、用心做事的旅游人才充实到建设一线，同时，稳定干部任期，理顺管理体制。

第二，加大政策扶持和考核力度。一是进一步完善旅游招商引资优惠政策。在土地、税收、供水供电、项目审批、基础设施等方面进行倾向性扶持，对主题公园、休闲度假乡村酒店等重大旅游项目，实行"一企一策"、"一项一策"。二是进一步完善旅游业环境培育政策。鼓励社会资本投入娱乐、餐饮、宾馆服务和旅游基础设施，完善扶持培育旅游产业发展的相关政策。如都匀古桥城的修旧空置建筑可通过租金减免、税收优惠等政策，吸引投资，培育产业；在农家乐和乡村酒店的建设中可适当放宽容积率的控制，鼓励建多层以提高土地利用率。三是加大旅游发展专项资金的投入和绩效评估。整合分散、效益低的专项经费，根据实际需要增加旅游发展资金投入，集中必要财力向重点旅游项目投放；同时，要进一步加强对全市旅游经济目标管理的考核，尤其要强化对重点区块旅游项目引进、开发、建设的绩效评估，根据各乡镇、街道（办）旅游发展基础差异，实施有侧重的差异化考核制度。

第三，加强要素保障。一是加大拆迁协调力度。都匀古桥城开发要确保重点开发区块的拆迁推进工作，确保开发顺利推进。二是增强旅游建设用地指标保障。确保都匀新城开发按计划推进，尽快通过城市控制性规划的报批，为土地利用规划调整作准备。三是创新融资模式。按照市场化模式进行投融资运作，积极引进国内外的战略投资者、旅游投资公司参与都匀市旅游开发，形成"政府引导，社会参与，多元投入，市场运作"的旅游发展机制。

他山之石

——国外旅游典型案例分析

杨胜明

（贵州省旅游资源保护与开发促进会　会长　贵州省旅游局原局长）

贵州旅游发展从 1980 年到现在，已经走过了 36 年的路程，在这 36 年中，我们一直在寻找一条适合贵州旅游发展的道路。这条道路从贵州的实际上出发，实际上是把脱贫致富、保护遗产、促进贵州的全面发展结合在一起的。20 世纪 80 年代初期我们在做资源的开发和基础设施的建设，90 年代我们做的是产业布局和产品建设。2000 年一直到现在，我们是在调整结构加速发展，一直是这样一条主线，即消除贫困、保护遗产、促进发展。在做这些探索的同时，也有很多问题很多困扰，究竟贵州的旅游要怎么做？经过研究，我们提出贵州应该发展乡村旅游。

要做好贵州的乡村旅游，必须理清楚三个问题：

第一、为什么要发展乡村旅游？这个问题大家已经很明确很清晰了。我们这么做，就是为了消除贫困、保护遗产。同时贵州有资源的比较优势，完全可以大力发展乡村旅游。通过发展乡村旅游，给贵州的老百姓带来一条致富的道路，带动贵州整个经济和教育的发展。

第二、要发展什么样的乡村旅游？因为发展乡村旅游有各种各样的途径。这个问题我认为还没有完全解决，因为在我们的发展过程中还很多地方出现了很多问题，这很正常。关键是我们能不能认识这些问题，能不能够改进这些问题，能不能解决这些问题。至少要认识到我们要发展什么样的旅游，我们要发展什么样的乡村旅游。我们认为它应该是一个资源有序利用、产业可持续发展的旅游。

第三、怎么做？我们现在更多的注意力应该放在"怎么做"这个问题上。旅游的转型升级，乡村酒店发展的 5 个模式是有借鉴意义的。这些年因为工作的原因，我走了很多的地方，走了很多国家。在这个行走的过程中，我一直在做调研，也就是带着贵州的问题去看，看别人怎样做，其中有没有什么东西值得我们学习。我很愿意和大家一起来分享，今天我准备介绍 1 个国家。

不丹是世界公认的生态旅游的典范，联合国给它授予"地球卫士"的称号。一个小小的国家在喜马拉雅山的南边，我们的邻居为什么会成为一个世界公认的生态旅游和可持续发展的目的地？不丹是一个山国，它的海拔高度，从 300 米一直到将近 3 000 米。印度通往不丹的唯一一条公路，也是全世界通往不丹的唯一一条路。但是这条路，修得不是很好。但即使是这样，也挡不住欧美旅游者以及中国香港游客的步伐。不丹的首都廷布，面积不大，没有太多现代化的高楼大厦，基本上只是民营、规模不大的小酒店，这些酒店都是民居，就是在老百姓家里。民居酒店非常亲切，老板和老板娘以及他们的家里人来给游客做一些服务，住在里面感觉非常温暖非常舒适，感觉就像在家里一样。那么政府为什么这样做呢？为什么不引进外资来修酒店呢？因为不丹国王的执政理念，他不太关注所谓的 GDP 增长，更多关注的是国民的内心幸福，关注老百姓的生活，所以让利于民，让老百姓去做酒店。所有的外国人到了不丹住的都是老百姓的小酒店。廷布的所有建筑都是一个风格的，没有太高的所谓现代化的建筑，最高的楼只有 5 层。这是因为不丹的第三世国王是一个建筑设计师，他在 1952 年到 1972 年提出不丹的所有建筑要按这样一个民族传统来建设，否则就要受到罚款。结果不丹从它的新城市到它的乡村，都特别的漂亮。不丹人包括他们的导游坚持穿他们的民族服装。到了不丹以后，他们不会专门给你安排什么旅游线路，你就是一路走一路看不丹人民的生活，不刻意人工打造，也不刻意给你表演，你如果运气好会看到一些表演，运气不好就看不到。这就是他们的生活，你来了赶上了就欢迎你们来看，但是不会刻意为你做，还是过他们自己的日子。不丹有一个近 400 年的古城堡，是 1637 年建成的，寺庙旁边的绘画都很古老，寺庙所在的这座山没有专门为游客修建道路。我们那天正好赶上他们的一个祭祀仪式，没有专门的乐队，但是很精彩，这个项目是联合国向全世界推荐的。

帕罗是不丹的第二大城市，基本上也是田园风光，帕罗郊外的虎谢寺院很远，建在著名的虎槽山上。不过要上这个山怎么办呢？只有走路上去，要走 4 个小时。当然，如果年龄比较大身体又不好的话，也可以骑马上去。这些路都是拜佛的人世世代代踩出来的，他们走什么路你们就走什么路。在我们国家，估计就会花很多钱把路修好，但是这基本是好心办坏事——破坏原生态了，把我们的环境给破坏了，把我们的一些古村落给破坏了。

我们究竟为什么要发展旅游？要发展什么样的旅游？有些地方发展旅游是为了单纯的经济利益。当然，我们最早提出的旅游扶贫那是在 1991 年，通过发展旅游让老百姓富起来，那是当然要考虑经济利益的。但是到后面就是越来越多的急功近利，越来越多的大规模打造，那么打造的结果呢？很可能就是好心办坏事。那么，另外一种发展的理念是什么呢？我们应该更多关注的是乡愁乡音，应该留下这样的地方，给老百姓、给这个世界留下更多能让他们心里得到安静的地方。

不丹在 1970 年就提出了国民幸福总值这样一个理念，国家的政策应该关心人的内心幸福并应该以实现幸福为目标，这就是不丹不搞大规模建设的原因，也是它的旅游业可持续发展的主因。不丹现在成为了一个生态旅游可持续发展的典范，让很多人所向往。不丹在发展经济的同时，十分重视保护环境和生态文化资源。经济的高速发展，并没有以牺牲环境和放弃自己的文化认同为代价，这些都是我们在不丹看到的。不丹的这个国家只有 6 万多平方公里，还不到贵州的 1/3，但却引起了全世界的注意，我们贵州在当中应该有所借鉴。

我来说说郫县农科村

彭远森

（贵州省旅游资源保护与开发促进会　副会长）

从 2005 年到 2013 年，8 年时间内我曾先后 5 次到四川省成都市郫县农科村考察学习，认识了时任郫县旅游局局长的蒋进贵、农科村村长宗竹林。并于 2006 年 5 月和 2013 年 5 月两次邀请蒋进贵到贵州传经送宝。在他们的启发鼓舞下，曾想分批分期组织贵州有关人员赴成都考察培训，以推动贵州乡村旅游规范、快速发展。国家旅游局将 2006 年定为乡村旅游年，我们编印了乡村旅游培训教材，即《乡村旅游与社会主义新农村建设》一书，约 30 万字。2005 年 10 月下旬，经我们推介陪同，时任开阳县委书记的胡红霞同志带领县有关部门和乡镇领导，去考察了成都双流县、郫县的农家乐发展情况。回县后写出了考察报告，又聘请郫县旅游局局长蒋进贵到开阳考察指导，并开办了开阳县禾丰乡乡村旅游示范点，现已成为贵阳市乡村旅游的一面旗帜。

农科村地处成都郊区郫县友爱镇，总面积 2.6 平方公里，居住着 686 户、2 300 口人，有耕地 2 400 亩，人均 1.02 亩，属都江堰灌区，旱涝保收。农科村紧靠大城市，依托风景名胜区，距离成都、青城山、都江堰等均只有 20 多公里，成灌高速、温彭快速通道、县级公路都穿村而过，交通十分便捷顺畅。20 世纪 80 年代初，农村推行了土地联产承包责任制，当时的村党支部书记税国扬，在自家的田坎上种起了花卉苗木，每株平均价约 4 元钱，比田里种植的粮食等作物都值钱。当地村民纷纷效仿，不仅在田坎上种，几乎所有的田土都培植了花卉盆景，各家各户，各显其能，每家每户都有自己的抢手货，这就叫"一户一品"。没几年工夫，这里就成了远近闻名的苗木、花卉、盆景基地，被人们誉为"鲜花盛开的地方，没有围墙的大花园"。

这里的村民，通过种花、卖花，挖到了第一桶金。多数人家银行存款都在 10 万元以上，老房子也普遍改造了一遍。赏花、买花的人络绎不绝，客人累了、渴了、饿了，就想找个地方歇歇脚、喝杯茶、吃餐饭，需要休闲、餐饮已成了客观要求。开始是农户无偿提供，时间长了，农户也承受不起。当时的县委书记抓住了这一机遇，到村里动员村民办农家饭店，搞点接待设施，苦口婆心动员了一天一夜，多数人都不愿意干，他们说："现在我们都需要找人来'经优'（意为'侍候'），现在要我们去'经优'别人，没门。"结果只有村党支部书记等 4 户人家硬着头皮答应了下来，县委书记回到县城，找旅游、工商、卫生、治安等有关部门主动上门服务，帮助办理有关手续，指导把农家饭店办好。这几家农家饭店很快就火爆起来，当年每户收入都在 40 万元以上。农家饭店一炮打响。榜样的力量是无穷的，家家户户一哄而起，争着办起了农家饭店，一下子就办起了 100 多家。当时一位省委副书记到此调研，村里准备了文房四宝，请这位省委副书记题词，他大笔一挥，写了三个字"农家乐"。这就是四川"农家乐"的来历，后来国家旅游局将农科村定为"中国农家乐发源地"。中央和部委的一些领导也到这里考察调研。胡锦涛主席到过；吴邦国委员长到过，还为徐家题写了"徐家大院"

门匾；国家科委领导邓楠（邓小平之女）到这里来时，还发生了一个有趣的"小故事"：当天，邓楠在成都、郫县领导的陪同下，在村长宗竹林家作客。但宗竹林躲躲藏藏，不敢去陪客。

县委书记问他为什么？

宗答：怕邓楠在饭桌上问这问那，答不上来或说错了，给市里、县里领导丢脸。

县委书记估到（意为"强迫"）把他拉上去，并说："你小子不像话，东道主到场是表示你的诚意。"

在吃饭过程中，果然，邓楠就问："宗村长，你们怎么想到办农家乐，给农民又找了一条发财的路子？"

宗村长想了一想说："还不是你老汉（意即'父亲'）咞的政策好，第一，实行包产到户，给了我们农民经营的自主权，什么行当赚钱我们就干什么；第二，实行双休日，城里人要找个地方去玩玩，时间只有两天，加之他们工资收入不高，来农家乐玩，正合适。这就给我们提供了市场。因为有了这样的好政策，我们就办起了'农家乐'。"

宗村长在向我们介绍情况时说："我把邓楠都说得大笑起来。"

送走了客人，县委书记又转回来，对宗村长说："你今天搞对了，把邓楠都说笑了，晚上我请你喝酒。"

宗村长说："既然到了我家，晚上还是我请，我还有许多话要说呢。"

这时，农科村的农家乐尚处在起步、自发阶段。经过十多年的实践，各级政府形成了共识，发展农家乐是推进农村经济发展、实现城乡经济一体化的重要抓手，他们把工作重点转移到农家乐的规范管理、上档升级上来。涌现出一批规模比农家乐大、服务比农家乐好、近似城市星级酒店的农家乐升级版——乡村酒店应运而生。2000年以后，这里实现了农家乐的突破式发展、壮大了乡村经济、扩大了产业规模、实现了产业转型升级，在各级政府的帮助推动下，农科村达成了以发展乡村旅游为抓手的新农村建设合力。

加强规划和指导。县政府聘请专业规划单位、编制农科村改造建设总体规划，体现"古蜀文化之乡，川西民居风格"两大特色，突出"国家农业旅游示范点，中国盆景之乡，东方兰花艺术"三大主题。按照"食、住、行、游、购、娱"六要素进行功能配套，饮食上突出农家特色、乡村风味；环境营造上突出绿化、美化；配套设施和住宿条件尽量与城市星级酒店接轨。

实行标准化管理。成都市制定了《农家乐基本条件》、《农家乐旅游服务暂行规定》、《农家乐旅游服务质量评定实施细则》、《农家乐旅游服务质量等级评分标准》。郫县出台了《关于推进我县旅游业跨越式发展的意见》、《农家乐星级评定标准》，在国内率先推行了农家乐星级评定。农科村成立了农家乐旅游协会，制定了行业自律管理规范，实行优势整合、资源共享、联户经营、租赁经营、承包经营、引资建设，扩大了农家乐旅游的规模，提升了农家乐旅游服务质量，美化了农家乐旅游的环境，丰富了农家乐旅游的文化。

加强基础设施建设。要提高农家乐旅游的质量、品位，必须加强基础设施建设。为此，郫县建立了多元投资机制。县政府集中交通、农业、林业、环保等部门的项目资金，先后投入2 600万元，改扩建等级旅游环线公路13公里，完成6.8公里旅游干线绿化、美化、亮化等景观改造。在政府的大力推动下，农家乐经营业主也不断扩大投资，镇政府和农户按7:3的比例共同出资，对农科村建筑单体和农家院落进行风貌综合整治改造，提升了农科村的整体形象和品牌效应。同时，通过招商引资引进天津凯立中华盆景园、今日田园和天津杰诺康集团等十多个项目。

重塑乡村文化。郫县是古蜀国的都城，历史悠久、人杰地灵，西汉大儒杨雄（字子云）的故里就是现在的农科村，具有深厚的历史文化底蕴。在挖掘历史文化的同时，村民在镇政府的鼓舞下成立了秧歌队、腰鼓队、拉丁舞队等，自编自演节目。有时，根据需要，也请外地文艺队伍来村交流互动。显现出一派歌舞升平的繁荣景象，村民的文化自信心得到很大的提升，生活品质也实现了飞跃发展。

农科村在20多年的发展历程中，经历了20世纪80年代的自然发展阶段，到90年代中后期的自觉发展阶段，再到2000年以后的优化发展阶段，实现了农家乐旅游的规模经营、多功能服务、规范化标准化管理、多渠道大量投资建设，从一个默默无闻的小乡村变成了中国乡村旅游的典范、中国花卉盆景之乡、全国农业旅游示范点、国家AAAA级景区、中组部、国家农业部、国家扶贫办的村官培训基地。农科村目前每天接待游客上万人次，按四川省制定的标准，有乡村酒店6家，星级农家乐17家，常年经营农家乐40多家，全村人均年收入2.6万元，核心区农民人均年收入高达5万元，全村过半数村民总资产超过100万元。旅游业对社会经济发展的带动作用得到很好的发挥，为我国乡村旅游树立了典范和榜样。

永定客家土楼的发展

——以振成楼为例

林日耕

（福建永定客家土楼振成楼）

贵会召开乡村酒店发展论坛，本人认为很好，完全符合当今形势的要求，开发乡村旅游会产生很好的产业链，旅游是个无烟工厂，能带动一方地方的经济发展，是个富民行业。

我简单举例。我村 20 世纪 90 年代前是一个非常落后的偏僻山村，没有公路，没有电灯，更谈不上有电话，村民上半年种烤烟下半年种水稻。农闲时大部分村民都离乡背井奔向城市打工，村里留下都是老弱病残，村中因没有公路，村民靠肩挑运输，村民连自行车都没见到过，到县城要徒步 30 多公里。90 年代初我带头开发乡村旅游，随着旅游建设的需要，因为开发旅游需要征土地拆房，我带头拆迁有碍旅游景观的建筑——360 平方米的一个商店，当时村民想不通，有的村民还煽动其他村民围攻我、揍我、骂我，说我假积极、害村民，我都坚持下来了。如今我们的洪坑近 400 户、3 000 人口的乡村已成为了世界文化遗产地、国家级 AAAAA 级旅游景区。群众思想观念变了，外出打工的村民陆续从城市返回农村发展；原来连自行车都没见过的农村，现在拥有小汽车 100 多部，平均 3.5 户就有 1 部小车，村民生活富裕了，村民思想通了，现在才知道开发乡村旅游的好处。开发乡村旅游事业，村中生活和环境都起了翻天覆地的变化。

开发乡村旅游初期，一些村民或多或少都会有些损失，比如要征地、拆房子，村民想不通、闹意见，也是情理之中的事，这时一定要做好宣传，做好群众思想工作。

我们村自 20 世纪 90 年代开发旅游至今，前来参观视察的有胡锦涛、习近平、贺国强、吴官正等一百多位党和国家领导人，以及全世界五十多个国家的专家学者和游客。

现在乡村环境变得很美，人民生活变得很好了。相信贵州乡村旅游一定会发展得更快、更好。

黔南乡村酒店美味留香

王世杰

（中国烹饪协会名厨专业委员会委员　国家一级品味）

全省第三届乡村酒店发展论坛于 2015 年 6 月 19—21 日在都匀召开，我十分高兴地应邀出席这次盛会，得到了一个学习的好机会，也借用这个平台就"乡村酒店，美味留香"给点个人意见。

都匀市周边乡村是发展双休日休闲度假的好去处，城市的人们在工作之余很想到乡村旅游。一是到农村之后，减压放松，青山绿水能给来乡村旅游的人们一种好心情；二是吃到原生态的绿色食品，吃出好胃口，这种感觉是城里的餐馆给不了的，所以今后城市周边的乡村日子会越来越好，生意会越来越红火。

乡村酒店的就餐环境，根据自己所在村的环境，应建在有山有水的地方，各种卫生应达标，这就需要有关农业主管部门和乡、镇政府、村委会、村民一起来改造，可以集中在风水好的地段以每家为单位，村里集体规划使之成形，例如贵阳镇山村、布依庖汤第一村等，原来的经济状况很贫穷，经过整合，现在每家每年的纯收入有 20 多万元，在自己家门口就把生意做了。

乡村酒店的绿色产品来源问题。其实一些城市周边的乡村酒店老板没有真正领会到乡村酒店的含义，每到星期五就去城里的菜场买肉、禽、蛋、鱼、蔬菜等，而不是用自己种养的蔬菜和家禽，这样一来既加大了营运成本，菜肴的新鲜程度也大打折扣，使乡村酒店的真正意义没有得到体现。乡村酒店应该以自己种养的农产品为其重要内容。如：养猪村以庖汤杀猪饭为主体，配以菜蔬、瓜果等；养鸡村以贵州辣子鸡、手撕烤鸡为主；养鸭村以干锅仔姜鸭、血酱鸭、香酥鸭、盐水鸭为主；靠近江河边的村落就以各种鱼类，如清水鱼、酸汤鱼、豆腐鱼等菜肴为主，这样城市周边每个村有每个村的特点，客人会因自己的喜好而选择，也会每周选择不同特色的乡村酒店去游玩。

如何当好乡村酒店的老板？乡村酒店的老板年轻时大都在城里打工，后因为近年贵州各地发展很快，再加上农业政策的扶持、发展农业绿色产业是未来发展的方向，所以老板应树立坚定的信心，将饭店开好，只有树立目标，才会逐步将饭店做大做强。

农家乐老板要做好自己饭店的品牌，就必须要有职业道德，比如：① 待客以诚相待；② 不以次充好，不用菜场买的肉、禽、蛋、菜来代替农村的有机菜肴，这是乡村酒店老板的道德底线；③ 做好成本核算，不漫天要价损伤客人的利益；④ 努力学好烹饪技术，使自家农家乐的菜肴可口，做出自家的特色。

乡村酒店所具有的自然优势吸引着客人，但是饭菜做得不可口，没有特色，那就会大打折扣。乡村酒店要根据自己村的自然生态特色，如靠山的就以野菜和腊味、鸡为主；水田多的地方，可以以田八碗、庖汤杀猪饭为主；靠江河就自然是鱼鲜为主，如火锅为例，可根据实际情况而定。具体举例如下：庖汤饭、辣子鸡、青椒童子鸡、仔姜干锅鸭、魔芋干锅鸭、带皮牛肉火锅、清汤羊肉、豆花鱼火锅、酸汤鱼火锅、布依糟辣鱼火锅，田八碗有干八碗和水八碗，炒菜有炒猪肝、炒肚片、炒腰花、炒肉丁、炒肉片、炒腊肉等，其中还有很多需要根据实际情况而变化，所以很多农家乐饭店都需要专业培训，办法是通过政府、政策和专家去到每个村手把手的传授，使农家乐老板的烹饪技术得到提高，这样有新鲜的绿色原料，有高超的烹饪技术，有优质的矿泉水，有大自然的大氧吧，还有好的就餐环境，客人来了之后一定会胃口大开，流连忘返。

去年我在腊月到贵阳附近的农村去吃一顿杀猪饭，感触很深，乘兴作赋，就作为这篇文章的结尾吧。

农家庖汤赋

年前一日，几位老友在农家围炉而坐，喝米酒品庖汤，其境怡然。窗外银光四溅，雪若白蝶飞扬。火炉寒雪，活脱一个暖凉世界，酒酣情热，乘兴作笔，逢甲午腊月初九亥时所记。

何为庖汤？庖者，厨也，孟子梁惠王片庖有肥肉，庖汤乃农家杀年猪时，用刀头肉配以骨汤肥肉作火锅底料，五脏六腑次第同煮一锅后，续猪血及各类蔬菜。有道是：黔味千肴，食谱一绝，寒雪火锅，农家庖汤，山乡好客，广邀亲友，一家杀猪，全寨互帮，喜庆小院，丰收大餐，柴火燃灶，松烟递芳，头刀鲜肉，神经颤动，半个时辰，仍旧暖膛。细心冲洗，泉水慢熬，姜葱去腥，大料偏方。三沸三变，独色独味，色如白玉，味似琼浆，食无定规，情有依变，常喝此汤，绿色安康。家常调味凭四辣：青椒配素，红椒加荤，泡椒腌拌，干椒带炝。黔风蘸碟凡九件，姜末蒜茸花椒面，酱油酥醋折耳根，香葱苦蒜不可缺，柴灰辣椒搓最香。

豆豉青蒜回锅肉，粉肝腰花脆嫩爽，肥肠酥肉各软硬，火锅周边任君尝。不逊山珍美，不亚海鲜强。小小庖汤饭，回味总悠长。炉火熊，燃不尽一腔热情；锅沸腾，散不完满面红光。正是：几著菜，可夹百味情怀；数碗酒，当饮一世豪放。真个是黔肴黔酒黔文化，民风民俗民吉祥，美哉、快哉、农家庖汤。

绿色黔南

——乡村旅游人向往的天堂　营造乡村酒店的圣地

汪朝阳

（贵州省旅游资源保护与开发促进会）

一、乡村旅游人的天堂

打造乡村旅游区，营造乡村酒店，选择优美的自然生态环境，是乡村旅游区、乡村酒店兴旺繁荣的重要根基。绿色黔南，为打造乡村旅区、营造乡村酒店提供了广阔的空间。

在斗篷山、云雾山、龙架山、紫林山、马安山等数十条冲里；在剑江河、樟江河、水春河、洛北河等河湾两岸；在都匀大河、格珠河、阳河河、天落水等冲沟里，多数情况下，清水长流，鱼翔浅底，丛林深处，云雾缭绕、崖壁上古树倒悬藤萝纠葛、翠竹荫荫、浓荫隐蔽，处处是绿水青山、空气清新、微风浮动，花香扑鼻、处处药草香、牧童渔歌、鸟语蝉鸣，是乡村旅游人向往的天堂。

二、大力营造"杏花村"

随着城市化的急速推进，城市中汽车拥堵、人群涌动、人声嘈杂、空气污浊。居住在城市的人们，留念乡村，渴往乡村，每到节假日，居住在城市的人们，纷纷奔往乡村，路上车流人流欲断魂，形成了城市人群大迁徙，我把他们称为乡村旅游人，成为现在乡村旅游的洪流，乡村旅游的热潮正在一浪高过一浪，绿色黔南蕴藏着发展乡村旅游业的深厚潜能，是乡村旅游人的天堂。乡村旅游区、乡村酒店巧妙组合布局，是乡村旅游人要寻找的"杏花村"。

三、建议与展望

建议黔南州委州政府，首先是都匀市委市政府，把乡村旅游业和乡村酒店的发展纳入市政府的重要议事议程，乡村旅游业是黔南州尤其是都匀市旅游业的一大重要板块，是都匀市当前和未来一个相当长的历史时期旅游业一大重头戏，建议都匀市委市政府做好乡村旅游区和乡村酒店的发展规划，要紧紧结合民族文化和民族风情，规划几处环境优美、民族风情浓厚的乡村旅游区和乡村旅游线。乡村旅游区和旅游线，是乡村酒店的重要载体和重要依托。对重点景区实行政策倾斜，予以重点扶持，建议各级地方政府、各职能部门，每年为乡村旅游区和乡村酒店做一件实事，作为年终考核的一大内容，各级政府职级部门接待客人，力争安排在乡村酒店，吃住在农家，从感情上给乡村旅游区、乡村酒店最大力度支持。

随着乡村旅游区的逐步开发，乡村酒店也必将蓬勃兴起，黔南州、都匀市必将迎来乡村旅游事业的大发展。

如何打造贵州中高端乡村酒店

罗永常

（凯里学院　旅游学院院长）

一、贵州省为什么要建设中高端乡村旅游酒店

现状：贵州本省中高端乡村酒店缺乏，与浙江等乡村酒店发展好的地区相比，自身的中高端酒店差别很大，没达到真正乡村酒店的标准。

（一）必要性

① 新常态下乡村旅游呈现井喷之势。城市化带来各种城市病，使异城市化之风悄然来临；新田园主义正在成为时尚：人们向往回归自然、返璞归真、田园为邻、花鸟为伴、世外桃源般的生活，而乡村度假休闲有着新鲜的空气、宁静的环境等，成为城市居民出行的首选。

② 乡村旅游是贵州旅游的未来。乡村旅游在贵州发展得较早，已有二十几年，虽然观光、传统旅游有些变化，但仍是以观光为主；现在乡村旅游发生了变化，即在观光的同时，也体现休闲、度假、养生、养老、教育等综合需求功能，并呈井喷增长态势；贵州自身好的环境资源是实现乡村旅游的坚实基础，"国际 3D 乡村旅游目的地"是贵州乡村旅游的准确定位及未来。

③ 目前，贵州缺乏中高端乡村酒店，难以满足现在旅游市场的需求。

④ 多样化的乡村旅游是贵州大健康产业发展的重要平台推手。贵州要发展大健康产业，即大力发展以"医"为支撑的医药医疗产业，重点发展休闲养生、滋补养身、康体养生、温泉养生四大业态，大力发展以"健"为支撑的运动康体产业，建设西部重要和全国知名的户外运动中心。

（二）可能性

① 贵州的资源优势。贵州是公园生态大省、天然氧吧，从海拔、气温、森林覆盖率、负氧离子，到动植物资源和中草药等，体现出多样性和优异性。

② 贵州独特的人文优势。贵州的民族文化绚丽多彩，是文化天堂、文化大省、中药特别是民族医药宝库，贵州是全国为数不多的能够进行文化体验与休闲养生的一块宝地。

③ 交通改善，使中远距离的市场不再遥远，贵州的高铁、高速公路发展振奋人心，后发优势很快显露。

④ 贵州有发展的良好基础，开发基础、市场基础、人气基础都不错。

⑤ 贵州有大健康产业的良好基础，医药产业风生水起，特别是黔南。全省共有上市企业

11 家，中药材的种植面积全国第三，药品品种 1 327 个，国家品种 336 个，具有自主知识产权的民族药品 154 个，养生养老具有其他省份不可比拟的优势。

二、浙江莫干山裸心谷度假村案例

（一）基本情况

① 地点：浙江莫干山裸心谷度假村位于浙江德清，距上海 2.5 小时车程，到杭州只要半小时。

② 该地是一个具有水库、翠竹、茶林及数个小村庄环绕的豪华度假村。

③ 该项目的理念是远离都市、回归自然、自然至上、世外桃源，以满足人们在繁华都市里营造自然的养生养老的需求。

④ 度假村的特色：特色村落群中的传统建筑风格；该地森林植被覆盖良好（大面积的竹林和满山的茶园），因此有远离城市的闲逸气息。

⑤ 该项目的定位：度假、体验、养生、高端。

（二）主要项目

（1）裸心乡度假村项目：占地 150 亩，2007 年开业，以村庄为主，把充满乡土气息的农舍改造成度假旅馆，以石径、石墙、石涧、竹林、茅舍营造静溢质朴、闲情野趣的体验场景，在这里古老风格与现代舒适相结合，给人们返璞归真、回归自然的体验，成为人们释放压力的好去处。

（2）裸心谷度假村项目：2011 年开业，面积更大，占地 360 亩，以水库、翠竹、茶林为载体，依山就势，利用天然建材和传统建造技术，结合亚、非洲风格，以树顶别墅群和夯土木屋为主体，打造独特的与自然融为一体、配以现代休闲度假服务设施的豪华养生度假村。树顶别墅基本建在山体之上，每一栋别墅都拥有宜人的风景，从别墅的二楼——客厅看下去给人以居住在树顶上的感觉，朝向、风景特别好，别墅的楼下是双卧室，靠着落地窗，摆放着温室浴缸，楼上是开阔的餐厅、客厅及露台，一栋可接待 2 ~ 3 个家庭，另外有多个养生 SPA 中心，项目众多。卖点：主要是体验，尤其是居住体验。斥巨资打造豪华、舒适的居住环境。除居住外，仍有许多体验项目，如休闲会所、裸心馆（湖边的茶艺馆、陶艺馆）、茶山（上等的莫干山白茶，围绕茶进行采茶、加工），欣赏林海，体验陶冶。在吃方面，有绿色餐厅（提供当地新鲜的食材、菜系，配以当地的特色餐饮文化，强调绿色有机，服务至上，随地送到，高档服务）、梯田酒吧（开过的坡地建设酒吧）。另外还有水疗中心、会议中心、露天剧场。

（3）娱乐项目：体验参与型项目众多，强调安全性、针对性和季节性，针对不同的群体推出不同的娱乐项目。如收费项目：骑马、瑜伽、爬山、山地车、高尔夫、垂钓、采茶（特定季节推出采茶、炒茶的竞赛娱乐，新颖）；免费项目：游泳、喂马、爬山、射箭、放风筝、儿童乐园。该项目定位是以上海杭州为主，辐射苏州南京等长三角城市，中高端客户为主，有部分国外游客，尤其针对企业客户以及团队拓展。价格高：别墅两房 188 平方米每天 5 300

元，里面包含 15% 的服务费；三房是每天 7 800 元；四房是每天 10 000 元。夯土木屋：适合 2～3 人居住，可加小床，每天 1 500-2 000 元，另加 15% 的服务费。

三、我们要怎么做中高端乡村酒店

① 科学规划，逐步推进；

② 差异化发展，不同地方不同特点，突出地域特色，强化民族文化；

③ 注意环境和生态的保护，持续发展；

④ 注意群众的参与，富民，处理好与老百姓的关系。

文化科技与乡村旅游

张文磊

（黔南民族师范学院旅游研究中心　主任）

一、乡村旅游的粗浅认识

乡村旅游依托社区以及乡村酒店，也包括当地乡村居民。乡村旅游有 3 种形式：一种是农业旅游，一种是乡村民俗旅游，另一种是农家乐。每个内容不同，承载的也不同。

农业旅游的一个典型是湖北荆门，它打造的是中国的农谷，有院士村，包括袁隆平也在当地，一切围绕农业产业化，有很多的研究院以及关于农业的博物馆。有屈家岭中国原始社会古农业化遗址，结合科技植物园打造成一个农耕旅游文化圣地。还有根据农业来做的乡村酒店，建筑风格以及里面的器具都与农业有关。搞旅游要有主题，不要模仿，自己的就是自己的。比如荆门乡村酒店的菜谱名字全都是当地的，它的农产品按照现在生态农业的形式包装，在游客区进行销售，很多人现场购买，因为知道它是生态的。

乡村民俗旅游。第一是民族村寨，典型代表是黔东南岜沙苗寨和西江千户苗寨，依托这样的载体做出来的乡村酒店，一定是不同于农业旅游的。第二是乡村特色养生旅游。它是依托现在的长寿群体以及长寿因子而打造的。广西巴马盘杨屯是极其有名的，是国际健康联盟的长寿基地、百岁老人基地，许多外来游客多和这些老人交流，这是它的核心。第三个是深度专业养生旅游。它是利用特殊的自然环境，加上周边的资源。如浙江武义温泉，里面有豪华的温泉养生旅游区，这是它的吸引物，同时附带的旅游产品及服务：一是彭祖文化——道教里很有名的人物。二是农业方面有灵芝的生产，是专门供给皇家的贡品，一切是为了让游客获得养生理念而打造的。

农家乐是农业旅游与乡村民俗旅游的交叉部分。农家乐包含吃、购、娱、住、感、赏等几个旅游活动内容。田园观光游是最低层次的旅游活动，贵州很多地方没有解决好服务的卫生环境问题。吃，杭州的莲花宴，一切都是依托本地所产的莲子进行设计加工的宴席，这是很有特色的，它把莲文化赋予进去，形成主题宴席。购，中青年旅游市场已经很成熟，但是对老年群体以及小孩重视不足，留住一个小孩就等于留住了 5 个人。农家乐中有许多喜闻乐享的不用多少钱就可以做出来的旅游活动项目，应该强调，我们的旅游开发，应该少做一些没有特色的静态的旅游开发，而应该通过一些活态的低成本的旅游活动项目的设计，让游客来动态的深度体验。

二、制约乡村旅游发展的核心问题

第一是对当地的特色文化挖掘展示不够。

第二是对现代科学技术的利用不够。这是用虚拟旅游系统让游客在网上体验整个乡村酒店和周边环境，有实力的企业可以采用。

第三是创意不够，要利用现代的技术和本村的文化进行创意。贵州省已经出台传统村落保护意见，贵州省有 160 多个国家级的传统村落，黔南有 16 个。文化保护和创意必须要是本村的，邻村的都不可以，要以保护为主、开发为辅。

第四是利益分配问题。我国乡村旅游开发经营的模式大概有 4 种：农户加农户、公司加农户、公司加社区加农户、政府加公司加农村旅游协会加旅行社，每个都有自己的职责所在。制约乡村旅游的核心是经济利益的分配，核心主体有地方政府旅游企业、有村集体组织，但是村民是核心当中的核心。

三、如何去做

深入挖掘本村的文化。充分利用 3D、互联网+去创意和营销。利益的分配方面，没有村民的参与和积极的态度，可能会拆你的台子。我们对比了成都的三圣乡红砂村、贵州的天龙屯堡以及云南的雨崩村 3 种利益分配的机制，比较的结论是各有特点。其中红砂村是做得最好的，有值得借鉴的地方。把握两个原则：第一是利益共享，第二是明确产权关系。

第三篇　经验交流

桐梓县乡村旅游发展思考

吕景万

（桐梓旅游协会　会长）

一、桐梓县概况

第一、桐梓县的基本情况。桐梓县地理位置优越，交通便利。桐梓县距重庆 188 公里，距贵阳 198 公里，可谓黔渝文化交流经济交往运输的中心节点。

第二、悠久的历史。桐梓文化距今 20 万年以上，是人类发展链条上的关键一环。有夜郎自大的故事，有诗仙李白的 30 多首诗作。改土归流始于桐梓县。1920 年归属遵义市。

第三、社会文化。桐梓有民国军政文化，有国民党海军军校旧址。1944 年 12 月，西安事变以后长期被软禁的张学良将军和赵一荻（赵四小姐）被转移到桐梓县，1946 年 4 月才离开。1935 年，红军强渡乌江，占遵义然后夺取娄山关。

第四、风光风情。桐梓自然风光优美，文化丰富，苗族风情浓郁，宗教文化多样。六乡 18 镇乡乡有特色，镇镇有景观。

第五、舌尖桐梓，以砂锅酸竹笋等特色饮食为代表。

二、桐梓县乡村旅游的发展特征

一是跨越式特征。桐梓县乡村旅游蓬勃发展，取得了明显成效，产业结构逐步升级，2013 年旺季日接待人数达 1 万人。2014 年，接待游客 570 万人次，旅游综合收入达 49.1 亿元。招商引资加大力度，2014 年成功引进旅游项目 3 个，总投资 43 亿元。全县目前共有乡村旅馆 1 200 多家，宾馆酒店 70 多家。从业人员 20 万，间接从业人员 11 万，接待能力一年比一年强，曾在 2011 年 2 月获得"全国乡村旅游与休闲农业示范县"称号，被联合国列为乡村酒店观测点。

二是外向型特征。桐梓县的游客 90% 来自省外，自驾游的游客多数来自重庆，桐梓县给他们带来回家的感觉。善良的当地村民，给予重庆游客最大的尊敬。每年 6—8 月是旺季，游客平均停留约 90 天。

三是营销注重智慧，全面多方立体展示。

四是加强管理，提高服务质量。

三、桐梓县乡村旅游发展的做法

第一、上下一致同心协力。桐梓县把乡村旅游作为主导产业，推出新型工业化、绿色城镇化、农业产业化，乡村旅游发展三位一体，把乡村旅游发展推到更重要的位置。

第二、乡村旅游立足民生。桐梓县乡村旅游发展受益者是农家，将农业产业化与乡村旅游结合，既改善了农村的生活环境，又拉动了经济的发展，取得了极为显著的效果，全县70万人中，目前有6万人从事第三产业，外出务工人员有1/3已经返乡创业。

第三、转型升级谋求跨越。桐梓县乡村旅游向休闲度假、商贸服务、会展、康体及绿色方向发展，逐渐形成乡村旅馆。

第四、文化旅游与文明风尚促进乡村旅游发展。提升文明大道，创建财富，促进可持续发展。

第五、创新标准，规范管理，提升品位。桐梓县在发展乡村旅游的同时，不断完善和规范各项工作程序，创新管理机制，主要体现在以下几方面：一是提高旅馆住宿餐饮标准；二是提高饭店星级评定标准；三是加强行业自律；四是推出乡村旅游保险；五是成立游客临时党支部；六是出台星级农业与乡村旅游示范户或示范点，进一步规范旅游市场发展。

乡村旅游的"桐梓现象"

——桐梓乡村旅游回顾及展望

桐梓县旅游产业办公室，桐梓县旅游协会

一、桐梓基本情况

（一）优越区位

东经 106°26′~107°17′，北纬 27°57′~28°54′。西南明珠，贵州门户，锁钥黔北，毗邻陪都。桐梓位于大娄山脉主山脊和主峰地带。3 200 平方公里土地妖娆多娇，72 万各族人民和谐共处。6 乡 18 镇，乡乡有特点，镇镇多景致。

黔渝铁路，崇遵高速，四大动脉纵横里；银杉珍稀，珙桐特奇，一级植物两瑰丽；杜仲补肝，天麻活血，天然药材千百余；乌金生辉，硫铁闪光，矿藏丰富有万亿；天然氧吧，雨热同季，四方游客避暑地；"世界一绝、中国独有"，方竹笋乡称美誉。桐梓有世界上连片面积最大的原生态方竹林 45 万亩，国家林业局命名为"中国方竹笋之乡"。

桐梓北望重庆 188 公里，南距贵阳 195 公里，可谓黔渝文化交流、经济交往、运输交通重要的中心节点。

（二）悠久历史

距今 20 万年前的远古时期，就有猿人在桐梓境内繁衍生长，并留下"桐梓人"遗址。《辞海》专刊"桐梓人"条目记载："桐梓人，我国古人化石。1972 年在贵州桐梓岩灰洞发现，故名。"在这以前，我国考古仅发现距今 170 万年的元谋人到距今 4 万年的柳江人，唯独空缺 20 万年左右的古人类化石。"桐梓人"化石，距今 20 万年以上，正好连接上这一人类发展进化的链条，这一重大发现填补了我国人类发展进化史上的关键一环。学术界将其命名为"桐梓人"。

西汉时期，一个美丽的误会使得夜郎之名传扬四海，并在司马迁史笔中留下了汉语圈认知率最高之一成语"夜郎自大"。太史公《史记·西南夷列传》中记载："滇王与汉使者言曰：'汉孰与我大？'及夜郎侯亦然。以道不通，故各以为一州主，不知汉广大。"

盛唐末期，一个重要的人物的到来使得当时的夜郎和今天的桐梓永远在中国文学史上占有一席之地。设置于今桐梓县境内的唐代夜郎县，还有一个特有的极其重要的历史事实，使它区别于各个历史时期的其他所有夜郎。那就是唐代大诗人"诗仙"李白曾获罪长期流放于此，留下了"我寄愁心与明月，随风直到夜郎西"、"三载夜郎还，于兹炼金骨"、"万里南迁夜郎国，三年归及长风沙"等 30 多篇著名诗作。

贞观置县，县名夜郎，南宋时节，隶属播川。元明宣慰，辖其使司，改土归流，始称桐梓。雍正六年，脱川入黔。一九二零，直隶于省。

1949 年 11 月 23 日，中国人民解放军解放桐梓，桐梓县人民政府成立，隶于贵州省遵义地区专员公署。遵义"撤地设市"后，一直隶属遵义市。

（三）深厚文化

民国军政。桐梓在民国时期的贵州军事政治上，具有独特的位置。当时有一民间谚语叫做"有官皆桐梓，无酒不茅台"。前一句主要是形容两个与毛主席的同龄的桐梓人对贵州的影响。周西成（1893－1929），字继斌，号世杰，中国贵州桐梓县人，中华民国时期黔军军阀，曾任国民革命军第 25 军军长兼贵州省主席。1926 年至 1929 年主持贵州军政。王家烈（1893－1966 年），字绍武，中国贵州省桐梓县人，中华民国时期黔军军阀，曾任国民革命军第 25 军军长兼贵州省主席。

桐梓现存周西成旧居和专祠，并有国民党海军学校旧址。

少帅足迹。张学良（1901－2001 年），奉系军阀首领张作霖长子，字汉卿，号毅庵，国民党陆军一级上将，海陆空三军副总司令，人称"少帅"和"民国四美男"之一。1936 年 12 月 12 日联合杨虎城将军发动针对蒋介石的兵谏"西安事变"，震惊世界，被周恩来总理誉为"民族英雄，千古功臣"。西安事变后被蒋介石幽禁长达 50 多年。其间 1944 年 12 月和赵一荻被转移到桐梓县城小西湖，1946 年 4 月离开。此段历史，至今令后人唏嘘感叹不已。

领袖华章。娄山关，又名太平关，位于大娄山脉的主峰，海拔 1 400 余米，自古为兵家必争之地，关口地势险要，四周崇山峻岭，悬崖峭壁，群山中只有一条盘山公路通过，曾是川、黔两省必经之道，"一夫当关，万夫莫开"。1935 年 1 月初，中央红军强渡乌江攻占遵义后进抵桐梓、松坎、酒店垭一线，保卫遵义会议的胜利召开。遵义会议以后 2 月 24 日，红军击溃黔军重占桐梓县城，揭开了遵义战役的序幕。2 月 25 日红军打响娄山关战役，黔军据险扼守，红军与敌反复拉锯殊死拼搏，于 26 日夺取娄山关。战斗结束后，毛泽东写下了著名的《忆秦娥·娄山关》词：西风烈，长空雁叫霜晨月。霜晨月，马蹄声碎，喇叭声咽。雄关漫道真如铁，而今迈步从头越。从头越，苍山如海，残阳如血。娄山关因此而彪炳史册、名闻天下。

（四）风光风情

自然风光。桐梓风光秀美。羊磴河、松坎河、桐梓河、水银河、天门河，五河风光美如画，游人到此不羡仙；凉风垭公路 72 道拐，险峻蜿蜒称壮观；小西湖"一湖西子水，半壁桂林山"；魁岩绝壁立千仞，东水西流俯视间；娄山关"万峰直插云天破，一线中通蜀道难"；九坝黄河沟怪石奇异，古树参天，三道门控其隘关；仙人山五乳奇峰绕天池；花秋九盆水浩渺波生烟；城墙岩，火焰洞，鲁班岩、酒店垭、尧龙山，俱有神话永流传。柏箐市级自然保护区为喀斯特台原，最高峰海拔 2 227 米，为黔北之冠。台原四周悬岩绝壁，如刀削斧砍，集雄、奇、绝、险、壮、秀、美为一体；台原上峰峦逶迤、植被葱郁、四季不败，银杉、珙桐、黑叶猴等珍稀动植物共 21 种。

乡间文化。1987 年，由桐梓籍中国著名作家李宽定创作的中篇小说《良家妇女》搬上银幕。其作品多取材于黔北和桐梓山乡生活，善于从古朴淳厚的乡风民俗中写出人的美乡情的美。《良家妇女》以深沉、凝重的风格塑造了杏仙、五娘、三嫂等性格迥异、各具情态的良家妇女形象，对她们在旧时代的人生遭遇和不合理的封建婚姻制度进行了有力的无情的批判。影片上映后获得专家和观众的热烈欢迎，并参加了多个国际电影节的展出，赢得了较高的国际声誉。

苗族风情。县境内少数民族最多的是苗族。苗族语言、风俗、文化、工艺美术方面，有显著的特点。乐器方面有木鼓、芦笙、竹箫、木叶琴、银哨等。现存木鼓、芦笙、木叶琴。文艺方面有曲艺、舞蹈。工艺方面有纺织、刺绣、蜡染、酿杂酒。节日与集会方面有阴节、阳节、踩山坪、砍火星等。苗族婚姻、服饰、丧葬、祭祀有其独特风俗。

宗教文化。县内分布有道教、佛教、天主教、基督教。寺庙宫观等宗教活动场所历代均有兴建、毁圮或重修，香火盛衰无常，解放及"文化大革命"后，多毁损或改作他用。20世纪末，渐有复兴。现有寺庙宫观有降龙寺、尧龙山瑞峰寺、崇德观、长寿观等。

（五）舌尖桐梓

山货方竹笋，河鲜嫩鱼虾。口口香锅贴，处处乐农家。

桐梓小吃历史悠久、品种繁多，风味独特，经济实惠。据不完全统计，全县各类小吃有上百种，从糕团米酒到筵席细点；从凉拌冷食到热饮羹汤；从锅煎油烙到蒸煮烘烤；从烤鸡烤鸭到烤全羊，花色齐全琳琅满目，甜咸酸辣一应俱全。比如：用纯天然放养的山羊肉做成的羊肉粉，肉嫩而不烂、粉白而不碎、汤鲜而不浊、红油辣而不燥；用糠壳、锯木面作燃料，烤制的恋爱豆腐果，外脆内嫩、咸辣爽滑，满口喷香；用糯米纸包上各种时令蔬菜做成的丝娃娃，灌上一瓢热汤，趁热吃下，辣香味浓；用手工制作的"下街担担面"，面条细薄，卤汁酥香，咸鲜微辣，香气扑鼻，十分入味……还有油茶、烧烤、洋芋粑、大肉粉、豆花面、小笼包子、豌豆糯米饭、锅贴饺、娄山关黄焖山鸡、黔北霸王香辣兔等美味，每一样都能让你齿颊留香，回味无穷。其中，尤以桐梓方竹笋、锅贴、松花皮蛋、牛肉松牛肉干闻名省内外。在县城中央繁华闹市，建有黔北著名的小吃一条街"夜郎街"。

（六）爱上乡村

除了县城里嘉华、正华、彩阳等旅游星级饭店外，近年来桐梓旅游最具特色吸纳游客最多的，非桐梓众多的乡村旅馆和农家乐莫属了。全县目前共有乡村旅馆1 200多家，宾馆酒店近70家，床位超过6万张，直接从业人员约2万，间接从业人员达11万，2015年元月至9月接待游客570万人次。接待能力一年更比一年强，接待人次一年更比一年高。

2011年2月，桐梓获得"全国乡村旅游与休闲农业示范县"荣誉，还被联合国列为乡村旅游观测点。

二、桐梓旅游的主要做法和发展现状

（一）主要做法

1. 历届党政高度重视，上下一致同心戮力

"十二五"时期，桐梓的发展定位是：新型工业大县、绿色产业之乡、特色旅游胜地、重庆卫星城市。旅游产业成为我县重点规划发展的产业之一，"十二五"规划中明确了乡村旅游产业在我县经济社会发展中的战略地位。

我县把乡村旅游产业作为主导产业，提出强力推进新型工业化、绿色城镇化、农业产业化、乡村旅游"三化一游"主战略，把乡村旅游产业发展摆到更加突出的地位。旅游业成为我县重点规划发展的产业之一，"十二五"规划明确了乡村旅游产业在我县经济社会发展中的

战略地位。

在县委、县政府的高度重视下，经过几年不懈努力，桐梓旅游业持续进步，发展到现在已经初具规模，进入提速升级阶段。为加强旅游工作的领导，我县成立了由县长任组长、四大班子领导任副组长、各有关单位主要负责人为成员的旅游发展领导小组，负责领导和协调全县旅游工作。

2007 年以来，全县在推动推进旅游业发展上逐年加大力度，加强深度，拓展广度，2007年 4 月，首次"凉爽大娄山·乡村生态游"为主题的乡村旅游节在桐梓拉开序幕，此后我县每年举办，影响不断增大；6 月，县委十一届二次全会通过了《关于发展乡村旅游推进"四在农家"的决定》，明确了我县乡村旅游发展的指导思想、发展目标、发展思路和工作措施，有力促进我县乡村旅游发展一年上一个台阶，成效显著。2011 年 4 月 8 日，贵州省首届乡村旅游节在桐梓举办。2011 年，被农业部、国家旅游局评定为"全国休闲农业与乡村旅游示范县"。通过这些活动，进一步展示了我县丰富的旅游资源，扩大了知名度和美誉度，展示了桐梓独特的风貌形象。

最近，桐梓县委县政府根据贵州省旅游业发展大势，又进一步提出把桐梓建设成为"国家乡村公园"的转型定位战略目标，有关调研正在紧密开展。

2. 乡村旅游立足民生，创新产业造福农民

桐梓乡村旅游的发展，得益于将"四在农家"创建与发展乡村旅游相结合，将农业产业化与乡村旅游相结合，既改善农村的生产生活环境，又拉动经济产业富民，取得了极为显著的效果。短短几年，乡村旅游已经发展成为桐梓县的农村支柱产业，其产值超过了原有的烤烟、方竹等产业，农村经济结构得到进一步调整优化，部分农村富余劳动力问题得到消化，从事乡村旅游业的农村群众收入大幅度增长，并成为其增收致富的主要来源。从事乡村旅游经营的农户年收入少则数万元，多则数十万元，最高的甚至达到数百万元，人均增收 2 000元以上。2012 年，全县农民人均纯收入 5 940 元，来自于乡村旅游的收入达 246 元，乡村旅游点的农民人均纯收入主要来自于乡村旅游业。全县 70 万人中，目前有 16 万人从事第三产业（其中 10 万人是外出务工人员），由于乡村旅游、工业经济、城镇经济发展较快，在县内从事第三产业的农村群众数量增长较快，随着乡村旅游等第三产业的加快发展，外出务工人员将会进一步返乡回流创业就业。

3. 抓好抓实特色项目，转型升级谋求跨越

桐梓县乡村旅游已经有了一定量的积累，适应"经济新常态"，遵循市场规律，顺应市场需要，按照不同受众需求，正向休闲度假、商贸服务、会展交流、康体健身、传统教育等多元化旅游方向发展，形成农户（乡村旅馆）与公司（休闲度假区）相互促进，景区与度假区、乡村旅游点互为补充、并驾齐驱的发展模式，也为转型升级奠定了坚实的基础。为进一步发挥优势，我县明确旅游产业的发展方向是做大做强、转型升级，着力打造高端休闲度假品牌。规划总投资 400 亿元以上，开发 15 个高端旅游风景度假区，重点打造 8 个以上省内外知名的高端旅游组团项目，强劲拉动旅游产业发展，调整优化经济结构。

4. 文化引领旅游风尚，特色促进桐梓进步

一国一城一地，没有文化就等于没有灵魂，不注重文化的旅游就会是无水之源无本之木。桐梓旅游文化经充分挖掘整理形成了"十大主题"：以岩灰洞、仙女洞"桐梓人"发源地和桐梓地质古生物研究为标志的史前文化；以唐宋夜郎和李白夜郎为标志的夜郎文化；以诗文志

乘为标志的明清文化；以周西成王家烈史迹、民国海军学校和小西湖为标志的民国军政文化；以降龙寺为标志的宗教文化；以马鬃苗族为标志的少数民族文化；以娄山关战役为标志的红色文化。桐梓充分发挥深厚的文化底蕴和多元文化特色，将"十大文化"特色基因有机植入嫁接到旅游业发展中，并不断健全完善农村公共文化活动体系，促进了乡村旅游发展，使桐梓乡村旅游走出了一条"提升文明-创造财富-更高文明"的可持续发展之路。各乡村旅游点结合游客精神需要和文化需要，大力开展具有浓郁当地特色的农村公共文化活动，使宾客游在其中，乐在其中，丰富多彩的文化活动是桐梓乡村旅游点上的一道亮丽风景线。

5. 创新标准规范管理，创意思维提升品位

桐梓在推进乡村旅游发展的同时不断完善和规范各项工作程序，创新管理机制。一是提高标准化程度，编制完成《桐梓县乡村旅馆住宿、餐饮标准》。二是推行星级评定，按照《桐梓县休闲农业与乡村旅游示范点及星级乡村旅游评定办法（试行）》对全县规模较大的400多家乡村旅馆进行评定，乡村旅馆档次和接待设施不断提升，服务得以提升。三是加强行业自律。各涉旅乡（镇）、村成立旅游协会，以乡村旅游点上"游客服务中心"为协会办公地点，在县旅游协会指导下，独立开展工作，形成县、乡、村三级管理服务体系。县旅游协会组织各协会分支机构和会员单位有计划地开展各项活动，增强协会凝聚力，通过制定章程和标准，使乡村旅游的各项工作更加标准化、规范化、规模化。四是推出乡村旅游保险。桐梓乡村旅游，中老年游客比例大，停留时间长，容易在旅游过程中出现意外伤亡，而乡村旅馆业主大多数赔偿能力有限，为降低旅游风险，建立保障体制，2007年，桐梓推出"乡村旅游保险"产品，7年来，这种产品发挥了积极作用，实现了多赢。五是成立"游客临时党支部"。桐梓乡村旅游的业态、客流量、游客成分、游客心理都比较特殊，游客和村民、游客和游客难免会产生一些矛盾，成立游客党支部有效实现游客的自我管理，搭建沟通平台。2011年，九坝镇山堡乡村旅游点"游客党支部"正式成立。旅游度假期间，"游客党支部"按照组织程序开展学习、讨论、帮扶等活动，支部书记成为九坝镇党代会特邀代表。六是桐梓出台星级休闲农业与乡村旅游示范户（点）评定标准，进一步规范和促进旅游产业发展。

三、乡村旅游的"桐梓现象"

（一）"桐梓现象"的主要特征

一是跨越式特征。桐梓休闲度假旅游的发展从无到有、从小到大、从农家乐到乡村旅游再到休闲度假的转型升级的过程，不到10年时间。而成都"五朵金花"、青城山等比较成熟的乡村旅游业从20世纪80年代初就开始兴起。

二是外向型特征。到桐梓度假的游客90%以上来自省外，主要是重庆市及其周边的游客，因此，具有典型的外向型特征。

三是"后花园"特征。桐梓是黔北文化和巴蜀文化的交汇地，具有文化的认同性，饮食、地域、民俗等文化极其相近，重庆游客来到桐梓有回家的感觉。乡村旅游产品打造中，游客积极参与，量身打造。游客停留时间长，每年6—8月是旺季，游客平均停留达90天。"回头客"的比例大，游客中60%是"回头客"，有的每年都住在同一个乡村旅游点的同一家乡村旅馆（也有在其他点上轮流住），甚至有的已预定长租客房达15年、20年不等。某种程度上说重庆游客已对"后花园"产生了一种依恋和依赖。

四是性价比特征。桐梓与重庆之间的时空距离处于乡村旅游"黄金点"上。重庆游客在重庆的区县度假和在贵州的桐梓度假，心理满足度截然不同。桐梓乡村旅游是亲情游，业主与游客之间"亲情"重于"行情"，游客与游客之间搭建了一个情感交流的平台，淳朴善良的当地村民给予重庆游客最大的尊重，弥补了城市生活的人文关怀的缺失。

五是井喷式特征。在8年发展过程中乡村旅馆建设速度、数量呈现出一种井喷现象。特别是2011年乡村旅游旺季（6-8月），游客数量再创新高，有的乡村旅游点游客人数是村民的几倍，如九坝镇山堡乡村旅游点原住村民2 800人，2013年旺季，日接待1万多人次。

（二）乡村旅游取得了明显成效

近年来，桐梓旅游工作紧紧围绕年初目标，坚持主基调，推进"三化一游"主战略，以项目建设为龙头，着力打造全国休闲度假旅游目的地。按照"双轮驱动、立体多元、升级换代"的发展思路，通过抓实做好旅游产品、拓展旅游客源市场、提升旅游服务质量，保持了持续发展的良好态势，取得了明显成效。

1. "喜看稻菽千重浪，遍地英雄下夕烟"——乡村旅游蓬勃发展 产业结构逐步升级

目前，全县乡村旅游可谓"喜看稻菽千重浪，遍地英雄下夕烟"，共有乡村旅游点26个（今年新增风水乡赵统森、九坝镇令坝、容光井坝3个乡村旅游点），漂流景区4个（水银河、圆满贯、古夜郎、羊磴河），乡村旅馆1 211家，宾馆酒店68家（今年新增5家），床位数6.222万张，直接从业人员1.86万人，间接从业人员达11.3万人，2015年元月至9月接待游客570万人次，旅游综合收入达40.9亿元。90%的乡村旅馆业主是老百姓和农户，因此被评为"全国乡村旅游与休闲农业示范县"和"联合国乡村旅游观测点"。

上天池乡村旅游点（国家3A级旅游景区）正在开展创建国家4A级旅游景区的相关工作；宗家山乡村旅游点全力打造"黔北第一村"，被评为省级休闲农业与乡村旅游示范点，正按照国家4A级旅游景区进行提档升级；七二乡村旅游点、乐境乡村旅游点、尧凤弯乡村旅游点提档升级创建"四在农家美丽乡村"升级版；油村沟乡村旅游点、红星乡村旅游点创建国家级休闲农业与乡村旅游示范点。

2. "天连五岭银锄落，地动三河铁臂摇"——招商引资加大力度 旅游新增重大项目

我县加大招商引资力度，2015年成功引进旅游项目3个，总投资43亿元。另外，签订框架协议一个，拟投资90亿元。一是与贵州神舟科技发展有限公司签订的桐梓县鹿羊溪度假区旅游项目，投资30亿元；二是与遵义紫耕农牧业旅游开发公司签订的桐梓县鹿羊溪度假村项目，投资5 000万元；三是与重庆博润实业有限公司签订的桐梓县美麓山庄度假村项目，投资8 000万元。四是与重庆渝商旅游产业（集团）有限公司签订的桐梓县夜郎旅游景区开发框架协议，拟投资90亿元。

2014年实施旅游项目22个，总投资达397.03亿元，2014年计划投资45.805亿元，1至9月完成固投22.783亿元。其中，省100个旅游景区项目：黄石公园、尧龙山旅游度假区顺利推进。

一是贵州黄石公园项目总投资82.94亿元，累计完成投资10.8亿元，其中2014年计划投资8亿元，1-9月完成投资5.5亿元，编制完成《黄连山峡高山旅游度假区总体规划》、《黄连山地旅游度假区建设发展规划》、《水银河景区总体规划》、《黄石公园欢乐洞景区设计方案》、《黄连假日旅游小镇建设方案》等。君临黄石酒店主体工程5万㎡已完工，启动外装

修工程。黄莲假日酒店完成主体工程 1.5 万 m²，完成主体工程进度的 40%；水银河宾馆主体工程完工，进行主楼外装修，附楼内装修；新黄公路完成路基、路肩、护坡、堡坎、涵洞等工作，碎石铺垫 11 公里，工程进度的 85%；黄莲 35 kV 变电站完成工程进度的 85%；启动污水处理管网建设。旅游度假公寓二期完成主体工程 8 000 m²，一期旅游度假公寓完成主体工程 4.2 万 m²，启动三期、四期平场。完成水银河景点河道治理及景区绿化，黄石公园欢乐洞洞内清理 2 km，入区公路毛路 800 m 挖掘；启动洞穴酒吧、洞穴影院布置，启动景区水厂、景区管网建设。

二是尧龙山旅游区项目总投资 68 亿元，累计完成投资 3.12 亿元，其中 2014 年计划投资 2.285 亿元，1-9 月完成投资 1.65 亿元。完成《尧龙山生态旅游度假区总体规划》、《天域极地旅游小镇建设方案》、《尧龙山旅游度假区建设发展规划》。尧龙镇到酒店垭三级油路全面完工；尧龙山游客接待中心全部完工；尧龙山 35 kV 变电站完成工程形象进度的 85%；停车场 2 000 m² 投入使用。天域极地旅游度假公寓完成主体工程的 75%。完成天域极地广场 2 000 m² 建设，景区商业购物街完成主体工程 5 000 m² 建设，完成景区绿化 10 000 m²，景区内步道完成 1 000 m。

3."赤橙黄绿青蓝紫，谁持彩练当空舞"——营销宣传注重智慧　全面多方立体造势。

一是立足"智慧旅游"完善网络，正式运行"桐梓旅游网"，并进一步丰富网站内容。在网站上展示我县悠久的人文历史和经济社会发展现状；发布最新的旅游咨询及项目建设情况；推介桐梓旅游精品线路和特色旅游商品；逐步搭建网上订房平台；畅通旅游投诉渠道。

二是通过办好节庆活动宣传桐梓旅游。圆满完成 8 月 8 日召开的我县第一届旅游产业发展大会暨第七届乡村旅游节活动。通过旅发大会、现场旅游商品展销、夏季房交会、文艺展演、专家论坛等形式，宣传我县旅游资源、旅游产品及商品。

三是加强与省内外主流媒体合作。在对外宣传上，积极配合省市媒体，拍摄完成桐梓景区景点、美食、文化等方面的宣传片。在市场营销方面，与重庆娱乐旅游频道、晨报、商报合作，在重庆举办营销活动，加大对景区和旅游地产的宣传推介。

四是积极参与省内外各种旅游宣传营销活动。先后参与贵州省首届自驾游博览会、重庆海外置业节、重庆养生地产节等。

（三）旅游工作形成亮点

1. 立足新要求，明确新目标

全县旅游工作以打造"全国生态休闲养生旅游目的地"为目标，在认真分析现状的基础上，加强生态保护和环境治理，切实加强生态建设和环境保护，守住"生态底线"，加快建设乡村旅游示范区，明确提出以推进旅游项目建设、打造城市旅游名片、发展乡村旅游作为全县旅游发展工作的突破口，提升"绿色空调、天然氧吧"的知名度、影响力和吸引力，把桐梓打造成全国休闲度假旅游目的地。

2. 占据新高度，编制新规划

根据"坚持全景域理念"，高端规划全县旅游，逐步实现旅游业融合发展。由北京中科院地理研究所为我县编制的《桐梓县文化旅游发展战略实施规划》初稿已完成。编制单位专家组通过考察、走访，分析发展旅游业的资源条件，通过对我县地理、交通、区域格局、经济区位的分析，对我县旅游资源、旅游文化进行评价和提炼，规划取得初步的成果：将我县旅游业的总体定位为：国家乡村公园——"留得住乡愁"的全国性休闲旅游目的地，这也是我县旅游业发展的目标。

规划提出：到 2020 年建成重点旅游景区及度假区 15 个（其中，5A 景区 1 个，4A 景区 8 个，国家级度假区 1 个，省级度假区 3 个），旅游小镇 10 个，乡村旅游特色村寨 50 个，度假山庄 100 个，县游客集散中心 1 个，四星级酒店 15 个，五星级酒店 8 个，日接待能力达 50 万人。

《规划》还对我县旅游的产业价值、文化价值、民生价值进行了深度的挖掘和分析，对全县旅游如何进行机制创新做了指导，对 24 个乡镇未来的旅游发展方向做了指引。

3. 管理新标准，实现新突破

（1）完善三级管理服务体系。除由县旅游产业办统筹外，在乡镇设旅游办（或由经发办代管），在乡村旅游点上，充分发挥协会作用，以乡村旅游点上"游客服务中心"为协会办公地点，在县旅游协会指导下开展工作，形成了县、乡、村三级管理服务体系。部分点上已经初步形成"统一餐标、统一入住价格、统一以床位数入保、统一车辆接送、统一由协会安排入住、统一进行矛盾纠纷调处"的六统一模式。在行政管理模式之外，探索出"游客党支部"、"重庆人候鸟协会"等乡村旅游点自律组织，通过上党课、搞联欢、结对子等活动，提升业主素质，加强游客管理。

（2）整合资源做好培训。为提升从业人员服务水平和综合素质，2015 年我县整合多部门资源来进行培训，由旅游办牵头，各有关部门配合。先后在狮溪镇、坡渡镇、芭蕉乡、水坝塘镇、羊磴镇、尧龙山镇、小水乡、官仓镇、花秋镇、容光乡、风水乡、娄山关镇、马鬃乡、九坝镇开展了 13 期乡村旅游从业人员培训，内容涉及烹饪、房间服务等，总授课 780 课时，共计培训 6 200 人；为提高旅游服务意识，在木瓜镇、九坝镇、大河镇、尧龙山镇开展旅游培训 7 期，内容包括旅游法律法规、礼仪学等，总授课 390 课时，共培训 2 400 人。

（3）安全事故零容忍。我县坚持"安全第一，预防为主"的方针，认真贯彻落实了省、市关于安全生产工作的各项工作方案，着重抓好节假日的安全监督和检查工作，不断强化旅游行业安全监管，开展了旅游行业的"打非治违"专项行动、旅游市场活动周、"旅游安全月"活动、全县旅游安全大检查专项行动等一系列的安全工作。其中，检查星级宾馆、旅行社、景区（点）40 余次，及时消除旅游安全生产隐患和非法违法行为，杜绝了重特大旅游安全生产事故的发生。

四、存在的问题

一是旅游资源开发相对落后。全县旅游资源虽然丰富，但规模小，分布散，还未串联成线、打造成旅游品牌，旅游产品未能得到充分发展。我县旅游管理方面缺乏专业的高级人才，亟须建立"桐梓旅游智囊"弥补缺陷和不足。

二是旅游基础设施较为薄弱。旅游项目缺水、缺电现象严重，现有的城市基础设施和旅游服务功能没得到很好的整合利用，旅游公路、高速（国道、省道）公路旅游标志标牌、旅游餐饮、旅游购物、旅游娱乐等方面管理和建设亟待加强。

三是旅游商品开发力度不足。地方特产及绿色生态资源、人文资源、民间工艺及非物质文化资源十分丰富，但开发利用程度不够。

四是旅游服务行业管理较粗放。现有宾馆酒店设施陈旧，不上高档次，缺少高星级旅游酒店、星级宾馆、星级旅游酒店管理人才，旅游景点、旅行社导游人才匮乏，旅游企业管理人员和从业人员素质参差不齐。

五是旅游产业体系发展滞后。由于缺少有影响力的龙头产品，对重庆等主要目标市场所进行的宣传力度不强，旅游促销滞后；娱乐、餐饮、住宿、旅游商品开发等相关支持产业支持不足，旅游开发原有基础差，资金投入有限，旅游产业体系有待进一步完善和提高。

五、展望未来

新增乡村旅游点 2 个，乡村旅馆 300 家，床位数 10 000 张；评定星级乡村旅馆 100 家；申报或评定黄石公园欢乐洞、水银河、杉坪为国家 4A 级景区，申报评定圆满贯为国家 3A 级景区；接待游客 800 万人次，旅游总收入达 40 亿元；设立桐梓游客接待中心；建设五星级酒店 2 个，四星级酒店 1 个，申报五星级酒店和四星级酒店各 1 个；建设旅游项目 15 个（其中续建项目 12 个，黄石公园、尧龙山、柏芷山、九坝度假区、凉风垭、小西湖、南天门、西成古道、九坝印象、天池三号、天池四号、枕泉翠谷，拟建项目 3 个，城南山度假区、清凉台、东方依云），把桐梓县建设成为国内知名的"养生度假基地"。

1. 紧盯目标，实施发展战略

一是发挥规划引领作用。在《桐梓文化旅游发展战略实施规划》的引领下，做好专项规划、完善景区、乡村旅游点、旅游小镇规划，做好城乡和景区的形象设计。推进多规衔接，强化执行监督和责任追究，确保规划的严肃性和法律性。二是紧盯发展目标。通过深化旅游与文化、商贸、工业、农业、地产等产业的高度融合发展，创新体制机制，优化产业结构，延长旅游产业链，走出一条"保护一方生态，传承一方文化，促进一方经济，造富一方百姓，推动一方发展"的后发赶超新路径，倾力打造"国家乡村公园"，使桐梓成为全国性休闲旅游目的地。

2. 加大投入，高标准完善配套设施

一是设置桐梓旅游咨询中心，为游客提供好旅游咨询服务。二是加大资金投入，完善水、电、路、通信等基础设施。三是参照国家旅游景区质量评定管理要求，对景区道路和停车场等旅游配套设施建设进行指导，为 A 级景区评定打下基础，加快景区建设步伐，完善县境内观光旅游线路。

3. 强化项目，实施精品引领战略

根据省 100 个旅游景区建设要求全力推进旅游项目建设 15 个（其中续建项目 12 个，黄石公园、尧龙山、柏芷山、九坝度假区、凉风垭、小西湖、南天门、西成古道、九坝印象、天池三号、天池四号、枕泉翠谷，拟建项目 3 个，城南山度假区、清凉台、东方依云），申报评定黄石公园欢乐洞、水银河景区、杉坪农业园为国家 4A 景区、圆满贯为国家 3A 级景区。

4. 拓展市场，明确外宣口号

把市场营销视为旅游业的"生命线"，创新营销方式，实行政府、旅游主管部门和旅游企业三级"联合推介、捆绑营销"。明确一个响亮、便于记忆、出彩的旅游外宣口号。组织召开好桐梓县第二届旅游产业发展大会暨第八届乡村旅游节，继续开展好尧龙山樱花节、九坝纳

凉节、品果节等一系列活动。

5. 加强管理，提升旅游服务质量

一是抓星级评定。继续开展乡村旅馆星级复核评定和星级酒店复核评定工作，新评定星级乡村旅馆 100 家，申报或评定星级酒店 3 家。二是抓安全生产。紧盯安全生产不放松，着重抓好节假日的安全监督和检查工作，开展了旅游行业的"打非治违"专项行动、旅游市场活动周、"旅游安全月"活动、全县旅游安全大检查专项行动等一系列的安全工作。三是优化旅游项目审批流程。通过投资代办、并联审批、信息共享、网上审批、搁置前置条件、同步办理等手段，实现减程序、减时限、减费用，努力提高旅游项目审批服务工作的质量和效率，促进经济社会全面、协调和可持续发展。四是优化管理运营模式。在吸纳主力运营商的基础上，全面负责区域旅游运营开发。成立单独的景区运营公司，自负盈亏，推行"1+N"（1 家主力运营商+多家景区投资公司）的管理运营模式。五是加强旅游协会建设。为适应桐梓县旅游产业发展，县旅游协会需要改选、充实、整顿，完善县、乡（镇）、村管理体系，充分发挥县旅游协会行业协会自我管理、行业自律的作用，搭建了游客、业主、政府沟通平台，在职业培训、文化活动、宣传推介，服务管理等方面为助推桐梓旅游产业发展做出来应有的贡献。

大数据背景下的乡村旅游

宋治铖

（镇远镖局）

我先和大家分享一个"啤酒与尿布"的故事。这个故事产生于 20 世纪 90 年代的美国沃尔玛超市中，沃尔玛的超市管理人员分析销售数据时发现了一个令人难于理解的现象：在某些特定的情况下，"啤酒"与"尿布"两件看上去毫无关系的商品会经常出现在同一个购物篮中，这种独特的销售现象引起了管理人员的注意，经过后续调查发现，这种现象出现在年轻的父亲身上。

在美国有婴儿的家庭中，一般是母亲在家中照看婴儿，年轻的父亲前去超市购买尿布。父亲在购买尿布的同时，往往会顺便为自己购买啤酒，这样就会出现啤酒与尿布这两件看上去不相干的商品经常会出现在同一个购物篮的现象。如果这个年轻的父亲在卖场只能买到两件商品之一，则他很有可能会放弃购物而到另一家商店，直到可以一次同时买到啤酒与尿布为止。沃尔玛发现了这一独特的现象，开始在卖场尝试将啤酒与尿布摆放在相同的区域，让年轻的父亲可以同时找到这两件商品，并很快地完成购物；而沃尔玛超市也可以让这些客户一次购买两件商品、而不是一件，从而获得了很好的商品销售收入，这就是"啤酒与尿布"故事的由来。

当然"啤酒与尿布"的故事必须具有技术方面的支持。1993 年美国学者 Agrawal 提出通过分析购物篮中的商品集合，从而找出商品之间关联关系的关联算法，并根据商品之间的关系，找出客户的购买行为。Agrawal 从数学及计算机算法角度提出了商品关联关系的计算方法——Aprior 算法。沃尔玛从上个世纪 90 年代尝试将 Aprior 算法引入到 POS 机数据分析中，并获得了成功，于是产生了"啤酒与尿布"的故事。

贵州是全国的公园省，牛肉粉、空气、茶叶、村寨、孔学堂、森林覆盖率……这是习近平总书记给贵州点过的"赞"。下面我们来看看大数据为我们统计的贵州数据。

大数据，一个时下最流行的 IT 词汇，通过未来趋势分析，农业和以旅游为代表的第三产业将以此为线索，有机的串联到一起。据市场统计，我们旗下的 8 家客栈，年订单量中有 67.9%是来自网络。在这个日新月异的时代，我们依然墨守成规的靠着农家乐和崎岖小路发展乡村旅游，是否还能在大浪潮中存活下来就不得而知了。个人观点，乡村旅游应该是和农业密不可分的。下面说说台湾农业观光这个成功的案例。台湾休闲农业紧紧抓住"休闲"二字做文章，让农业文明与旅游文化相融合，设计了一系列旅游项目，带给游客视觉、听觉、嗅觉和触觉等多方位的刺激和体验。比如马濑农场，设有农业休闲及农场游憩等三十多种设施，设计了包括兰花会馆、草原餐厅、滑草、骑马、露营等一日游到多日游的旅游项目，游客既可以欣赏游览，又可以参与互动。

图 1 对森林覆盖率的完成情况

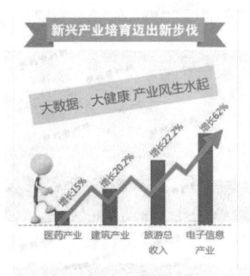

图 2 各种产业的增长态势

图 3 交通网络完成情况

图 4 农业建设情况

（以上数据摘自贵州省政府门户网）

　　我们自然不能人云亦云的胡乱照搬,打造煮熟的旅游产品才应该是我们奋斗终生的事业。由镇远镖局开发的镇远西峡景区项目,在各级领导、各界同仁的悉心关怀下,于今年的 2 月 15 日贵州省旅游局正式加入 2015 年贵州省 100 个新增景区行列,并提名 AAAA 景区。印江邛江古镇项目整个景区将于 2016 年,也就是高铁全线贯通的一年里迎来全面竣工,在未来的

5～10 年内面向全省及全国推广。我们致力于开发专属于黔东南乃至于专属于贵州省的特色旅游项目，已经确定开发的项目有贵州省第一家也是唯一一家有资质的潜水俱乐部，以及设置了攀岩、蹦极、马场等农业观光项目。

以网络为媒介，大数据产业为工具，对游客喜欢的、爱好的、无法拒绝的项目作出针对性的推广，比如喜欢吃辣的游客，在我们全免费 WIFI 的欢迎界面中就会出现我们商家所展示的尖椒牛肉、麻辣小龙虾的介绍，并附验证码进行打折买单，据我们 524 份的市场调查报告体现，该方式的成功率和关注度相较于街头传单的传统派发方式足足高出一倍以上，就以 500 人关注为例，每天多了近 100 人关注到你的产品信息，再乘以一年 365 天，这将是一个庞大的基数。带小孩的游客最揪心的是，这边想要惬意的游玩、体验，孩子却在一旁哭闹不止，不能放松身心不说，还弄得心力交瘁。针对这种情况，大数据可以通过你平日里的数据整合，只要进入到我们的网络覆盖范围内，就会接收到儿童巧克力 DIY 工坊、亲子温泉泡池的信息，这酸爽……喜欢文艺范儿的游人我们会推荐沉香、白酒等博物馆。更不必提每周一小、每月一大的活动促销安排。第四媒体茁壮成长，必然会成为我们主要的市场推动力。

表 1　镇远县旅游局年终总结统计

年份 项目	旅游服务企业	旅行社及分社	在册导游人员	旅游餐饮店	宾馆、旅社、民居客栈	农家乐	旅游商品专卖店	标准床位	接待游客量（万人次）	旅游综合收入（亿元）
2010	437	8	128	90	205	50	50	5100	132.8	3.3
2011	536	14	269	108	280	60	72	6800	231.9	20.5
2012	700	32	560	136	379	72	78	10000	318	21.39
2013	1100	33	560	524	432	97	98	13000	382.9	26.27
2014	1100	33	560	524	432	97	98	13000	480	34

　　从表 1 中我们不难看出，旅游人数是呈持续增长的，但其他服务配套设施增幅几乎达到可以忽略不计的程度，这证明了一个显著的事实——镇远县的旅游接待能力已不能满足日益增多的游客的需求。一旦游客到了以后不能得到想要的度假条件，那么就会出现旺季空巢的现象，这是我们这旅游人不愿意见到的。

丹寨乡村旅游模式

——以丹寨县朵往颂农业专业合作社为例

李光智

（丹寨县朵往颂创新农业合作社　理事长）

丹寨县朵往颂创新农业合作社初建于 2012 年 6 月，位于龙泉镇交圭村。在丹寨县委县政府及县农业局的大力支持和关心下，我们按照"规范、发展、提高"的思路进行发展，目前已有合作社成员 306 户，注册资本 320 万元，主要从事绿色粮食标准化种植和养殖生产及销售业务。2014 年被国家九部委评为"国家级农民合作示范社"。

几年来，合作社以社员家庭承包经营的土地入股或流转方式，组织开展农业规模经营，探索现代农业、生态农业的新型经营方式。现有统一经营的土地 856 亩，主要开展硒锌大米种植及硒锌茶叶种植、绿色无公害蔬菜种植、黑毛猪养殖、土鸡养殖、乡村旅游等。

我们积极探索特色农业生产项目，提高土地收益，开展了规模化、标准化生产，使土地亩均收益达到近 5000 元，提高了合作社社员的收入。为了改善土地耕作条件，推进生态循环利用，2013 年投资 120 多万元，新建了年养殖 3 万只的标准化土鸡养殖场，今年又新建了可养殖 300 头的"交圭黑猪生态养殖场"。初步形成了"粮食标准化种植示范园"、"现代农业产业园"和"规模化养殖园"，在探索规模经营、循环发展的现代农业生产经营模式方面进行了有益尝试并取得初步成效。我们的具体做法是：

一、立足规范管理

（1）完善组织机构。为了有条不紊地组织开展合作社的各项工作，切实提高组织管理水平，结合我们的实际情况，在内部成立了四个部门。

综合管理部：主要负责工作总体协调、协议签订、情况上报等，确保政令畅通。

生产管理部：主要负责技能培训、生产组织管理、机械作业等，保证正常生产经营。

财务管理部：主要负责经营核算、工资发放、资金调度等，确保合作社正常运转。

项目管理部：主要负责项目申报、政策争取、规划实施，确保合作社健康发展。

（2）完善规章制度。合作社成立之初，我们依照章程，制订了理事会工作制度、民主决策制度、财务管理制度、劳动管理制度等一系列规章制度，并在日常管理过程中严格执行。

（3）制订发展规划。较多国家级专家学者深入实地考察，进行可行性分析研究，制订了 10 年的规划发展目标和"突出特色、分步实施、长短结合、滚动发展"的经营思路；明确了"种养加循环利用，粮果菜协调发展，短中长优势互补，原生态绿色健康"的发展方向；确立了"社村联合、协同发展，社民携手、共同致富"的办社思想。计划与龙头公司合作，到 2020 年建成 2000 亩以粮食标准化生产为主，水果、蔬菜为辅，种养加循环利用、协调发展的"生态农业产业园"。

二、努力提高效益

（1）总体效益。2014年实现经营总收入312万元，其中：粮食收入103万元；茶叶收入54万元，养殖收入93万元，乡村旅游接待62万元。总支出226万元，其中：土地流转费47万元；社员劳务工资86万元；生产经营及杂费共93万元。盈余86万

（2）社员收入。2014年合作社社员获取的直接收入达到153万余元，其中：土地流转和劳务收入47万余元；种植和养殖收入106万元。在合作社现已入股、流转土地中，亩均纯收入1 800元，远远超过原先农民自主经营的收入。

（3）社会评价。合作社虽然创立已有几年时间，但荣获"国家及示范社"，对我们既是莫大的鼓舞，更是激励了我们的信心。合作社的创建运营，不仅给社员带来了经济上的实惠和未来的希望，也给周围村庄和农民带来了不少便利，合作社基础建设（道路、水渠、机井等）为附近农户的生产生活提供了方便。今年初经过民主测评，合作社拥护和满意率达到100%。

三、不断总结完善

（1）合作社创办得到多数农民拥护。合作社创办以来，投入了大量的人财物力对社区进行全方位的软硬设施建设。现在村组的道路好走了、环境改变了、社员们的收入增加了。绝大多数群众积极响应合作社的号召，打心眼里感激合作社给村民带来的好处。

（2）完善了土地流转的长期机制。经过与合作社所在地村组和农民多次协商，形成共识建立了土地流转（或入股）的长期机制：一是尊重自愿原则，周围农户的土地经营权可以采取流转或入股的方式，交给合作社统一管理经营，也可以采取合作社托管的方式由合作社管理；二是无论哪种方式，经营期限原则上应在10年以上，并经过政府和农经部门鉴证；三是流转土地以每亩约定的价格支付土地流转费，入股的土地按照约定年度总价参与合作社分红，利益共享，风险共担；四是流转或入股期间，农民原来应该享受的政策性补贴归农户所有；五是流转或入股土地的农民可以优先进入合作社安排适当工作，参与生产劳动。

（3）经营管理必须逐步规范化。合作社成立之初，作为农业生产，我们也想试验一种宽松自在的生产管理环境，但实践证明在农业生产上没有规范的管理，就没有经营效益。要使合作社持续健康的发展，就必须走规范管理之路，为此，我们在调整机构设置的同时，制订完善了一系列管理制度。在生产过程中，我们加强环节管理，在种植上，选择优良品种，实行精耕细作，进行科学配方施肥，不仅抓住了时机，节省了资金，还提高了作物质量和产量。在管理上，对社员进行有效组织分工，实行包保责任制，对生产效果进行评比和奖惩，调动了社员的生产积极性。在业务活动中，坚持合同管理，诚实守信，树立合作社良好的外部形象。

（4）把社员组织好才能取得成功。把社员组织起来，调动起来，实现规模化、标准化和工厂化的生产，是农业合作化面临的一个很关键和迫切的问题。目前，社员的土地大多数都是以流转方式参与到合作社的，对农民而言他们认为是一种买卖关系，合作社的经营效益好与坏和他们没有太大关联。要充分发挥并调动其积极性，应尽量引导农民以家庭承包经营的土地参股，真正成为合作社的股东，年底按参股多少分红，以增强其主人翁意识和责任感，改变松散消极的观念，树立"社兴我荣、社衰我耻"的理念，做到专业化生产、规模化种植、企业化管理，才能实现效益最大化目标。

四、面临的矛盾和问题

（1）农民的松散习性与规范管理的矛盾。家庭承包责任制实行了三十多年，农民自己各种各的田，已经养成了松散的习性甚至有些惰性，特别是他们对生产环节的马虎意识，给我们的标准化、规范化生产技术落实带来很大的困难。解决这个问题需要我们付出艰辛的努力，一是要逐步引导，加强培训。为此我们已经投入大量资金建设了标准的培训教室。二是完善规则，逐步推行。改变农民的习惯是一个比较艰难的过程，但为了农民专业合作社这样一个新事物的发展，而且要发展的很好，就必须下定决心来逐步改变，逐步将他们培养成新型的农业产业职工。

（2）社员的期望与大农业生产效益的差距。大农业生产目前的经济效益还是很低下的，特别是粮食生产，每亩土地流转费加上种子、机械作业、人工费成本需要 1 300 元左右，年景好收入也就是 1 500 元上下，稍有灾害就会亏本。而社员们都期望合作社能够为他们改变这个现状，带来更加丰厚的收入，但这个愿望在短期内还难以实现。我们正在不断选择新的项目，比如发展养殖业、种植水果、蔬菜等相对较高附加值的生产项目，努力提高盈利能力。

（3）农业设施落后。交圭村土地较为分散，而且大都在一定坡度的山上，无法实现大型机械耕作。配套的山塘、沟渠、机耕道等也相对较少，无法大规模实施标准化种植。

（4）乡村旅游软硬件薄弱。交圭村虽然有得天独厚的自然资源和人文环境、交通条件，但景点开发建设、旅游综合服务相对滞后，民族文化挖掘和传承、手工艺品加工、生态农业观光等一大批有文化有内涵的资源没有被充分挖掘出来。

五、进一步发展的思考

1. 尽快建立农村新型合作组织征信体系。这个目前农业部牵头九部委已经发文解决。

2. 政策扶持能否突出重点，发展好几个合作社，一个合作社带动一个片区，切实起到引领示范效果。

3. 合作社国家补贴应加大力度，包括落实上给予项目资金支持。

4. 农业基础设施项目能够向合作社倾斜，并由合作社自行承担建设主体。2010 年农业部等七部委就已经印发《关于支持有条件的农民专业合作社承担国家有关涉农项目的意见》，但这些年来落实的不好。同时应加大对正规经营管理的合作社区域内的农业设施建设投入，如水利灌溉设施、高标准农田建设、土地治理等项目。

5. 争取金融机构对合作社的资金支持。合作社发展资金不足是一个瓶颈，盼望政府及相关部门能从"财政资金、农发行贷款、土地经营权抵押"方面再有所放宽，为合作社提供更多的融资渠道。

第四篇　旅游论道

【乡村酒店建设】

略论贵州乡村酒店建设

韩国栋

（黔南民族师范学院旅游研究中心，贵州　都匀　558000）

摘要：乡村酒店是介于农家乐和城市商务酒店之间的一种旅游产品，它随着乡村旅游的发展升级应运而生。笔者运用文献梳理、实地调研与访谈等方法，从顾客需求出发，利用行为科学、统计学理论对西江苗寨附近乡村酒店经营情况进行了调查和分析。结论表明，乡村酒店建设既要遵循酒店业的一般规律，又要针对乡村旅游的特征谋划乡村酒店建设。本文总结乡村旅游者消费行为特征，乡村酒店空间布局、建设风格的规律以及影响因素，为乡村酒店建设提供理论借鉴。

关键词：乡村；酒店；建设；贵州

On the Construction of Rural Hotel

Han guodong

（Qiannan Normal College of Tourism Research Center，Duyun 558000，Guizhou）

Abstract：Village Hotel is between a tourism product farmhouse between the hotel and the city business，upgrade it with the development of rural tourism emerged. I use literature review，field research and interviews and other methods，from the customer needs，the use of behavioral science，statistical theory of Xijiang Miao village near the hotel were investigated and analyzed. Conclusions show that rural hotel construction should follow the general rules of the hotel industry also features pin rural tourism rural hotel construction plan. This paper summarizes the characteristics of consumer behavior tourist village，rustic hotel space layout，construction style of law and influencing factors for rural hotel construction to provide a theoretical reference.

Key words：Rural；Hotel；construction；Guizhou

一、引　言

乡村旅游的发展要求乡村旅游的食宿条件升级。乡村旅游形式随着时间的推移得以丰富与提升，游客们对于乡村旅游产品的配套要求与审美层次都和以往大相径庭，以前那种档次低、缺乏明确文化主题、依靠固有乡土气息来招徕游客的农家院落式旅馆，已无法满足市场需求。乡村酒店是介于"农家乐"和大型酒店之间的一种酒店形式，它是从初级的家庭旅馆升级而来，是乡村旅游中的重要部分，对于留下顾客从而拉动消费具有重要的作用，只有游客愿意住下来，才有足够的时间来享受田园风光，深入了解民风民俗，从而获得不同于城市的体验，达到乡村旅游的目的。目前乡村酒店建设研究尚不够深入，乡村酒店建设缺乏理论指导。首先，对于乡村酒店的概念的厘定还尚未完成，虽然四川等省份对乡村酒店进行了星级标准制定，但仍存在模糊定性的特点。其次，乡村酒店的建设策略不够成熟。再次，乡村酒店的竞争优势研究不够深入。这种现状容易导致乡村酒店建设同质化、过于超前化或跟不上时代发展要求，这种现状对整个乡村旅游不利。虽然在旅游规划中会涉及酒店布局，但往往是宏观的意见，论述不够详细，不足以指导乡村酒店建设和管理。李震清对乡村酒店存在的问题进行了分析，并提出了未来发展的趋势[1]。秦安建对乡村酒店视觉设计进行了论述[2]。但关于贵州乡村酒店建设中的具体问题研究较少。本文通过调查分析和深度访谈等方法分析了贵州省黔东南州西江苗寨景区附近现有乡村酒店的经营效果，从而提出贵州乡村酒店在客源定位、选址、建筑风格与文化的融合、突出差异化等方面的应对措施，期望能给贵州正在蓬勃发展的乡村旅游起到促进作用。

二、贵州乡村酒店的发展前景分析

（一）乡村酒店在中国的发展历程

随着人类现代文明的进步和生态意识的提高，崇尚自然、回归自然已成为当今人们越来越强的愿望和要求。人们在繁忙的工作之余，迫切需要远离拥挤、压抑的高楼，远离噪声、废气充斥的闹市，找一块空气清晰、环境幽雅的世外桃源去放松、去享受、去锻炼身体。

在中国，从 20 世纪 80 年代中后期在沿海地区一些发达城市周边开始出现乡村旅游的雏形。20 世纪 90 年代中后期开始，在国际乡村旅游的示范和脱贫致富政策的促进下，我国部分都市区域的旅游市场开始导入乡村旅游。1998 年，中央经济工作会议提出"旅游业作为国民经济新的增长点"，国家旅游局在将 2006 年旅游主题定为"中国乡村游"后，又将 2007年旅游主题定为"和谐城乡游"，这些措施有力推动了乡村旅游的发展。乡村旅游活动的蓬勃发展势必要求[3]。

乡村酒店是乡村旅游发展到目前阶段的必然产物，顺应乡村旅游的发展趋势，乡村酒店的前景光明。同时，乡村酒店对于促进乡村旅游业健康发展，提高旅游地居民收入，解决三农问题有利。乡村酒店这种新的接待模式，是市场经济下旅游发展繁荣的产物，是乡村旅游向国际接轨的必然趋势。

（二）贵州乡村酒店发展的优势分析

贵州省有 3 万多个自然村寨，少数民族村寨占了很大比例，这些村寨既有众多原始奇秀的自然景观，又蕴含有古朴神秘的民族文化，这些少数民族的聚居地有着得天独厚的自然环境和特有的民族风情，构成了发展乡村旅游的前提和基础[4]。随着各地乡村旅游数量的不断增加，规模不断扩大，乡村旅游逐渐成为贵州省的支柱产业，不仅为城市居民提供新的休闲方式，而且可以满足现代人日益增长的物质文化和精神文化需求。发展乡村旅游能够有效促进生态环境的改善和帮助贫困地区脱贫致富，是全面繁荣乡村经济、改变其落后面貌的新途径。

贵州有良好的生态环境，恬淡优美的田园风光，多民族的特色民俗和历史文化资源，乡村酒店提供良好服务设施和服务质量，这些得天独厚的条件为乡村酒店的发展提供了成长的良好环境。

三、乡村酒店效益影响因素分析

乡村酒店经营调查分析的目的，是总结已有乡村酒店的得与失，从而为将来的建设和经营提供指导。

（一）客户对乡村酒店满意度调查

采用问卷调查或聊天采访的方法对贵州省西江苗寨附近相关的旅客进行调查，第一次的田野工作是从 2013 年 4 月 25 日至 5 月 10 日；第二次的田野调查是从 2013 年 8 月 10 日至月 20 日。将访问西江苗寨的全体乡村旅游者作为目标群体，随机抽样调查，共随机发放 360 份问卷，最终收回 282 份有效的问卷。

表 1　影响乡村旅游者住宿选择的因素一

乡村旅游者特征			住宿选择		乡村旅游者总数
			家庭旅馆	乡村酒店	
出游方式	亲属同行	人数	34（33.3%）	68（66.7%）	102
	朋友同行	人数	47（47.5%）	52（52.5%）	99
	参加旅行团	人数	59（72.8%）	22（27.2%）	81
		χ^2=28.74		D_f = 2	P = 0.000

表 1 显示，不同出游方式的乡村旅游者对住宿选择有着显著差异，卡方值为 28.74，自由度 D_f = 2，$P<0.05$。亲属一同出游的乡村旅游者当中，有 66.7% 的旅游者选择家庭旅馆，主要原因是家庭旅馆空间有限，床位拥挤，但是亲属不介意五、六个人挤在家庭旅馆的一个房间；另外，家庭旅馆不善于营销，与各旅行社缺乏业务关系，所以缺乏旅行团的客源。在参加旅行团出游的乡村旅游者中，72.8%的倾向于住乡村酒店而不是家庭旅馆，因为酒店房间空间更大。同时，也因为家庭旅馆没有实力或不懂得与旅行社进行合作促进营销，导致招徕的旅行团顾客数量少。

表 2　影响乡村旅游者住宿选择的因素二

乡村旅游者特征			住宿选择		乡村旅游者总数
			家庭旅馆	乡村酒店	
职业	大学生	人数	16（42.1%）	22（57.9%）	38
	公职人员	人数	52（52.5%）	47（47.5%）	99
	企业职工	人数	54（47.0%）	61（53.0%）	115
	私人老板	人数	31（75.6%）	10（24.4%）	41
	其他	人数	6（21.4%）	22（78.6%）	28
		χ^2 = 28.74		D_f = 2	P = 0.000

表 2 显示，乡村旅游者的职业不同对住宿的选择也有着显著差异，χ^2值为 22.350，自由

度 $D_f = 5$，$P<0.05$。统计发现，企业职工、大学生、其他人员选择乡村酒店的人数都超过了50%，而公职人员、私人老板选择住家庭旅馆的比例都接近80%。这一统计结果与预期的不同，普遍认为收入较高的公职人员和私人老板会比收入较低的大学生、企业职工等更容易选择价格较高的乡村酒店。通过访谈分析发现，大学生涉世未深、比较谨慎，因而选择安全性更高的乡村酒店。而在城市生活时间较长、压力较大的私人老板和公职人员有较丰富的社会经验，在怀旧的心理作用下，更愿意选择与城市生活差异更大的家庭旅馆。

综上分析，目前乡村酒店存在着与城市商务酒店趋同的不良趋势，这造成消费能力较强的私人老板等客户流失，因此要在营造乡土气氛上向家庭旅馆学习，与当地的文化和习俗融合，从而成为真正根植于当地文化的乡村酒店。

另外，还统计了乡村酒店的区位，周围环境，建筑风格等对不同身份游客的吸引力。结果表明，建筑风格和周围环境是乡村旅游者主要的决策依据。

四、贵州乡村酒店建设的建议

乡村酒店投资建设要做到"知己知彼"，这里的"己"首先是自己的目标定位，其次是自身投资实力和经营管理水平；这里的"彼"包括经济发展水平、区位、交通条件、消费者行为等。根据调查分析结果，提出以下两点乡村酒店建设的建议：

（1）乡村酒店要融合当地的文化，对贵州来说要挖掘丰富的少数民族文化。可采用联合当地居民合作投资和经营的方式，提高当地人民参与的积极性。

（2）在乡村酒店设计上，既要充分考虑综合性服务功能，又要体现出民族特色。如下两图是比较成功的案例。

图 1　乡村酒店全景图示例

图 2　乡村酒店门廊画示例

参考文献：

[1]   李震清. 现代乡村酒店未来发展趋势探析[J]. 四川烹饪高等专科学校学报，2012，（5），31-32.

[2]   秦安建. 乡村酒店的视觉形象设计[J]. 四川旅游学院学报，2014，（4），60-62.

[3]   唐东霞，葛晓永. 乡村旅游饭店满意指数亟待增长[J]. 全国商情（经济理论研究），2009，（12）
        95-96.

[4]   罗明金. 新农村建设对湘西村寨民居的影响及对策[J]. 艺苑长廊，2011，（8），46-47.

[5]   吴正光. 郎德上寨的苗文化[M]. 贵阳：贵州人民出版社，2005.

浅谈贵州少数民族文化主题酒店的开发与建设

张 婕，廖丽梅

（黔南民族师范学院旅游研究中心，贵州 都匀 558000）

摘要：随着贵州旅游业的大力发展，大量的酒店进入市场，展开了激烈的市场争夺赛。主题酒店应运而生，成为酒店竞争的利器。贵州全方位的打造"多彩贵州"的形象，吸引了大量的旅游者，也为少数民族文化主题酒店的开发和建设提供了良好的基础。本文通过探讨贵州少数民族文化主题酒店定位的可行性，发现目前贵州的少数民族文化主题酒店发展中存在的问题并提出改进的具体意见和措施。

关键词：少数民族文化；主题酒店；开发与建设

Discussion on the development and construction of the minority culture theme hotel in Guizhou

Zhang Jie，Liao LiMei

（Qiannan Normal College of Tourism Research Center，Duyun 558000，Guizhou）

Abstract：with the development of guizhou tourism vigorously，a large number of hotels entering the market，launched the fierce market contest. Theme hotel arises at the historic moment，however，becoming the hotel competition edge tool. In guizhou，a full range of building the image of "colorful guizhou"，attracted a large number of tourists，and provided a good foundation for the development and construction of the minority culture theme hotel.This paper discusses the location of the feasibility of guizhou ethnic minorities culture the mehotel，to find the problems among the development of the guizhou ethnic minority cultural theme hotel，and put forward concrete opinions and measures for its improvement.

Keywords：the culture of ethnic minorities；Theme hotel；The development and construction

一、引 言

主题酒店进入中国酒店业，首先在深圳、上海等沿海地区得到认同和发展，近几年在四川、云南等内陆地区也得到充分的发展利用，但对于贵州而言还是一个比较陌生和新颖的概念。贵州作为少数民族大省，在发展主题酒店时应充分认识到少数民族文化对酒店发展的意义。发展的关键就是充分利用少数民族文化里的各种要素，使其体现在酒店外观设计、服务及旅游纪念品当中。

二、少数民族文化主题酒店在贵州发展的必要性

（一）贵州旅游业的快速发展

近几年，贵州旅游业突飞猛进，接待人数快速增长（见表1），外国游客也在大量增加（见图1），旅游业的快速发展要求相应的基础设施设备跟上脚步，酒店首当其冲。旅游者追求新

颖、独特、参与和体验，特别是外国游客来贵州，更多的是为了追求文化的差异以及了解贵州少数民族文化特色。而以贵州的少数民族文化作为开发依据的主题酒店可以很好地满足消费者的心理需求，因此发展主题酒店刻不容缓。

表 1　2009—2014贵州旅游业发展总体情况

年份	国内旅游人数 （万人次）	全年接待旅游总人数 （万人次）	接待入境旅游人数 （万人次）
2009	10 400	10 439.95	39.95
2010	12 863.01	12 913.02	50.01
2011	16 960.85	17 019.36	58.51
2012	21 330.68	21 401.18	70.5
2013	26 683.58	26 761.28	77.7
2014	32 134.94	32 049.44	85.5

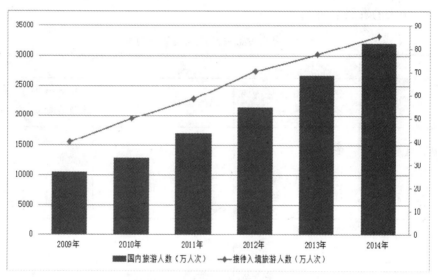

图 1　2009—2014 年贵州旅游业发展总体情况

数据来源：贵州省统计年鉴．2015

（二）贵州酒店业的竞争激烈

随着旅游业的发展，贵州酒店的数量在不断增加，酒店的相关服务也在不断完善，竞争越来越激烈。据《贵州省统计年鉴（2012）》统计，贵州省现有星级酒店340家，其中五星级酒店 3 家、四星级酒店 43 家、三星级酒店 139 家、二星级酒店 137 家、一星级酒店 18家。此外，还有更多数不胜数的家庭旅社和招待所。所以酒店要想生存和更好的发展，主题酒店是目前最好的选择。

（三）贵州丰富的少数民族文化资源

2010 年 11 月 1 日全国第六次人口普查，贵州登记的总人口有 3 474.64 万人，共有 56

个民族成分。其中除汉族外总共有苗族、毛南族、满族、仡佬族等17个世居民族，少数民族总人口为1 254.798万人，占总人口数的36.11%，多民族的交错杂居为贵州少数民族文化主题酒店的发展提供了保障。贵州少数民族语言丰富，分属苗语、瑶语、壮傣语、侗水语、彝语5个语支，各语言内又划分为若干方言，而且绝大多数少数民族通晓普通话，为主题酒店的进一步发展提供了基础。此外，各民族在服饰、饮食、居住、生产、婚姻、丧葬、节庆、娱乐、礼仪等物质生活和文化生活方面的喜好、习尚和禁忌等各具特色，为主题酒店的建立和发展提供了长期的保障[1]。

三、贵州少数民族文化主题酒店发展现状及存在的问题

（一）贵州少数民族文化主题酒店的发展现状

贵州目前有以布依族风情为主题的"贵州情"主题酒店、以侗族风情为主题的"水岸·肇兴"主题酒店和"侗赏艺术"主题酒店、以少数民族蜡染为主题的"西江蓝花"主题酒店以及以侗族大歌为主题的"凯里古歌"主题酒店等几个新起的主题酒店（见表2）。总体来说，主题酒店还有很大的发展空间。

表2　贵州少数民族主题酒店一览表

主题酒店名称	地　　址	选用主题	特　　色
贵州情主题酒店	贵阳金阳新区金阳会展城	以布依族风情为主	酒店布置以蓝白为主，体验少数民族文化
水岸·肇兴主题酒店	肇兴侗寨核心区	以侗族文化为主题	体验侗族特色风情和民族文化
侗赏艺术主题酒店	黎平县肇兴古镇	以侗族民族传统手工艺为主题	体验手工、艺术与设计所带来的快乐与诗意
西江蓝花主题酒店	雷山县西江千户苗寨景区	以当地少数民族工艺蜡染为主题	整体装饰格调突出蜡染的风格
凯里古歌主题酒店	凯里市红洲路中联大厦	以世界非物质文化遗产侗族大歌为主题	苗乡侗寨鼓楼、民族刺绣、银饰等

（二）贵州少数民族文化主题酒店发展中存在的问题

贵州少数民族文化主题酒店目前处于起步阶段，存在的问题主要体现在：

1. 建筑外观不能高度识别

酒店的建筑外观给游客塑造别具一格的第一印象尤其重要。目前贵州少数民族主题酒店在外观的设计上普遍缺乏独特性，虽然这些主题酒店和其他酒店相比，有少许少数民族文化元素在其中，但是还没有真正体现出各酒店少数民族文化的识别度，因而未能真正做到在众多的酒店中脱颖而出。

2. 公共空间布置缺乏吸引力

酒店的大堂和走廊等地方是公共空间，特别是大堂给入住客人带来的印象最为深刻。因

此，大堂的布置是否具有吸引力将会直接影响客人的是否入住的判断。而现在大多数主题酒店打着少数民族的口号，但公共空间的装饰与布置和普通酒店几乎没有区别，固然不能吸引游客。

3. 员工服饰未能体现酒店主题

员工服饰是展示酒店形象、突出酒店文化内涵的实物。然而，走进酒店，客人看到的还是比较传统的酒店员工工作服，未能直接从视觉感官上体现酒店的主题，没有达到让游客耳目一新的效果，少数民族文化内涵未能得到良好体现。

4. 餐饮未能突出民族特色

目前为止，贵州少数民族酒店均没有一个完整的独具特色的少数民族菜单。从心理学的角度来看，新时期游客普遍具有求新、求异、求奇的心理，客人之所以选择到一个充满民族文化的酒店就餐，就是希望能品尝到该民族特有的饮食。若酒店只能提供大众化的饭菜，一是不能满足消费者的猎奇心理，二是错失了一个使游客对酒店保持忠实度的机会。

5. 旅游商品同质化严重

在旅游六要素中，酒店不仅提供食宿，还可以以满足游客"购"的需要。旅游者在酒店所呆时间基本上和在当地游玩的时间持平，这为酒店旅游商品的促销提供了一个良好的机会。尤其是少数民族文化酒店，应针对顾客群的不同分别设计开发出不同的少数民族旅游产品。但目前在这些少数民族文化主题酒店中仍然只提供同质化的旅游商品，民族商品鲜少见到，客人能带走的具有纪念意义的民族纪念品少之又少。

6. 宣传方式过于程式化

贵州本地人对贵州少数民族主题酒店都不熟悉，何况外地游客，因此，在宣传当中就更应该体现不同之处。然而，目前大多数少数民族主题酒店在宣传方式上过于程式化，不具特色，没有和其他酒店区分开来。比如以贵州布依族风情为主的贵州情主题酒店，其网站宣传上员工制服还是传统的西装，酒店客房宣传图片仅采用传统客房，文字介绍也缺乏民族特色。

四、贵州少数民族文化主题酒店发展的建议

（一）酒店氛围塑造方面

一个好的文化氛围相当于赋予该主题酒店一个好的灵魂。要创建一个良好的文化氛围可以从以下几方面入手：

1. 主题酒店的建筑外观设计

外观是第一印象，贵州有很多的少数民族，酒店可以选定一个或两、三个作为参考，外观不要太杂。比如黔南民族师范学院处于黔南布依族苗族自治州，它的整体颜色选定的是布依族服饰的颜色构造，所有建筑蓝白相间，而建筑物的构造选择了苗族房屋里面比较具有代表性的牛角和整体的一个居住习惯一楼为零层不住人，总体感觉大气不杂而又充满民族文化气息，因此，可以作为酒店建筑外观设计的一个参考案例。各酒店可以充分考虑自己所处的地理环境，根据定位的主题来选择外观的设计。

2．主题酒店客房的装饰与布置

游客进入酒店后所待时间最长的地方就是客房，因此客房的设计布置就显得至关重要，很多旅游产品可以通过客房的体验销售出去。比如在三都开发建设一个水族主题酒店，房间的布置就完全可以大量使用水族文化元素，比如挂一些马尾绣的挂件，做一些镂空的由水族文字组成的台灯。更甚者根据房间的等级摆放一些高级的特色收藏品。不过在使用过程中要注意过犹不及。

3．主题酒店的饮食特色[2]

贵州打造的是少数民族文化主题酒店，餐饮是其中一个重要的组成部分，好的餐饮不仅能吸引到一批当地客人，最重要的是给旅游者一个味觉的冲击。很多时候游客可能会忘记看到了什么、听到了什么，但是味道的记忆很难抹灭。一旦游客对餐饮产生兴趣和记忆，酒店就节约了很大一部分的宣传成本。在贵州少数民族文化昌盛的地方，酒店在做餐饮时应该注意到方方面面的特色，比如餐具使用布依族服饰的颜色，蓝白相间，菜单的设计要充分体现少数民族主题，如染的花饭、腌鱼等特色食物。

4．主题酒店的服务方式

目前贵州少数民族文化主题酒店中最缺乏的就是少数民族文化主题的服务，主题酒店和其他一般酒店在服务上完全没有区别开来。因此，各少数民族主题酒店可以从以下三个方面做改变：一是服饰要符合酒店民族主题；二是掌握其最基本的民族语言；三是员工要了解主题酒店所涉及的少数民族文化，使游客有身处少数民族家庭的感觉。在就餐过程中酒店可以根据顾客的需求安排员工进行特色敬酒、菜单讲解、少数民族基础语言教学活动等等。

5．旅游产品的民族内涵

旅游产品要具有纪念意义，就必须富有当地文化内涵。对于少数民族文化主题酒店而言，开发设计出具有代表性的民族产品不仅是展示酒店民族文化、提升酒店品牌形象的重要举措，更是创造酒店经济效益的有效手段。例如，针对高端客人设计具有收藏价值和纪念意义的旅游工艺品（如能体现该酒店少数民族文化的成套餐具，镌刻有水书文字的石器以及谱写有侗族大歌的民族乐器等），同时针对低端客人开发一些实用的旅游纪念品（如能体现该酒店少数民族文化的小台灯，马尾绣的毛巾或蜡染的小手帕等）。

（二）酒店营销方面

（1）提升员工素质，使其成为酒店优秀的宣传员。

酒店要对员工进行统一的培训，一个是民族服饰的穿戴；另一个主要的就是对员工素质的培训，其中最基本的就是微笑服务。因为大多数外来游客并不了解贵州，很多人对贵州少数民族有偏见，片面地认为就是"蛮子"，粗鲁、野蛮、没文化等形容词被强加在贵州少数民族的身上。酒店员工的首要任务就是消除这种偏见，获得游客良好的第一印象。其次是对少数民族知识的掌握，要让游客对贵州"三里不同风，五里不同俗；大节三六九，小节天天有"[3]的特色有所了解，通过餐饮、客房或酒店主题活动让游客参与到少数民族生活中，体验他们的吃、住、玩、购，使游客对主题酒店留下深刻且良好的印象。

（2）采用先进的宣传方式，展示主题酒店良好形象。

充分利用网络营销，加强贵州主题酒店对外宣传的力度。预计在未来 5～10 年内，我国旅游业的传统营销模式将被网络营销所取代。截至 2014 年年底，中国网民规模已达 6.49 亿人，网民平均每天上网时间约 3.7 小时，成为全球网民数最多的国家（新华网，2015-02-03）。随着我国互联网深入人们的日常生活，越来越多的人选择通过网站了解所要入住的酒店或进行预订，因此，主题酒店应该重视建立自己的网站，一个好的酒店网站相当于一个好的演说家。目前像贵州情主题酒店虽然有自己的官方网站，可以在上面了解酒店的大概状况以及预订酒店房间，但是还存在不足。作为一个主题酒店，其网页的内容及风格和其他酒店并没有任何不同之处，有关自身最大的优势主题文化主页上基本上看不到，主页上就仅仅以"贵州情主题酒店是一家以贵州民族特色为主题的精品酒店，以民族蓝为主色调，蓝色的窗帘，蓝色的床饰，给你以梦幻般的感觉"一句话带过。完全没有吸引住客人的目光，更别提给客人留下一个深刻独特的印象。对此酒店应该专门在网站上留出一个版块对酒店涉及的少数民族文化进行介绍，包括主题酒店外观建筑的原因风格、餐饮的特色、客房的设计以及酒店所提供的特色体验等。贵州现在拥有自己官方网站的酒店一般都由酒店首页、酒店简介、客房介绍、餐饮服务、会议服务、康娱服务等几方面组成。从中可见，千篇一律的信息和设计风格使客人产生审美疲劳，若能出现一个网站其在设计风格和内容上完全是新颖的，优势显而易见。酒店还可以把平时举办的具有代表性的少数民族主题活动视频和对客人入住后的感想视频上传到网站上，供游客收看，最终提升酒店在游客心目中的形象，达到提高酒店入住率的效果[3]。此外，还需采用微博、微信、手机 APP 等最新宣传方式，定期或不定期进行活动宣传，以提高知名度，扩大宣传范围，吸引更多的顾客群。

（三）对贵州少数民族文化主题酒店未来发展的设想

可以建立贵州少数民族主题酒店联盟，集百家之力来促进贵州主题酒店的发展。就目前贵州少数民族主题酒店来看，规模不大、资金投入不足、主题彰显不够，这些都制约着贵州少数民族主题酒店的发展。[5] 各酒店可以通过资源共享，在自己网站上发布游贵州住"多彩贵州"系列主题酒店活动，在贵州各州及县市建设少数民族文化主题酒店，并把贵州各地的主题酒店连成一条线，如贵州苗族主题酒店（贵阳）—贵州侗族主题酒店（凯里）—三都水族主题酒店（都匀）—荔波瑶族主题酒店（荔波）—黔西布依族主题酒店（兴义）—遵义红色文化主题酒店（遵义）—贵州夜郎印象主题酒店（长顺）。如果客人要参加贵州七日游，根据客人的旅游行程安排每日的住宿，那么他就可以一次性预订七日的酒店体验不同的民族文化。和目前入住贵州集团化的酒店相比，新兴起的少数民族主题酒店在实力上明显悬殊。但是如果建立了酒店联盟，就会使得各个单体主题酒店进行联合，不仅提高知名度，还能打造成为一个品牌，在预定上便有了优势。而且更容易培养顾客的忠诚度，为酒店培养一批忠实的粉丝，增加其在市场上的份额。互联网的普遍使用为联盟的畅想提供了可行的依据，发展贵州主题酒店联盟在目前是可行而合理的。

五、结　语

在贵州发展主题酒店是市场的选择，它也是中国酒店业发展的趋势，要在竞争如此激烈的酒店行业中谋得一席之地并有所发展，发展主题酒店就是目前最好的出路。力求在发展主题酒店的同时，树立贵州旅游形象，让更多的人真正认识和了解贵州这个多民族融合发展的省份，并且达到对贵州少数民族文化的保护、发展和传承。

参考文献：

[1] 汤会琳. 贵州省情教程[M]. 北京：清华大学出版社，2007.

[2] 程质彬. 贵州苗族文化主题酒店开发设计探析[J]. 凯里学院学报，2014，（32）.

[3] 去贵州过个西江苗寨年[N]. 钱江晚报，2012.11.13

[4] 徐淑延. 福建主题酒店建设初探——以创建惠女文化主题酒店为例[J]. 职业大学学报，2008（59）

[5] 何昆霞. 云南少数民族主题酒店发展研究[J]. 视角，2013，01.

浅析荔波酒店绿色营销

胡向红，江 鹏

（黔南民族师范学院 旅游研究中心，资源与环境中心，贵州 都匀 558000）

摘要：从 2007 年荔波申遗成功后，荔波旅游业得到了较快的发展，同时也给荔波酒店业带来更大的挑战与机遇。荔波实施绿色营销策略可以减轻环境污染压力，防止资源浪费，保护和改善生态环境。经济效益的增长，资源的投入，使荔波绿色营销要求对已有的资源进行充分地、有效地运用，而且不断地开发替代资源。随着经济的发展和酒店营销战略的更新，将成为荔波酒店业发展的重要战略。本文从引入绿色营销的概念和内涵入手，在阐明绿色营销在酒店竞争中的重要作用的基础上，分析荔波酒店实施绿色的必要性，指出荔波酒店绿色营销存在的问题，提出荔波酒店绿色营销问题的具体对策。这对荔波酒店抓住新的发展机遇，在新一轮市场竞争中获得优势地位，具有重要的意义。

关键词：绿色营销；酒店营销策略；可持续发展；荔波

Analysis of Libo hotel green marketing

Hu xianghong，Jiang peng

（Qiannan Normal College of Tourism Research Center，Resources and Environment Center，Duyun 558000，Guizhou）

Abstract：Libo to implement green marketing strategy can alleviate the pressure of environmental pollution prevention，waste of resources，protect and improve the ecological environment. Economic growth，resources，make Libo green marketing requires the existing resources fully，effectively use，and constantlydevelop alternative resources. With the development of economy and the hotel marketing strategy update，will become an important strategy of development of Libo Hotel industry. This paper starts from the concept and connotation ofthe green marketing，based on the important role that green marketing in hotel competition in the analysis of the advantage of Libo，green hotel，and points out the existing problems of Libo hotel green marketing，specificcountermeasures of Libo hotel green marketing problems. The Libo hotel to seize the new opportunities of development，to gain the advantage position in the new round of competition in the market，has important significance.

Key words：green marketing；marketing strategy；sustainable development；Libo

一、引 言

随着科技的发展和工业的日益发达，人们过多的注重经济发展却忽略了生态的平衡，导致人类的生存环境越来越差。近年来我国频发的自然灾害以及雾霾天气，使得更多的人逐渐认识到保护环境的重要性。我国政府及有关部门的高度关注和大力宣传再加上传媒技术的迅速发展，更加深了消费者的绿色环保意识。酒店作为高消费的场所，会消耗大量的资源，并产生大量废弃物。也正因为如此，酒店的绿色营销具有可行性和必要性。其次社会经济的不断发展，可持续发展日益成为人们关注的主题。环境、资源和经济发展之间的矛盾逐渐成为各国必须考虑和采取对策加以解决的矛盾，也是各国所面对的共性问题。进入 21世纪以来，绿色冲击波下人们绿色消费观念的日益形成及形成的巨大绿色市场需求则是酒店实行绿色营销的内驱力，风靡全球的绿色革命又促使人们重新审视绿色经济趋势下的新概念营销时代，酒店绿色营销顺应时代发展潮流并呈上升趋势，发展成为人本营销时代下的重要营销概念之一。本文将通过查阅相关期刊、文献，结合所学知识以及自身经验，研究荔波酒店绿色营销。

二、绿色营销的相关理论

（一）绿色营销概念

很多学者已经从不同的角度对绿色营销做了定义，因为绿色营销是一个热点问题，狭义的解释是指企业在生产过程中，将企业利益、消费者利益和环境保护利益三者，作为一个中心，构思、设计、制造和销售产品和服务。广义的解释是指企业营销活动中体现的社会价值观，伦理道德观，充分考虑社会效益，自觉维护生态平衡，自觉抵制各种有害营销。

绿色营销定义的内涵，是建立整个绿色营销系统理论的基础问题和核心问题，建立绿色营销系统理论，使其他营销方法与绿色营销严格区分。对绿色营销内涵的界定，目前国内学术界还没有达成统一的标准。

归纳起来主要有以下几个观点。魏明侠、司林胜（2001）认为在可持续发展观的要求下，绿色营销要求企业充分利用资源、承担社会责任、保护环境、从长远发展的角度出发，在产品开发、研制、生产、销售、售后服务全过程中，采取相应措施，达到企业的可持续生产、消费者的可持续消费、全社会的可持续发展，从而实现企业、消费者、社会三方面的平衡。杨坚红、易开刚认为绿色营销是企业在权衡自身的经济利益、消费者的需求和保护环境的前提下，在整体利益高于局部利益、长远利益高于眼前利益的原则下，充分利用传统市场营销组合工具的条件下，保护环境，反对污染，变废为宝，充分利用自然资源，倡导消费者绿色消费需求，从而实现企业的社会营销目标。上面关于绿色营销概念的不同描述，但有共同之处：绿色营销是一种兼顾消费者利益、企业利益、生态利益的营销活动和理念，其实质是针对消费者日益强化的生态意识和政府对环境污染管制方面做出的积极回应[1]。

（二）绿色营销特点

1. 倡导绿色消费意识

绿色营销的核心是倡导绿色消费意识，让消费者意识到采用绿色生活方式、使用绿色产品，不仅能够改善生态环境，而且能提高自身的生活质量和健康水平，为子孙后代留下可持续发展的财富。在培养消费者绿色消费意识的同时，培养成熟的绿色市场。

2. 实行绿色营销策略

绿色营销业务的企业营销策略经历了重大的变化：在营销策略应该更多关注生态和经济的和谐发展。这就要求企业在营销各个环节的策略必须融入"绿色"的概念。如产品发展战略，其重点是开发、设计的绿色产品，尽量减少对生态环境的不利影响；产品包装策略，关注无毒、可降解或可再生材料使用；定价策略，主要通过转让产品绿色价值，建立产品质量形象，使消费者接受绿色定价。

3. 采用绿色标志

绿色标志是绿色营销的重要特征。它是衡量企业环保生产的标准，对产品的环境性能及生产过程进行确认，是由权威认证机构根据环境标志产品技术要求，并以标志图形的形式告知消费者哪些产品符合环保的要求，是对绿色产品颁发的一种确认性证明标志。世界上第一个绿色标志是 21 世纪 70 年代末，在当时的联邦德国诞生的。随着时间的推移，绿色标志已逐渐被世界各地认可，大多数国家根据环境标志计划，根据国际标准化组织发布的全球范围的环境方面的术语、测试方法、绿色标签系统，制定了本国的"绿色标志制度"。

4. 培育绿色文化

绿色营销的发展推动了企业绿色文化建设，绿色文化成了企业文化的核心内容。在绿色文化的建设中，企业目标与环境目标相融合；企业营销理念与生态理念相融合。在企业内部，要培养员工的绿色理念，建立绿色管理制度，形成人人具有绿色理念、人人宣传绿色理念的绿色文化氛围[2]。

三、荔波酒店实施绿色营销的必要性

（一）有利于荔波酒店占领市场和扩大市场销路

随着公众环境意识的增强和生活水平的提高，人们逐渐认识到，追求物质享受、过度地消费自然资源，将加深地球和人类自身的危机。以保护环境为特征的绿色消费正影响着人们的消费观念和消费行为，成为一种新的时尚。荔波以世界著名遗产地为基础，促使荔波酒店通过绿色营销，给消费者提供所需要的绿色产品，满足消费者的绿色需求，这样就可以扩大市场占有率，促进酒店占领市场，使酒店发展前景更广阔。

（二）营造绿色文明，促进企业塑造绿色文化

绿色营销可以推动荔波酒店新型的绿色文明的发展，绿色文明是一种追求环境与人类和谐共存和发展的新型文明。荔波酒店通过绿色营销的活动，可以协调"企业—保护环境—社会发展"的关系，使经济发展既能满足当代人的需要，又不至于对后代人的生存和发展构成危害和威胁，从而促进社会文明的进步。

（三）有助于荔波酒店提高经济效益

荔波酒店通过努力提高资源和能源的利用率，尽可能减少污染环境或不污染环境，实现可持续发展的集约化经营的过程。通过这种过程，酒店可以从比较深的层次来考虑技术开发和产品更新换代，提高酒店经济增长的质量。同时，随着消费者绿色环保意识的增强，购买绿色产品成为时尚和趋势，酒店实施绿色营销则有利于占领市场、扩大酒店的市场份额。

四、荔波酒店发展绿色营销存在的问题

（一）酒店员工缺乏绿色营销意识

绿色营销对大部分员工来说还是比较新颖的概念，大部分员工对绿色营销的概念没有深刻的认识和了解，脑海中没有形成绿色营销的观念。管理人员没有认识到保护环境的重要性及实施绿色营销的必要性，以至于平时缺少对下属员工绿色营销概念的普及和宣传教

育，没有让员工正确了解酒店未来的发展之路。有些了解绿色营销的员工也没有把绿色营销的观念和实际工作结合起来，或者无法很好把绿色营销运用到工作中去。管理人员和一些领导与下属员工缺少有效、正确的沟通，导致管理者制定的关于绿色营销的策略无法得到很好的执行。

（二）对"绿色"的理解存在偏差

由于对绿色营销理解的偏差，酒店将绿色局限在环境对人的保障层面，没有很好的考虑人对环境的奉献层面。大部分员工及一些领导对绿色的认识还停留在绿色就是对人体无害，主要表现在酒店把大部分精力用于向消费者提供"绿色"产品，这里"绿色"已经没有了关于产品对环境影响的内容，而是单纯指产品对人体的无害性。要做到真正的"绿色"，不仅仅是生产对人体无害的产品，还要对环境负责。在生产产品的过程中，要全面考虑生产过程中所排出的污水和废物会不会对环境造成影响，或者怎样才能把排污对环境造成的影响减到最低。在无法避免对环境造成一定污染时，及时做好补救措施。

（三）节约资源的理念贯彻不深

员工对节约资源的意识不深，管理人员对员工浪费的行为管理不够严格。在生产产品的过程中没有合理利用资源，在工作中没有养成节水、节电的习惯。酒店的资源配置不够完善，没有采用合理的节能设备，例如节能灯、感应水阀、限能系统等。在迎接重要客人时过度注重排场，追求档次，使用奢侈物品装饰，大大浪费了资源。尤其是现在资源越来越匮乏，节约资源和合理利用有限的资源也是相当重要的。由于一些员工素质不高或者没有节约的习惯，长此以往不仅仅对酒店来说是一种不小的损失，也是对全人类的资源的浪费。一些员工或许认为几个员工的浪费是很小的，对酒店来说是很微小的，更不用说对全人类了。但是再小的浪费也是浪费，节约意识应该每个人都要养成。

（四）保护生态环境做得不够

在酒店的运营中虽然隐现有绿色管理和绿色营销的观念，但是并未形成统一的体系和制度，也并未在生产和销售的一系列过程中开展切实的行动。例如在顾客打包的时候仍然使用一次性盒子和筷子，在生产产品的过程中原料和辅料的浪费很大，在排放对环境有影响的污水和废气时未经过无害处理。或者说保护环境没有引起酒店领导者的高度重视，酒店还是把利益放在第一位，对保护生态环境没有足够重视。

（五）绿色产品的开发和绿色服务不够完善

为追求暂时的利益而忽视产品的健康性，缺少对绿色产品开发的积极性。如今绿色产品越来越流行，消费者也越来越注重绿色消费。酒店对绿色产品这一方面不够重视，以至于服务人员都不是很了解酒店是不是有绿色产品，哪些属于绿色产品。没有成立专门研究绿色产品的开发小组，没有形成系统的绿色服务。在顾客消费的过程中难以给顾客留下"绿色"的印象，也缺少引导顾客绿色消费的设施及服务。酒店平时缺乏对员工关于绿色服务的培训及教育，服务的员工本身对绿色的概念及意义都不是非常了解，又怎么谈得上绿色服务。

五、荔波酒店绿色营销的对策

（一）培养员工树立绿色营销观念

营销概念主导酒店营销活动，不同的市场营销观念将使酒店活动的关键、目标和效果截然不同。实施绿色营销，首先要树立绿色营销观念。酒店主要负责人应率先认识保护环境的重要性以及实施绿色营销的必要性，培养员工绿色意识，对员工进行宣传教育，使之形成绿色营销观念。社会和经济发展，对大多数的员工仍然是一个相对较新的概念。荔波酒店要把绿色营销纳入轨道，就应当让员工头脑中形成绿色营销这一概念，并在此基础上建立绿色营销的意识，自觉遵从它，这是酒店开展绿色营销的必由之路[6]。

培养员工绿色意识先要纠正两种认识偏差：一是环境投资会增加酒店的负担，影响酒店的经济效益；二是旅游业是无烟产业，不会污染环境。创建绿色酒店前期都需要较大的投资，但是高额的资金投入又会使得酒店生产的绿色产品和提供的绿色服务的价格偏高，高投入高收益对酒店经营者来说可能还可以接受，但是消费者却难以承担，一旦超出消费者接受水平，酒店就会承担很大的风险。酒店的绿色之路看似是赔钱的买卖，但事实却并不一定会如此。创建绿色酒店的主要内容之一是实施绿色管理，通过减量化原则、再使用原则、再循环原则和替代原则，可以使酒店的经济效益和环境效益实现最优化。

（二）呼吁政府制定措施支持绿色营销

绿色营销作为一种新颖的营销思想，对调节酒店、消费者、社会的利益都具有非常重要的作用，但政府的支持也是非常需要的。我国虽然也制定了一部分有利于环保的法律法规和促进绿色运动开展的措施，但是与一些发达国家相比还是远远不够的。为了能够让绿色营销得到进一步的有力发展，目前荔波酒店也期望与其他的酒店集团共同联手，进行协商洽谈，共同呼吁政府能够制定出更强、更多有力的措施，以此来支持酒店行业绿色营销的发展，荔波酒店也正在为调节酒店、消费者与社会这三方的共同利益而努力。

（三）树立酒店绿色形象

想要加强酒店绿色设施，并不是在酒店中摆放绿色植物，门前种一些树和草坪就行的，而是酒店应该从自身建设的角度出发，严格以绿色标准来规范酒店的生产经营行为，以绿色营销为宗旨，在顾客心中树立绿色形象，促进绿色消费，提高绿色需求，吸引更多的绿色消费者。树立酒店全体员工的绿色观念。观念是事物发展的重要因素之一，酒店想要开展绿色营销，无论是高层领导者还是处于最基层的员工都应该树立绿色营销观念，对绿色营销有一个清晰的认识。管理者的绿色观念是实施绿色营销的关键，因为员工需要正确的领导，这样才会有整个酒店的绿色观念，员工才会有努力的方向。没有绿色员工，没有绿色意识的坚决贯彻是不可能真正做到绿色营销的。酒店应实行全员培训，使员工具备绿色意识，树立绿色营销观念[10]。

（四）开发绿色产品，营造绿色服务

开发绿色产品是绿色营销的核心之一。酒店可以推广绿色食品，建立绿色餐厅，尽量使

用有"绿色标志"的原材料，给顾客提供"绿色"食品。营造"绿色"客房就是指客房从装修到家具设备、用品都要按照环保的原则，尽量避免产生废弃物。如将小香皂换成液体香皂，以便多次使用；不主动在卫生间摆放牙具、梳子等一次性的用品，在客人有需要时再免费提供。酒店产品与其他产品还是有很多区别的，它既包含了有形的，也包含了无形的服务产品。绿色服务是酒店绿色产品的重要组成部分，应将其贯穿于整个消费过程中。如主动提供剩菜打包服务、剩酒存放服务；在菜单上适当提醒顾客点菜不要过量，主张不浪费的消费。餐饮部、客房部可开设无烟餐桌和无烟客房，以满足不吸烟绿色消费者的需要；酒店可设置专门收集旧电池等有害物品的废物箱等，在酒店外围摆放分类回收的垃圾箱，以达到在服务过程中引导客人进行绿色消费，保护自然生态环境和人类健康的目的。

对客房进行"绿色"改造，客房内的物品应尽量包含"绿色"因素，譬如：在洗手间的安装方面，采用低流量冲水马桶和特别制作的淋浴喷头、水龙头，并适当采用太阳能设计；酒店的建筑墙面墙体可以采用"绿色"涂料；床上用品，床单毛巾等最好是纯天然的棉织品或亚麻织品；使用绿色环保型的空调、冰箱；对塑料、金属、玻璃制品进行循环使用，可制成野餐车、标示牌等。同时引导客人成为资源的节约者、环境的保护者。客房内的物品要尽可能地反复使用，把一次性使用变为多次反复使用或调剂使用；延长物品的使用期，推迟重置时间，凡能修理的就不要换新的，决不轻易丢掉废旧物品，将有些用品及其包装当做一种日常生活器具来设计，而不是用完一扔了之。

（五）拓展网络营销

依靠单体独立作战方式已不再能够维系酒店的生存与发展，这就需要观念的转变、营销策略的根本改变。酒店当前迫在眉睫的，在于实现标准化与国际化接轨。酒店必须以创新和变革去应对个性化和多元化需求的发展，以新的理念、新的服务和新的文化，有针对性的充分满足酒店目标客源市场的一切需求。先进的管理理念注入酒店，完全可以突破酒店营销领域所固有的本土化的局限性市场思维，代之以开阔的全局的市场定位，从而拥有作为酒店最重要的新生力量，以求实现质的飞跃。资源共享、优势互补的双赢战略联盟在当前尤为重要。随之而来的不仅是企业间的相互竞争，而且还有共同利益上的"互动"和"联盟"。

互联网日益发展的今天，网络营销也是相当重要的一部分。首先，要改进酒店的网站。第一，酒店的主页应能够给顾客比较强烈和突出的印象。第二，网页结构设计合理，层次清楚。顾客应该可以从主页的目录中得知自己应查的方向。第三，网页的内容应全面，尽量涵盖顾客普遍所需的信息。为了让顾客能够随时随地了解酒店、预订服务，酒店可以发布优惠活动信息和维护老客户。酒店可以根据需要组建自己的短信平台和WAP站点，酒店利用短信平台接受客户的预订服务信息并及时反馈预订情况，或者针对一些老客户的消费积分情况，通过发送短信通知他们能够享受到的一些优惠信息和免费服务。这样既扩大了酒店的销售渠道，又方便了客户，而且对老客户的维护也更贴切。随着移动通信技术的发展，无线互联网的用户大大增加，酒店通过建立自己的WAP站点，既可以让顾客了解酒店预订酒店服务，又提升了酒店的形象和知名度。

六、结　论

　　酒店绿色营销是一种挑战也是一种机遇，酒店绿色营销的实施需要一个长期的过程，是酒店业发展的必然趋势。面对绿色消费的蓬勃发展，酒店业应该认清自身特性，积极进行绿色营销，并将其作为酒店市场营销的主题。随着当今市场经济的深入发展，供求关系也早已发生了质的变化，卖方市场已经戏剧性地转化为买方市场，经济运行规则也日趋完善。酒店若想要在微利环境中立足生存，就必须要懂得开拓创新，不断推出时尚的特色经营，树立起酒店新的形象，以取悦顾客。从本质内涵上看，酒店业绿色营销是以酒店环境保护观念作为其经营指导思想，以绿色消费为出发点，以绿色文化作为企业文化核心，在满足酒店消费者的绿色消费需求前提下，为实现酒店的经营目标而进行的营销活动。

参考文献：

[1] 翁钢民，孙茜. 饭店绿色营销策略[J]. 统计与决策，2013（16）.

[2] 李正茂. 浅议旅游饭店绿色营销策略[J]. 现代商业，2012（21）.

[3] 陈婧. 威斯汀的"绿色"红利[J]. 中国新时代，2011（8）.

[4] 从林，田玉利. 绿色酒店营销策略研究[J]. 现代商贸工业，2010（2）.

[5] 王敏，刘际平. 我国旅游饭店实施绿色营销策略初探[J]. 233校网论文中心，2013.

[6] 王海云，常昌武. 新编市场营销学[M]. 中国人民公安大学出版社，2002.

[7] 晏素. 浅谈酒店的绿色营销策略[J]. 消费导刊，2010（7）.

[8] 黄文芳. 小议饭店绿色营销的必要性[J]. 江西煤炭科技，2010（3）.

[9] 姜瑞华. 青岛市星级酒店绿色营销组合策略研究[D]. 2008.

[10] 钱炜，李伟，谷慧敏，雍天荣. 饭店营销学[M]. 北京：北京教育出版社，2010.

[11] 蔡万坤，刘捷，于铭泽. 餐饮企业市场营销管理[M]. 北京：北京大学出版社，2012.

[12] 陈福义，生延超. 饭店管理学[M]. 北京：中国旅游出版社，2012.

[13] Eric S.W.Chan, Managing green marketing: Hong Kong hotel managers' perspective [J]. International Journal of Hospitality Management，2013.

[14] Juan Zhang，China Green Marketing Under the Low Carbon Economy [J]. Management Science and Engineering，2012.

[15] 肯·毕提. 绿色营销—化危机为商机的经营趋势[M]. 中国商业出版社，2004.

重庆永安村乡村旅游体验园项目设计研究

刘奥东，杨永星

（黔南民族师范学旅游研究中心，贵州　都匀　558000）

摘要：文章在进行乡村体验旅游理论与实践梳理的基础上，给出了永安村乡村旅游体验园设计构想：以神龙峡景区客源市场为依托，围绕"体验"两个字设计春赏、夏体、秋尝、冬养四个主题，根据游客的需求设计相关的旅游体验项目。

关键词：重庆永安村；乡村旅游；体验园；项目设计

The Research on Design of Yongan Village Experience Garden Project

Liu Aodong，Yang Yongxing

（Tourism Research Center，Qiannan Normal College for Nationalities，Duyun 558000，Guizhou）

Abstract：On the basis of combing the theory and practice of rural experience，the article has put up with a design concept about the experience garden in Yongan Village：it is based on the dragon gorge scenic area tourists market，and its key word is "experiencing"，and then design four themes that are "viewing spring"，"experiencing summer"，"tasting autumn" and "keeping in health in winter". At last，the design related tourism experiencing projects according to tourists' demands .

Keyword：Yongan Village in Chongqing；rural tourism；Experience Park；Design of the Project

21 世纪的重要发展主题之一就是"人与自然和谐共生"，这也是未来世界发展的方向。随着人们物质生活水平的提高，人们对于具有休闲、自然、娱乐、健康等特点的精神生活追求变得迫切，旅游也因此获得人们的青睐。又由于人们工作繁忙，假期时间较短，因此具有短时和短距性的乡村旅游越来越受到青睐。

另一方面，随着气候的变化和异常天气的不断增加，在素有"火炉"之称的重庆，炎热的夏日让人愈发难以忍受。重庆居民对于避暑和漂流旅游需求较大。神龙峡景区位于重庆西南部南川区南平镇内，地处金佛山以西，境内山地属大娄山余脉。景区空气清新，空气负氧离子含量极高，是天然大氧吧，很适合城市居民周末休闲、聚会、娱乐和放松。自 2011 年重庆神龙峡旅游开发有限公司开发该景区以来，该景区至今在避暑和漂流方面都有了不错的发展，对游客吸引力很大。

在漂流避暑旅游胜地发展乡村体验旅游，建设乡村旅游体验园，一方面，可以扩大当地旅游内容，更好地满足游客需要，触发更多的旅游动机。另一方面，乡村旅游体验园也可以利用神龙峡景区的"天然"客源，获得竞争优势，是一项双赢的举措。

一、乡村体验旅游相关理论、案例与经验借鉴

（一）乡村体验旅游相关理论

旅游是较早进入体验经济的行业，旅游体验也是一个既热门又古老的话题。旅游体验（Tourist Experience）的概念是 ErikCohen 在 1979 年提出的，此后得到越来越广泛而深远的研究。同年 Cohen 提出体验的意义是取决于每个人的世界观，每个人的"精神中心"，游客体验感受与这些中心密切联系。Graefe 和 Vaske（1987）将旅游体验定义为包括各种情境与个性因素，甚至沟通能力也包括其中。R ayan（1997）在综合了众多学者的观点之后提出，旅游体验是一种休闲活动并且是多功能的，它包括娱乐、学习等。[1]1999 年 4 月，随着美国人 B·约瑟夫·派恩二世和詹姆斯·H·吉尔摩合著的《体验经济》的出版，标志着体验经济时代的到来。[2]乡村体验旅游是指以农村资源环境、田园景观、农业生产、经营、农耕文化、农业设施、农业科技、农业生态、农家生活、乡村风情风貌为依托开发旅游产品，凸现消费者个性化消费和生产者据此采取的量身定制的生产法则，注重个性化需求。即作为体验策划者的企业将不再仅仅提供商品和服务，而是为消费者创造体验的舞台。以游客为核心，创新开发乡村旅游产品，从而为旅客打造美好、难忘的乡村旅游体验[3]。

（二）国内乡村体验园建设案例分析

1. 聊城市新聊农业体验园

聊城市新聊农业体验园规划设计以回归乡土、重在体验为宗旨，从项目定位、交通规划、分区规划和植物配置诸方面入手，将景观结构规划定位为"一环、两带、五区、十二点"的布局。该体验园分区规划，主要分为五大区域，包括入口服务区、休息疗养区、植物种植区、休闲娱乐区、科普农业区，其中主要的则是植物种植区，它主要包括设施栽培区、DIY 庄园区、果木采摘园区、有机杂粮栽培区 4 个板块，四个模块分别按照西部、东部、南部和北部进行地理定位。并且新聊农业体验园的园林植物配置选用孤植、对植、丛植等方式，规划全园乔、灌、草的种植面积比例为 1：3：10，常绿树与落叶树种植面积比例为 7：3，采用密林结合疏林草地和林下广场的结构布局，丰富植物景观层次，形成不同的植物群落。[4]

2. 青岛市黄岛区生态农业体验园

青岛市黄岛区辛安街道北泥社区以"寻找被遗忘的田园时光"为主题的"生态农业体验园"正式启动，2009 年初，建成集农业旅游观光、度假休闲、耕种养殖于一体的"生态农业体验园"，园内设茶蔬种植、蔬果采摘、休闲垂钓、家禽养殖、餐饮娱乐五大功能体验区，对外实行认耕种植，认耕会员可通过缴纳优惠的土地使用费，获得指定地块进行耕种、管理及收获，并享受园区提供的自选种苗、技术指导、代管土地等服务和绿色无公害承诺。[5]

3. 大兴打造农耕休闲体验园

北京市大兴区把全区 124 个生产示范基地、149 个农业观光园果园大棚、田地包装起来，打造出特色农耕休闲园，由过去的卖果、种菜变成了为城市居民提供休闲生活的场所。通过

科技创新和文化创意两大驱动"引擎"，开发农业生态功能、生活功能和文化功能，实现一、二、三产业融合发展。[6]

（三）经验借鉴

（1）乡村体验旅游的规划开发形式要新颖。三个案例中聊城市新聊农业体验园进行分区规划，每个功能区都有其特定的休闲游憩功能，尤其是种植区，根据游客的不同需求又进一步划分，具有很强的吸引力。

（2）乡村体验旅游要因地制宜。三个案例中的体验园都是根据聊城市新聊、青岛市黄岛区、北京市大兴区三个地区不同的资源和人们需求分别设计农业体验园、生态农业体验园、农耕休闲体验园。因此，在体验乡村旅游的开发中，要根据不同地域的不同资源和人们不同需求进行规划和开发。要符合当地的情况，突出特色，用特色吸引游客眼球，引发游客旅游动机。

（3）乡村体验旅游要真正做到把体验与乡村相结合，做到合二为一。三个案例中体验园总的来说都与农业有关，并且把农业体验融进旅游，做到了体验与乡村结合。

二、永安村乡村旅游体验园项目设计

（一）永安村区域概况

永安村位于重庆南部南川区南平镇内，东边是世界遗产地武隆县，西南是綦江区，西北是重庆主城区（见图1）。从武隆县到永安村大约是2小时30分钟的车程，从綦江区到永安村大约是3小时的车程，从重庆主城区到永安村大约是2小时30分钟的车程。永安村地势平坦，是Y形峡谷形状，中间有一条河流流出，河流将大片的农田分为两个部分，农田地势平坦，利于乡村旅游体验园的建设。神龙峡景区和永安村乡村旅游体验园景区的主要客源市场是南川区、重庆主城区和綦江区，这些地区到景区和乡村体验园的交通条件都很便利，有利于游客进入景区。大量重庆游客进入永安村旅游，促进了当地旅游业的发展，带动了其他有关旅游业的食、住、行、购、娱行业的发展。一定程度上带动了永安村社会经济发展，有利于改当地人民的生活水平。

（二）乡村旅游体验园总体设计构想

乡村旅游体验园的建设区域是离永安村神龙峡景区大约1 000米的农田，从农田中选出中间风力相对较小的一部分农田进行乡村旅游体验园的规划建设。乡村旅游体验园的总体设计构想是以乡村为载体，围绕"体验"两个字设计春赏、夏体、秋尝、冬养四个主题，并围绕这四个主题根据游客的需求设计相关的旅游体验项目（图1）。除了春夏秋冬的四个主题外，还设计一个四季都可以进行的旅游项目——自助烧烤，让自助烧烤把体验园四季的四个主题串联起来，共同形成一个"烧烤中的乡村四季，春赏夏体秋尝冬养"乡村旅游体验园。

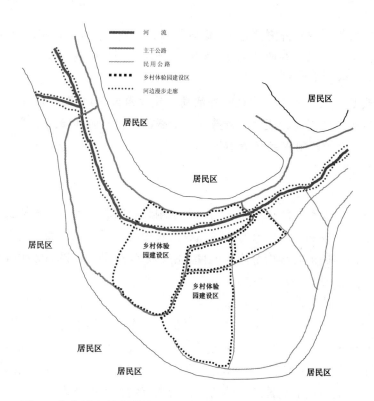

河 流
主干公路
民用公路
乡村体验园建设区
河边漫步走廊

居民区

居民区

居民区

乡村体验园建设区

乡村体验园建设区

居民区

居民区

居民区

居民区

图1　永安村乡村旅游体验园项目设计建设平面布局示意图

（三）永安村乡村旅游体验园季节主题构想

1. 春赏——"油菜花开里的自助烧烤"

主题活动如下：

（1）烧烤——自助烧烤河边烧烤，室内室外赏油菜花。

游客们可以一边在烧烤屋里进行自助烧烤活动，一边欣赏烧烤屋外面成片开放的油菜花。在河边规划出一块自助烧烤区域，供游客室外自助烧烤。自助烧烤参加的群体可以是一群朋友、一个家庭或一个单位等。

（2）摄影——采风油菜中，梦回春日里。

春天油菜花刚刚开放的时候，在乡村旅游体验园开展摄影大赛。制定比赛规则，设置一、二、三名和优秀奖两名，第一名全年免费游览乡村旅游体验园和5 000元奖金，第二名半年免费游览乡村旅游体验园和3 000元奖金，第三名三个月免费游览乡村旅游体验园和2 000元奖金，优秀奖一个月免费游览乡村旅游体验园和奖金500元，以此吸引游客前来旅游、采风。

（3）游河——河水叮咚，春意正浓。

冬天刚过，居民都喜欢外出春游。游客在乡村旅游体验园可以春游，也可以在修建的河边走廊游河。既可以休闲娱乐，又可以锻炼身体，适合周末外出休闲旅游。

2. 夏体——"水声蛙声里的户外露营"

主题活动如下：

（1）野营——稻田里的露营。

在体验园中规划一块户外露营地，供游客夏季户外露营使用。在露营地内种上天然草坪，并且种上适量的树木和夏季开放的鲜花，打造一个浪漫的户外露营地。

（2）KTV——露天KTV。

夏季天气炎热，人们一般喜欢在室外活动。建设露天KTV既可以让游客在室外吹风，又可以满足游客唱歌的需要，还可以营造一个活跃的乡村旅游体验园氛围。

3. 秋尝——"橘色稻田里的尝鲜"

主题活动如下：

（1）尝鲜——稻穗上的大米。

城市居民往往都没有办法在第一时间吃上刚刚收获的新鲜大米，常常会感到遗憾。秋天，体验园外的稻谷刚刚成熟，乡村旅游体验园收购农民的新鲜大米，加工制作成地道农家餐和各类小食品，为游客提供尝鲜旅游体验项目。游客来到这里，可以品尝刚收获的新鲜大米做出的多种食品。

（2）收获——稻田里的汗水。

秋天，正值收获的时节，也是教育的好时机。现在科技越来越发达，孩子尤其是城市的孩子对于"粒粒皆辛苦"的意识越来越薄弱。体验园设计体验收获旅游项目，家长可以借此收获的季节，带孩子到田里和农民一起收获稻谷，体验收获的辛苦，亲身感受"粒粒皆辛苦"，使孩子得到历练，提高孩子吃苦耐劳的精神，增强节约粮食的意识。

4. 冬养——"冬天养身，健康使者"

主题活动如下：

（1）风筝——冬日风筝大赛。

冬天，人们都不爱运动，不爱到户外，这样对身体健康不好。冬天在乡村体验园举办冬日风筝大赛，并让在"春天摄影大赛"中获奖的人为风筝大赛进行摄影，记录风筝大赛，最后选取优秀的作品编辑成书，做成宣传册，分发给参加比赛的游客，达到纪念风筝大赛和宣传体验园的目的。

（2）香汤沐浴——中药沐浴，健康养生。

在体验园东边规划一块区域，建设香汤沐浴屋。采用中药白芷、桃皮、柏叶、零陵、青木香五种香药按照标准的比例制作香汤，供游客冬季沐浴养生。

（3）养生食疗——乡村健康养身汤。

在城市里面，人们可以买到的食材基本都是大棚蔬菜或者饲料饲养肉类，营养价值不高，人们对于绿色食物需求量大。体验园用当地的农家食材制作成冬日养身宴，既美味又养身。

（四）永安村乡村旅游体验园项目设计建设经费预算

预计占地总面积为8 000平方米，包括房屋建设面积、体验园院子建设面积、河边走廊建设面积、垃圾转运屋建设面积，永安村乡村旅游体验园项目建设总的预算费用为5 465.575 2万元（见表2）。

表 2 永安村乡村旅游体验园建设经费估算

成本 Cost	项目 Project	名称 Name	价格（万元） Price （wanyuan）	合计（万元） Summation （wanyuan）
固定成本	房屋建设费	材料费	108.4000	5465.5752
		人工费	60.8256	
	土地占用费	乡村体验园占地费	22.0000	
		河边走廊占地费	66.0000	
	体验园院子建设费	体验园院子建设费	3456.0000	
	河边走廊扶栏建设费	河边走廊扶栏建设费	5184.0000	
变动成本	环境保护费	环境保护费	10.0000	
	垃圾转运屋建设费	建设费用	1.3448	
		垃圾运送费	2.1600/年	
	其他费用	其他费用	10.0000	

三、结 语

永安村乡村旅游体验园的设计是利用得天独厚的地理环境和位置，把因时制宜和因地制宜两者结合，建设的一个新型的融合休闲和体验两种要素的乡村旅游体验园。它的设计借鉴以往的体验园建设的经验，"取其精华"。尽量做到既不破坏当地的生产劳作，也不改变当地的民风民情，吸引重庆城区游客前来休闲体验旅游。体验园建设意义有三：第一为重庆居民提供了一个休闲体验的场所；第二给永安村的居民带来了额外的经济收入，促进当地经济发展，带动农民致富；第三使资源得到充分利用，可谓一举三得。

参考文献：

[1] Eugenia Wickens.The Sacred and The Profane：A Tourist Typology [J].Annals of Tourism Research，2002.29（3）：834－851.

[2] 约瑟夫·派恩，詹姆斯·吉尔摩. 体验经济[M]. 夏业良，鲁炜，译. 北京：机械工业出版社，2002.

[3] 邹统钎. 乡村旅游推动新农村建设的模式与政策取向[J]. 福建农林大学学报：哲学社会科学版，2008，11（3）.

[4] 程佳，赵红霞，郭帅，等. 聊城市新聊农业体验园规划设计[J]. 湖北农业科学，2012，51（8）：1627—1631.

[5] 薛建波，乔洁华，赵德英. 青岛市黄岛区启动"生态农业体验园"[J]. 人口与计划生育：计生视点，2009，（6）：35.

[6] 李永晖. 大兴打造农耕休闲体验园[J]. 农家参谋：观察思考，2010，（10）：1.

[7] 魏小安. 旅游目的地发展实证研究[M]. 北京：中国旅游出版社，2002.

[8] 孙淑琴，段丽英. 旅游心理学[M]. 北京：中国商业出版社，2010.

[9] 曼纽尔·鲍德—博拉，弗雷德·劳森. 旅游与游憩规划设计手册[M]. 唐子颖，吴必虎等，译. 北京：中国建筑工业出版社，2004.

贵定县音寨村乡村旅游发展研究

陈如霞，周雪源

（黔南民族师范学院　旅游研究中心，资源与环境研究中心，贵州　都匀　558000）

摘要： 近年来，我国乡村旅游发展迅速，尤其是在许多少数民族地区，以其自然风光、人文古迹、风土人情、农业生产、农民生活及其生态环境吸引着众多的旅游者。贵州省贵定县以"金海雪山"为品牌开展乡村旅游的音寨村，以其独特的农业观光形式受到人们的关注。在开展乡村旅游的过程中，为音寨村的经济发展注入了新的活力，同时也带来了许多问题。本文对音寨村的乡村旅游发展进行调查分析，探讨音寨村旅游发展存在的问题，在此基础上提出相应的对策。

关键词： 音寨村；乡村旅游；存在问题；对策

Guiding county village village rural tourism development research

CHEN Ru-xia，ZHOU Xue-yuan

（resource and environment research center，Qiannan Normal College of Nationalities，Duyun　558000，Guizhou）

Abstract： In recent years，rural tourism has been developing rapidly in our country，especially in many minority regions，with its natural scenery，historical sites，local conditions and customs，agricultural production and farmers' life，and its ecological environment attracts many tourists. Guiding county in guizhou with "sea" for the brand to develop rural tourism of village village，with its unique form of agriculture sightseeing by the attention of people. In in the course of development of rural tourism，to the sound village village's economic development has injected new vitality，but also brings many problems. In this paper，in the tone of the walled village in rural tourism development were investigated，the problem of the sound village village tourism development is discussed in this paper，based on this，advances the corresponding countermeasures.

Key words： sound village village；Rural tourism；There is a problem；countermeasures

一、引　言

乡村旅游起源于 1885 年的法国，19 世纪 80 年代开始大规模发展，目前乡村旅游在德国、奥地利、英国、法国、西班牙、美国、日本等发达国家已具有相当的规模，走上了规范化发展的轨道。我国现代乡村旅游发展于 20 世纪 80 年代后期，虽然发展时间晚，但随着经济的快速增长，人们的收入不断增加，消费水平也不断提高，对旅游需求量增大，乡村旅游正在蓬勃发展。城市居民希望得到放松，向往宁静的田园生活、美好的乡间环境、淳朴的民风民情。由此，乡村旅游应运而生[1]。我国乡村旅游的发展推动农村经济发展、带动相关产业发展、对乡村人口、经济、文化、基础设施、就业、农村文明建设等方面发挥了极其重要的作用，是许多民族地区解决"三农"问题、实现城乡和谐发展的重要举措。但是，乡村旅游的开发对区域民族文化的影响就像一把双刃剑，既有积极作用，又有消极作用。

本文所调查的贵定县音寨村是布依族聚居的村寨，有着浓厚的布依族风情和淳朴的生活习俗，民居、服饰、节日、生活和生产习俗等都保留着自己独特的文化传统，成为周边城市居民重要的吸引物。音寨"金海雪山"开发已有十多年的历史，成为贵州乡村旅游的重要示范基地，给音寨带来了许多积极的作用，但由于各种原因，还存在一些问题，成为制约音寨可持续发展的因素。本文通过对贵定县音寨村的实地调查，提示其存在的问题，并提出相应的建议和对策。

二、音寨村乡村旅游发展概况

（一）乡村旅游概念

目前国内外学术界对乡村旅游还没有完全统一的定义，中国学者一般认为，乡村旅游是以农民为经营主体，以农民所拥有的土地、庭院、经济作物和地方资源为特色，以为游客服务为经营手段的农村家庭经营方式。它具有乡土性、知识性、娱乐性、参与性、高效性、低风险性以及能满足游客回归自然的需求性等特点。乡村旅游不仅能观光游览，亦可度假休闲，游客还能亲自参与、体验农家生活与生产以及购买新农产品和其他土特产品，是一种内容多样、形式活泼的旅游形式。

（二）音寨乡村旅游资源概况

音寨村位于贵州省贵定县盘江镇南面，地处北纬 26°05′—26°36′ 之间，东经 106°59″—107°21′，总面积 1.3 平方公里。音寨紧邻国道 210 主干线，至贵新高等级公路盘江匝道口 4 公里，车行仅需 8 分钟左右；西至贵阳 50 公里，车行需 40 分钟左右；东至贵定县城 11 公里，车行 10 分钟左右；距龙洞堡机场 34 公里，车行仅需 20 分钟；距黔南州首府都匀也在 1 小时车程内。较为便利的交通为音寨提供了可进入性条件。

贵定音寨平均海拔 1 000 米，坝地开阔，地面高差不大，独立成片。瓮城河沿村而过，水质良好，瓮城河上的鸳鸯岛小巧玲珑，岛上现有参天大树几十棵，瓮城河水绕岛而过，是一个"天然游泳池"，游客可在鸳鸯岛上划船观赏游览。气候属中亚热带季风气候，冬无严寒，夏无酷暑，年平均气温 16 ℃，气候条件良好，一年四季皆可旅游。树木植被保存完好，寨前田园平旷，寨后松杉成林。有两棵古柏被音寨的村民们奉为护寨的"风水神树"，上面系着红布，树前立了一块石碑，上面刻着"爱护古树，惠泽千年"，以示对神灵的敬重。

盘江镇气候温暖，热量条件好，适合农林业生产，粮食作物主产水稻，次产玉米、小麦。经济作物主产油菜，次产蔬菜、水果。音寨村耕地 1 163.7 亩，其中田地 1023 亩。主要特产有菜籽油、酥李、刺梨、野生百合贡粉、香酥辣等。音寨家家户户在自家的房前屋后种植李子树，每年的 3、4 月份花开时节，万亩金灿灿的油菜花海和千顷雪白的李花交相辉映，布依山寨隐约其中，构成了吸引众多游客的"金海雪山"独特景观，"金海雪山"并因此而名。

音寨村是一个以布依族为主的自然民族村寨，辖 15 个村民组，民族文化沿袭完整。总人口 2 633 人，布依族人口占总人口的 93.7%。音寨建于明朝，清代中叶后成为布依族聚居地。当地居民背靠观音山、面朝瓮城河建造房屋，依山傍水，环境优美，从远处看，整个寨子掩映在一片绿丛中，成为以布依族为特色的民族聚落。拥有 600 多年悠久历史文化的音寨为乡村旅游发展提供了民族文化旅游资源。

每年农历七月初二，音寨村都要举行布依族民族团结月活动。如赛马、斗牛、山歌、篮球比赛等文体活动，参加群众以黔南州布依族人民为主。活动期间，音寨村民穿着布依族服饰，尤以女性服饰最具特色。青少年女性喜穿土花布，中年以上的女生喜欢深蓝色或青色圆领短衫、长裤，头缠青色头巾，脚穿绣花鞋，胸挂银链绣花围腰，成为音寨村的一道风景。每年3月份还举办"金海雪山文化旅游节"，展现布依族的特色文化，6、7月份都举办盘江冰脆酥李节。音寨布依族的民间文化活动还体现在婚嫁、搬迁等喜庆宴会上，以诗歌为主，在内容上可分为叙事歌、爱情歌、酒歌、山歌等。搬迁时，对歌两边人抬着系上红布结的竹竿，恭贺主人家的乔迁之喜。人数一般是双数，对不上就罚酒。在丧葬时唱叙事歌，一般是悼念和歌颂人的一生。唱山歌时多用布依族语言演唱。

音寨村1999年被省人民政府列为全省13个重点保护与建设的民族村寨之一，2005年被评为"全国农业观光示范点"，2006年被贵州省布依协会授予"中华布依第一寨"，2008年被评为"金海雪山国家3A级旅游风景区"和贵州省重点打造的"乡村旅游示范村寨（群）"之一。

音寨村将悠久的历史文化、原生态的田园风光作为重点发展农业观光旅游，以"中华布依第一寨"、"全国农业观光旅游示范点"和"金海雪山国家3A级旅游风景区"作为宣传的三张名片，在国内已有一定的知名度，取得了良好的经济效益和社会效益。

（三）基础设施状况

音寨村紧紧抓住发展乡村旅游，先后修建了音寨大门、迎宾门、停车场、观景长廊，水车、水碾、民族表演台、村文化室、公厕、垃圾桶、垃圾池、路灯等，实现寨寨通自来水、通电、通固定电话，主要道路硬化率为100%，联户路硬化率达95%，移动通信覆盖率为100%。20%的农户实现院落绿化、美化，人居环境较好。

（四）农民受益状况

音寨乡村旅游的开发不仅拓宽了村民的增收渠道，而且就近解决了农村富余劳动力的就业问题[2]。音寨村自开展乡村旅游以来，通过打造"金海雪山"品牌，每公斤酥李价格从原来的0.8元升至现在的6~8元，给农户带来很大的收益。当地的乡村旅游发展起来以后，大多数外迁者受经济效应的驱使，又逐渐回到音寨乡村从事旅游服务业[3]。在调查中了解到，少部分人外出打工，极少部分人从事纯农业或纯旅游业，大多数村民直接或间接地从事旅游业兼农业，月收入在2 000~4 000元不等。群众在开办农家乐美食、乡村旅社和副食品销售、竹筏漂流、娱乐器具出租服务中也得到了明显实惠。一些农户还通过旅游收入为自家建了房子，置办了家电。

三、贵定音寨乡村旅游发展中存在的问题

（一）乡村旅游类型偏重观光型

贵定音寨乡村旅游属于以观光型为主，民俗文化体验为辅。音寨的知名度仅靠"金海雪山"，为农作物景观，而农作物景观很容易被替代。游客只停留在李花、油菜花和布依族民居观赏的浅在层次，没有引导游客深入到布依族的民俗文化当中，很容易造成同质化。在贵州各个民族村寨的乡村旅游中，西江千户苗寨、黎平千户侗寨、安顺屯堡文化等的知名度都胜过音寨。例如，安顺龙宫每年的 3 月份都会举行油菜花节，有知名度极高的黄果树风景区铺垫造势，对"金海雪山"来说，形成巨大的竞争压力。由于旅游项目单一，游客自主观光，观光点仅是"金海雪山"，缺乏自主体验活动。

旅游吸引游客的最终还是文化，如果没有了文化内涵，那还是空心的，不会支撑很久。在音寨，很少看到有人在景区内穿着布依族特色服饰进行旅游服务。只有少部分上了年龄的妇女穿着自己民族服饰，年轻人大多以流行服饰为主，只有在节庆活动需要时才穿上民族传统服饰。随着对外交流的机会增多，音寨很多年轻人从小外出读书或打工，对本民族语言不熟悉或根本不会说本民族语言，不会制作本民族的传统特色手工艺品，不会唱本民族的歌曲等，原生态的传统民族特色只掌握在少数老人手里。

（二）管理不够全面，基础设施不健全

音寨民居区道路两边摆满各种摊点，没有统一的区域，给游客一种凌乱的感觉。在活动最频繁的区域之一——鸳鸯岛，门牌上没有"鸳鸯岛"的标志，鸳鸯岛两岸村民们自行经营，乱搭乱建随处可见，缺乏条理性，严重影响"金海雪山"的档次和形象。在鸳鸯岛，村民自发组织购买了 90 余艘船只进行水上项目经营，没有专门的防护措施和紧急救护人员。除此之外，景区内没有防火设施，存在一定的安全隐患。

"金海雪山"景区季节性和时限性较强，3、4 月份是旅游的高峰期，在某一段时间内涌现这么多游客，会给旅游景区的环境承载力带来负面影响。沿路几乎没有垃圾桶，油菜花旁边堆着大堆垃圾，无人清理，严重损坏景区形象。

（三）旅游商品结构单一，特色不明显，独立性不强

通过实地调查，粗略统计，有 30 个旅游摊点左右，经营各种小吃、土特产、各种民族服饰租赁拍照等，打气球赢取玩具的摊位有 3 个，写数字换布娃娃摊位的有 4 个，投球游戏的有 4 个，这些项目在其他地方屡见不鲜。据观察，音寨本民族特色旅游商品很少，很多旅游商品都是从外地进来的。而游客购买旅游商品就是为此行留个纪念或者满足他们求新、求异、求奇的需要，这样的旅游商品显然不能对游客产生吸引力。作为一个乡村旅游村寨，应该有属于自己民族的旅游商品，可供游客选购作为纪念品或馈赠给自己的亲朋好友礼物，但是音寨没有开发出自己地方特色的旅游商品，达不到游客的满意度，让游客空手而归。从某种意义上说，这也间接地流失了一笔旅游收入，让想消费的游客找不到消费的项目。景区内旅游商品的出售主要是在旺季各个摊点，而且商品的种类、数量较少，没有形成一定规模和系统的管理。

（四）旅游从业人才缺乏

音寨的乡村旅游尚未发展到成熟阶段，需要先进创新的思想和观念的引导才能有效地进行旅游经营和管理，实现音寨乡村旅游的可持续发展。就目前而言，景区缺乏旅游管理人才和旅游专业人才，对吸纳人才的条件很弱，导致人才难进。很多旅游从业人员文化程度较低，且只经过短暂的培训就上岗，有的甚至没有经过培训，服务意识低，从业素质亟待提高，严重影响景区的旅游服务质量，这样的态势成为音寨整体发展的一个瓶颈。

四、音寨乡村旅游发展的对策

（一）深度挖掘音寨民族文化内涵

丰富的文化内涵是景区旅游发展的重要支撑，在文化资源的基础上开展乡村旅游更能增强自身的吸引力与竞争力。通过挖掘发生在音寨的重要历史事件、古今名人、历史文化、民间习俗和工艺制作等元素融入到旅游开发当中，加强重视、保护和传承，增强少数民族乡村旅游的民族风情，提升"金海雪山"景区的知名度。在景区内可设置标语、海报宣传，通过专门的刊栏向游客展示本民族服饰、历史事件、重要活动等。通过举行节目表演，让游客在参与的过程中，感受和了解本民族的文化。在服饰方面，鼓励村民们穿着自己的民族服装与游客互动。在语言方面，从小学开始，立足本地文化资源，开设相应的民族文化课程，增加学生的民族知识，从而提升其民族自尊心和自豪感。

（二）拓展旅游项目及参与面，提高社区参与层次

目前音寨旅游项目较为单一，需要开发出更丰富更具有特色的旅游项目，以便延长游客的停留时间，从而带动旅游消费。建议从以下几个方面考虑：第一，建立民族工艺品展览馆，展示民间传统手工艺品，例如：刺绣、纺织、雕刻、编织、蜡染、银饰等；增设民族工艺品的现场制作和表演，吸引游客参观，激发其对工艺品的可信度和购买欲望。第二，开增休闲场所，例如，在村口修建一个凉亭或稍高的观景台，旁边可以开设一个小茶室，充分利用贵定云雾茶和一些地方特产开展茶艺表演等活动，在吸引游客观赏、休憩的同时，促使其产生购买动机；第三，广泛开展民居接待业务，民居接待是投资相对较少的一种方式，而且可以扩大村民的参与面，提高村寨的接待能力，并增加了村民获益的途径。第四，在"农家乐"方面，增加食材的天然性，可以让游客活动较少的农户区域也参与进来，通过与周边村寨合作，对土鸡土鸭、牛羊鱼的喂养，各种蔬菜的天然种植，以改变一部分农副产品需要从外调入的局面，提高旅游经济效益，同时也使游客真正感受到在农家乐吃出健康来。

（三）加强景区旅游管理与旅游基础设施建设

乡村旅游在很大程度上是依靠其舒适的旅游环境吸引客源，音寨在发展旅游的过程中应注重环境的保护和绿化，干净整洁的村容寨貌是发展旅游的一张名片。在游客活动频繁的区域应设有垃圾桶，尤其是在通往鸳鸯岛的路段，周围的垃圾成堆，自然而然地成为一种"示范"效应，没有垃圾桶，游客只好往垃圾堆继续扔垃圾。景区应该安排专门的环境卫生、食品卫生管理人员，各尽其责，使景区有条不紊地发展。可推行绩效考核工资制，充分调动广大干部职工的工作积极性，发挥党员模范作用，开展创建党员示范路和党员示范岗活动，促使道路清扫保洁和垃圾清运质量稳步上升。

基础设施建设是发展乡村旅游的前提条件，伴随着乡村旅游的迅速发展，为了满足游客日益增长的物质需求，各种服务项目不断增加，这就需要加强旅游基础设施建设。首先，对村寨布依族民居进行整修和包装，融入民族特色，提高农家乐及乡村旅馆的档次，在提高乡村旅游接待能力的同时也增加其观赏性。其次，鸳鸯岛上存在潜在的安全隐患，需建立相应的水上安全设施，并培训一定数量的救生人员，以避免安全事故的发生。

（四）加强旅游宣传，继续发挥品牌效应

音寨在进行旅游开发时，要充分利用网络、宣传单、宣传册、大型活动等方式宣传音寨，扩大音寨的知名度，让旅游者感知，从而产生旅游动机。投入一定的资金，培训核心演员，其他演员通过外借方式获取，跟当地的贵定分院或黔南师院的文艺团体合作，这样既能保证有质量的演出正常进行，同时也可以降低一部分成本。此外，加强对音寨资源设计、加工和整合，增加必要的服务场所，提高旅游舒适度，把音寨打造成为一个具有一定影响力的民族村寨旅游休闲度假带，使游客可以在休闲中体验和感受布依族文化的魅力与韵味。

（五）加强从业人才的专业知识和技能，提高服务质量

加强对旅游从业人员的业务培训，提高旅游从业人员的文化水平和服务意识，树立音寨旅游业的整体形象。可以对老人们进行观念培训，对40-50岁的人进行服务管理、烹饪技术等培训，对30岁以下的年轻人进行旅游礼仪、民族文化、民族表演培训，使音寨在游客面前尽可能地展现一个全新的面貌。此外，音寨必须采取多种形式引进人才，实施规范化管理，通过引进优秀的旅游管理人才，为音寨乡村旅游从业人员队伍注入"新鲜的血液"，引进发展乡村旅游的新观念。进一步强化民族村旅游的标准化管理，定期对从事乡村旅游的管理人员、技术人员和服务人员进行培训，以提高他们的文化素质、技能和服务水平。通过发动群众对"金海雪山"景区集体建设，发挥音寨的资源优势，打造具有吸引力的乡村旅游品牌。

五、结　语

乡村旅游为人类社会注入了丰富的休闲元素，是一种文化性、参与性十分强的产业，主要为生活在城市的人们洗涤身心，放松减压，让游客参与到乡村生产、生活的某一过程，通过观察、模仿、学习，从而体验和感受乡村文化。从某种程度上来说，乡村旅游是一种具有高文化层次的旅游活动，它的客源是相对比较稳定的。对游客来说，旅游的过程是体验和感受，游客希望通过与都市生活不一样的体验使身体和精神得到放松。如果都市和农村的文化体验异质性不强，旅游目的地自然也就缺乏吸引力。而要吸引游客，就需要对其进行科学合理的规划和管理，提高旅游舒适度，并在内容和形式上充分体现出与城市生活不同的文化特色。民族文化是民族村寨发展乡村旅游的核心，音寨村只有在建筑、饮食、服饰、语言、歌舞、工艺品等方面充分挖掘布依族的文化特色，并开发出具有吸引力的上档次的旅游商品，引导周边村寨发展相应的旅游配套设施，才能满足游客的购物需求，促进农副产品的销售，才能最大限度地激发旅游者的需求动机，推动音寨村旅游业的发展。音寨应充分调动村民的积极性，使他们在旅游开发中获得经济实惠，为乡村旅游营造一个整洁卫生、安全有序的外部环境和淳朴热情的人文环境[4]。

参考文献：

[1]　杨绍先，杨眉.论贵州乡村旅游的发展[J].贵州大学学报（社会科学版），2012，（5）.

[2]　汪涓.乡村旅游开发对少数民族村寨的影响.以贵州省贵定县音寨为例[D]，2010-05.

[3]　王天生.贵州乡村旅游发展新型模式[J].中国乡镇企业，2013，（1）.

[4]　王晓丽，宋书巧.邹议阳朔乡村旅游资源开发[J].广西师范学院学报，2005，（4）.

基于 SWOT 分析打造威宁县乡村旅游精品景区

董桂花，刘 娟

（黔南民族师范学院旅游研究中心，贵州 都匀 558000）

摘要：近年来，乡村旅游在我国各地发展势头良好，呈现出一片欣欣向荣的景象。我省各地的乡村旅游作为人们回归自然的一种旅游方式应运而生并开始不断发展。威宁环草海区域旅游资源种类繁多，有着发展乡村旅游的先天优势；然而，在发展乡村旅游的过程中，也遇到了一定的阻碍。本文通过运用 SWOT 分析方法，对威宁县乡村旅游发展的优势与劣势、机遇和挑战进行分析，并在此基础上提出打造威宁县乡村旅游精品景区的战略。

关键词：SWOT 分析；威宁县；乡村旅游；打造；精品景区

Based on the SWOT analysis to build WeiNingXian rural tourism scenic spot

Dong gui-hua，Liu Juan

（Department of History and Social culture，Qiannan Normal College for nationalities，Duyun 558000，Guizhou）

Abstract：In recent years，rural tourism a good momentum of development in all parts of our country，present a thriving scene. Around our province rural tourism as a kind of tourism way of people return to natural born and start developing. Weining ring grass sea area there are many different kinds of tourism resources and has the congenital development rural tourism advantage；However，in the process of development of rural tourism，also encountered some obstacles. WeiNingXian by using SWOT analysis method，the advantages and disadvantages of the rural tourism development，the opportunities and challenges are analyzed，and on this basis put forward the strategy about creating WeiNingXian rural tourism scenic spot.

Key words：SWOT analysis；WeiNingXian；Rural tourism；To build；Scenic spot

乡村旅游[1]作为旅游业的重要组成部分和新兴业态，备受人们的青睐，成为我国一种新兴的旅游形式，在贵州省各个乡镇蓬勃发展。以威宁县为例，作为贵州省面积最大的民族自治县，它具有资源和环境后发的优势。宜人的乡村自然风光、高原农业景观、独特的民族风情等旅游资源，都是发展乡村旅游的资源优势。但是，威宁县的乡村旅游还在起步阶段，基础设施不完善、旅游产品单一、缺乏整体规划和市场调查分析等问题，仍是制约威宁县乡村旅游发展的"瓶颈"。因此，大力发展威宁县乡村旅游，搞好威宁县乡村旅游的规划，做好乡村旅游的战略部署，对威宁县乡村旅游的长远发展有着极其深远的战略意义。

一、威宁县乡村旅游发展的 SWOT 分析

（一）SWOT 分析方法

SWOT 分析法又称态势分析法，是对企业内外部条件的各方面内容进行归纳和概括，进

而分析其优势、劣势、机会和威胁的一种方法[2]。具体来说，就是将与研究对象密切相关的各种主要内部优势因素、弱点因素、外部机会因素和威胁因素通过调查罗列出来，并依照矩阵形式排列，然后运用系统分析的思想把各种因素相互匹配起来加以分析，从中得出一系列相应的结论。这种研究方法最早是由美国旧金山大学的管理学教授史提勒于 20 世纪 80 年代初[3]提出来的。借助这种分析方法，有利于对研究对象所处情境进行系统、准确地研究，有助于制定发展战略和计划，以及与之相适应的发展对策。其分析模型图如下。

SWOT 分析模型

优势	机会
劣势	挑战

SWOT 中四个要素的关系如图所示[4]。

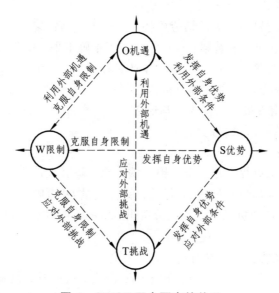

图 1　SWOT 四个要素的关系

（二）威宁县乡村旅游 SWOT 四要素分析

1. 优　势

（1）悠久的历史文化。

威宁县历史悠久，文化辉煌灿烂。威宁县在秦朝时就是汉阳县地，至今已有两千多年的历史。唐代宝州，明朝设立乌撒卫，清朝设威宁府，辖大定、黔西、平远三州和毕节、永宁二县。1954 年 11 月 11 日正式成立"威宁彝族回族苗族自治县"，从而成为全省乃至全国成立较早的自治县。威宁有众多的历史文化遗迹，如中水汉墓群、彝族向天坟、一代女子奢香古驿道遗址、千年古刹凤山寺、明代疆界碑，以及吴三桂金殿、蔡锷点兵场、云贵红军桥等遗址。其中，被评为 2005 年度"中国十大考古新发现"之一的中水遗址，出土的许多文化遗物，为贵州史前考古的多项空白作了填补，成为研究古夜郎历史文化变迁不可多得的考古依据。

（2）顺畅的交通区位条件。

威宁深处乌蒙腹地，有着良好的交通区位条件，是进入四川、云南的重要路线。内昆铁路、贵昆铁路穿境而过，326国道、102省道在县城交会。已通航的昭通机场距威宁85公里、毕节机场距威宁126公里、六盘水机场距威宁73公里。未来几年，随着毕节试验区总体交通区位优势的提升，威宁在滇东北、黔西北交通枢纽中的重要节点作用将日益凸显。

（3）独特的高原湿地环境和宜人的气候条件。

威宁属于低纬度、高海拔地区，亚热带季风性湿润气候明显，"冬无严寒，夏无酷暑，日温差大，年温差小"，是一个冬避严寒、夏避酷暑的好地方。全县最高海拔2 890米，最低海拔1 234米，平均海拔2 200米；年日照理论数据为1 800~2 000小时，被气象学界命名为"阳光城"。地处乌蒙山之巅，常年艳阳高照、凉风扑面，是理想的避暑胜地。

（4）种类繁多的生态资源。

① 物产丰富，种类各异。

威宁物产丰富，种类繁多，人民勤劳质朴。盛产玉米马铃薯、荞麦等粮食作物，烤烟、芸豆、蘑芋等经济作物和苹果、黄梨、核桃、板栗等干鲜水果；中药材有党参、天麻、黄柏、三七、半夏、杜仲、厚朴等。其中马铃薯常年产量在15亿公斤以上，品质优良，为全国之冠。全县拥有成片草场和草山草坡320万亩，各类牲畜常年存栏157.22万头以上，出栏77.47万头以上，已成为我国南方最大的畜牧业基地之一。是著名的"马铃薯之乡"、"中药材之乡"、"畜牧之乡"和"南方落叶水果基地"。

② 矿产资源丰富。

威宁主要的矿产资源有煤、铜、金、银、铁、铝、锌、大理石、水晶石等30多个物种。在这些物种中，煤炭资源远景储量达50亿吨，铅锌储量60万吨，铁矿石储量1亿吨，石膏储量59.8万吨。丰富的矿产资源不仅促进了贵州经济的不断发展，同时在旅游当中的作用也不可小觑。

③ 风能、水能、光能资源开发前景广阔。

威宁平均海拔2 200米，是贵州省面积最大、海拔最高的县，是贵州的"屋脊"。乌蒙山横穿县境，其间屹立着四座2 800米以上的高峰。独有的区位条件和气候条件使得威宁水能资源蕴藏量达52.5万千瓦；低纬度、高海拔、高原台地的地理特征，使这里的光能资源和风能资源为贵州之冠，风能理论装机容量达100万千瓦；县城年平均日照数为1 812小时，被誉为高原阳光城，太阳能光伏发电理论容量可达100万千瓦以上。

（5）民族风情浓郁、淳朴。

威宁县是彝族回族苗族自治县，民族风情浓厚，乡风淳朴。丰厚的民族文化，成为许多中外研究专家的课题，民族节日更是吸引游客的眼球，如：气势奔放的彝族火把节、庄严肃穆的回族古尔邦节、载歌载舞的苗族花山节。据彝族历史记载，其先祖支嘎阿鲁就诞生在草海之滨，留下许多美丽的佳话；彝族民歌《阿西里西》，明畅轻快，广在街巷传唱；彝族"撮泰吉"被列入国家非物质文化名录；此外，反映威宁苗族历史的《大迁徙舞》、布依族的《插秧歌》也是老少传颂。背缕、挑花刺绣品等极富特色的民族服饰，以及毛制品、剪纸、蜡染等各类民族民间工艺品更是备受人们喜爱。

（6）国家、省政府的高度重视与扶持。

威宁县备受国家和省市的高度关注和重视，发展前景广阔。长期以来，国家、省政府把威宁作为扶贫开发的重要对象，并对许多乡镇作了科学而具体的规划和措施。2010年9月，当时的贵州省省委书记栗战书，省委副书记、省长赵克志到威宁自治县进行专题调研、现场办公，提出加快毕节地区包括威宁自治县的发展是全省共同的历史责任，要在两年内实现"重点民生问题基本解决、生产生活条件明显改善"的提速发展战略目标。

2. 劣 势

（1）乡村旅游资源的开发力度欠缺，缺乏自主品牌。

威宁乡村旅游在如火如荼开展，但乡村旅游开发者和经营者对"乡村旅游"的认识还比较薄弱，不够深刻。尚未对乡村旅游进行深层次地挖掘和开发，仅仅停留在简单的观光、"吃农家饭"层次上，缺乏实地的参与体验等项目；此外，旅游产品较单一，缺乏自主品牌。这样既不能满足游客日益增长的需求，也不能把乡村旅游的真正价值发挥得淋漓尽致，导致不能适应现代旅游市场高层次的要求。这些问题也是我省乃至我国乡村旅游普遍存在的问题。因此，深度挖掘旅游资源类型，成为众多乡村旅游开发者和经营者需要首先解决的问题。

（2）地区经济落后，基础设施尚未完善，政府财力支持有限。

尽管威宁历届县委县政府做了大量的努力，但由于威宁县的基础设施薄弱，贫困面大、贫困人口多、贫困程度深，所以经济社会发展相对滞后。由于贫困覆盖面大，政府能够使用在乡村旅游发展上的资金就较少。加上乡村旅游的发展地大都选择在经济实力比较薄弱的农村，政府对其基础设施建设的资金投入也很有限。这样一来，基础设施薄弱，乡村旅游的景区承载力相对较小，难以适应广大游客的需求。一旦各项设施如客房，餐厅等卫生状况和设施条件难以满足游客最基本的食住需求，恶性循环下去，自然也就难以留住游客。发展乡村旅游，如果资金跟不上，就难以招商引资，前进的步伐就会受到阻碍。因此，发展乡村旅游资金链的问题必须引起重视。

（3）乡村村民旅游意识薄弱，乡村旅游概念狭隘。

据实地调查访问，许多村民乃至乡村旅游开发者和经营者并未真正领会乡村旅游的真正含义，只是停留在片面的看一下山水、赏一下风景，故对开发乡村旅游不够重视，甚至还有人采取不支持的态度。此外，他们对乡村旅游的作用、意义、性质、特点的认识也较薄弱。有的开发者在农区大兴土木，建立许多娱乐场所，却忽略了乡村旅游和农业生产的关联度，既失去了乡村旅游原生态的本质特性，又违背了乡村旅游开发的初衷，得不偿失，最后只能以失败而告终。

（4）水平低，经营能力弱，专业人才缺乏。

据威宁目前的景区管理经营情况来看，只有国家级自然保护区草海有专门的旅游企业的管理。换句话说，乡村旅游景区缺少旅游开发公司的科学经营，乡村相关旅游企业没有形成完善的企业组织结构和管理制度。威宁县乡村旅游开发的主体仍以当地的农村户头为主，而其从业者主要是当地农民和一些中小型企业。无论是经营者还是从业者普遍素质较低，未得到正规的培训和锻炼，服务意识低下，缺乏现代管理经验和服务观念，还存在小农意识，其历史地理知识、文化知识、国家和行业法规法律知识、急救常识、市场开拓能力、市场营销战略都普遍薄弱和缺乏。经营户之间的竞争尽管激烈，但都大同小异，难以形成具有核心力的旅游产品；规模经济的形成也困难重重，很难在市场上站住脚。

（5）宣传力度不够，信息服务功能不到位。

就目前形势看，威宁除了国家级自然保护区远近闻名外，其余历史遗址、民族服饰、民族文化等只有附近的省市知道，还需大力宣传。加上缺乏对乡村生态旅游具体项目的具体策划，未形成知名品牌，外界对贵州乡村生态旅游的优势和特色知之甚少[5]。旅游吸引物具有足够的影响力当然很好，但若将自身所具有的先天优势和后天努力结合起来，必然会两全其美。运用各种宣传手段，如广告、电视、报刊、杂志等媒介加大宣传力度，提高景区的知名度；树立景区的良好形象，打出自己的自主品牌；采取一定的市场营销手段，占据市场主导地位，形成自己独具特色的竞争力，才能使自己立于不败之地。乡村旅游要想得到更好地发展，吸引更多的游客，必须加强宣传力度、树立知名度。

3. 机　遇

（1）国务院国发2号文件的颁布。

国发2号文件明确贵州的"战略定位"之一是："文化旅游发展创新区"。2012年初，国发2号文件中明确提出"努力把贵州建设成为世界知名、国内一流的旅游目的地、休闲度假胜地和文化交流的重要平台"的战略部署。贵州省也提出了"加快建设旅游大省、旅游强省"的发展目标，贵州省的旅游业发展定位上升到国家战略的层面。这一针对性政策的出台，使得威宁自治县乡村旅游的开发面临着一次难得的发展机遇。威宁自治县乡村旅游的快速发展指日可待。

（2）当下旅游业的良好发展势头。

近年来，贵州旅游业的发展显而易见。2012年旅游总收入达到1860.16亿元，接待游客2.14亿人次。作为旅游业的重要组成部分和旅游业的新业态，乡村旅游的发展在其中起着至关重要的作用。在2011年，贵州省乡村旅游共接待游客5605.5万人，占全省旅游接待总人数的32.9%；实习旅游收入221.4亿人，占全省旅游总收入的15.5%；带动解决了农村就业105万人，通过旅游业受益群众在300万人以上[6]。可以看出，"十一五"期间，贵州乡村旅游的发展带动了乡村经济的发展，使我省相当一部分人通过乡村旅游实现了脱贫致富的愿望。2010年全省乡村旅游接待游客4536万人次，同比增长20.3%，占全省接待游客总数的35.16%；乡村旅游总收入178亿元，占全省旅游总收入的16.79%。据不完全统计，"十一五"期间，全省累计有42万人依托发展旅游业摆脱贫困或受益。乡村旅游作为贵州旅游产业发展的重要组成部分，已成为帮助农村群众脱贫致富的有效手段，在促进一方经济、造福一方百姓、传承一方文化、推动一方发展中发挥着越来越重要的作用[7]。

（3）回归自然的旅游趋势，使乡村旅游备受喜爱。

随着现代社会都市化的发展趋势，久居喧嚣闹市的居民越来越渴望优美、宁静、舒适的自然乡村生活。由于大城市生活节奏紧张，社会竞争激烈，生活缺乏情趣，人们亲近自然、放松身心、提高生活质量的愿望越来越强烈。这就使得乡村旅游备受许多城市居民的喜爱。威宁风景优美，自然景观独具一格，民族风情、自然风光、高原农业等闻名遐迩，迎合了城市居民旅游的愿望和动机，符合城市居民回归自然、体验自然、贴近自然、拥抱自然的出游欲望。

4. 挑　战

（1）乡村旅游资源的开发，对当地的生态环境潜在一定的威胁。

威宁有着贵州省最大的天然淡水湖泊和最完整、典型的高原湿地生态系统——草海，有面积40余万亩的中国南方天然大草原——百草坪；还有大面积郁郁葱葱的森林、云雾缭绕的人工草场、花果飘香的万亩荞麦种植区和苹果园。由于生态环境脆弱，人为开发乡村旅游会对原始植被和生态环境造成一定的威胁。故在对威宁进行乡村旅游开发的过程中，一定要重视生态景区物种的保护，始终兼顾生态效益和环境效益的平衡，加强对景区动植物以及植被的保护意识，避免物种灭绝，变异的威胁。

（2）相同旅游资源的开发必不可免。

尽管威宁旅游资源丰富，乡村旅游点分布广泛，但也不可避免会出现对同一种旅游资源进行开发或重复开发的案例，比如"农家乐"乡村旅游点的开设随处可见，缺乏创新理念。这无疑会造成游客审美疲劳，难以形成长久的竞争力。一旦小片区域内乡村旅游景点达到饱和，那么此处的乡村旅游只会以失败而告终。乡村旅游要想做大、做精，得依靠其开发者和经营者合理规划，做好市场调研，善于创新，努力丰富乡村旅游的文化内涵，形成独具特色的旅游吸引点，打造具有个性特色的乡村旅游产品。

二、关于威宁县环草海地带乡村旅游精品景区的打造战略

如上分析表明，威宁自治县乡村旅游业优势和劣势并存，机遇和挑战共在。在以上分析的基础上我们为威宁自治县乡村旅游业的进一步发展提供一些可行性方法和战略。

（一）重点打造观光游览型乡村旅游

1. 观光游览"高原明珠，百鸟之都"的草海自然风光

威宁草海是国家级自然保护区，与青海湖、滇池同为中国三大高原淡水湖。草海是贵州省最大的天然淡水湖泊和最完整、典型的高原湿地生态系统，水草丰富。由于每年的11月至次年的4月，会有数万只候鸟从北方飞来过冬，其中尤以黑颈鹤最为珍贵，因此威宁草海又有了"物种基因库"、"天然博物馆"、"鸟的王国"的赞誉。因为草海的夏秋季和冬春季风光迥然不同，所以草海游也分为两种，即自然风光游和生物观光游。

（1）自然风光游。

时间段在夏秋季，每年的6月至10月，此时的草海里遍布新生的各种水草，放眼望去，碧绿青葱，配上洁净的蓝天，清澈的湖水，缥缈的远山，像一幅清秀的山水画。到9月至10月，无数水草盛开五颜六色的小花，或浮在水面之上摇曳，或隐于水面之下闪光，水体成为遍布水草和小花的地毯。这两个时期风景宜人，适合出游。

（2）生物观光游。

即是观鸟游，时间段在冬春季，每年的11月至来年的4月初，此时大批候鸟从北方飞来，整个草海的上游、中游及周围的农田里都是鸟，一旦水鸟受惊吓起飞，鸟群遮天蔽日，蔚为壮观。黑颈鹤是体型较大的鸟，空中姿态最为优美、舒展。这些鸟类并非我们想象的都喜欢吃鱼，野鸭喜欢吃农田里的白菜，鹳喜欢吃鱼，黑颈鹤喜欢吃草根和玉米。

2. 农业观光游

观光游览型乡村旅游中，其吸引物以农业园、特色蔬菜园、茶园、渔牧养殖基地、乡村农舍、溪流湖泊等为标的；开发者以亲近自然、走近自然为主题开发旅游项目，使游客通过观赏游览，感受宁静、自然、亲切的田园气氛，满足其在山园田野中返璞归真、回归

自然的需求。威宁环草海附近的特色农业园、乡村农舍以及菜园配上草海的水草，完全是人间仙境。

（二）积极开展体验参与型[8]乡村旅游

1. 威宁四大特色（马铃薯，烟草，畜牧业，中药材）体验游

通过马铃薯农园、烟草基地、畜牧场所、中药材基地，让游客与家人一起参与马铃薯、烟草和中药材种植过程中的简单劳作，度过一段愉悦轻松的乡村生活，体验自己劳动过程的艰辛和喜悦，之后还可以返回来收获所劳动的果实。参与四大特色体验游，提供了游客与村民交流的机会，使游客充分体验到了农家生活的乐趣和乡村居民的热情，感受到了乡村生活之美。

威宁县有先天的河谷地带、低矮的丘陵坝地以及培育优质烟叶的高原气候优势，烟草种植面积广，且成为了农民增收的"金叶子"。在威宁，许多地方都建立了现代烟草示范基地，如牛棚、秀水，先后有贵州中烟、上海、长沙烟草集团建起的优质烟基地。威宁还有着"马铃薯之乡"的美誉，举办了洋芋花节，深受游客的喜爱。秀水的人工草场从山脚铺到山头，草场上羊群成队，游客可以参与剪羊毛、挤羊奶等手工劳作。在森林广布的哲觉镇，村民种植了折耳根、百合、党参等名贵中药材，是远近闻名的中药材之乡。

开展威宁县乡村旅游的四大特色体验游，是威宁乡村旅游业中的重要组成部分。这种旅游产品的开发有很大的潜在市场，既可满足游客亲近自然、回归自然的愿望，又可丰富游客旅游的经历。

2. 登山、探险森林体验游

乡村旅游是指以农村社区为活动场所，以乡村田园风光、森林景观、农林生产经营活动、乡村自然生态环境和社会文化风俗为吸引物，以都市居民为目标市场，以领略农村乡野风光、体验农事生产劳作、了解风土民俗和回归自然为旅游目的的一种旅游方式[9]。因此，开展登山、森林探险等项目，增强了游客的参与性，激发了游客的兴趣，为游客的再次到访打下了良好的基础。

威宁平均海拔 2 200 米，是贵州省面积最大、海拔最高的县。乌蒙山脉穿越县境，2 800 米以上的山峰就有四座。若在各大高山以及森林茂密的地方开展登山比赛、森林探险等项目，让游客充分亲近大自然，深入神秘的自然放松身心，是为游客实现自我价值的旅游方式。当然，在开发此种旅游产品时，要做好旅游线路的策划、登山时机的把握以及乡村大本营的建设等，要充分保障游客的安全。

（三）广泛开展历史文化游

威宁的历史文化旅游资源丰富，如：中水汉墓群、彝族向天坟、奢香古驿道遗址、千年古刹凤山寺、明代疆界碑，以及吴三桂金殿、蔡锷点兵场、云贵红军桥等。20 世纪 60 至 70 年代，考古学者们在中水发现了汉墓群、陶品、骨器、稻谷、大坑及被扭曲了的人的骨架等远古遗留下来的珍贵文物。中水遗址包括鸡公山文化、吴家大坪遗址、红营盘墓地、银子坛墓地和大河湾遗址等。中水遗址的发现和发掘，填补了贵州商周时期考古的空白。在 2006 年的 5 月，威宁的"中水文化"正式成为"2005 年度中国大十考古新发现"之一。中水成了

夜郎文化讨论的热点。

此外，威宁革命老区——云贵红军桥也远近闻名。"一桥飞架南北，天堑变通途"，贺龙、肖克曾经率领的红二、六兵团在乌蒙山回旋战中从彝良奎香进入威宁的云贵乡和羊街镇，在洛泽河两岸住下来，并受到老百姓的热情款待。后来，为缅怀当地群众与红军的浓厚情谊，弘扬长征精神，修筑了连接洛泽河两岸的云贵红军桥。开展历史文化旅游，不仅可以弘扬中国源远流长的历史文化，还可以引导游客树立正确的人生观、世界观和价值观。历史文化这类旅游产品的开发首先要以保护为前提，遵循相应的法律法规，要做到有组织、有意识地开发。

（四）做大、做精民族文化风俗游

西南旅游区是少数民族的摇篮，毕节是西南少数民族地区中一颗闪亮的明珠，而威宁又是毕节唯一的少数民族自治县，且是贵州唯一的三个主体民族自治县。县内生活着彝族、回族、苗族等少数民族，民族风情浓郁，乡土气息淳朴。民俗文化内容丰富，比如其建筑、饮食、节日、服饰以及民族文化都独具特色。这为广大游客体验乡村民俗风情、了解民俗文化、与少数民族交流提供了机会。

威宁彝族、回族、苗族各具特色。彝族人数居全省各县之冠，说起威宁彝族，人人都会想起阿西里西故里，月琴、撮泰吉之乡，铃铛舞的发源地威宁自治县板底乡。板底有着得天独厚的原生态民族民间文化优势，有着"戏剧的活化石"之称的"撮泰吉"，2006年列入首批中国非物质文化遗产名录。其内容主要是反映彝民族生产生活过程，涉及民族、民俗、舞蹈、祭祀等领域，所表现的内容可各自独立，也可联合演出，旨在喜庆丰收，祈求平安吉祥、人畜兴旺、风调雨顺。演出道具造型古灵精怪、野气浓重。观赏"撮泰吉"，能将你带入彝族神秘古朴的文化意境，从中增智受益。此外，彝族的"火把节"热情奔放、服饰精致美观。

回族在贵州省内分布广泛，而威宁县是贵州省内回族分布最多的一个县。回族别具一格的服饰成为了威宁一道靓丽的风景线。回族的建筑清真寺在威宁的各个乡镇都可看见，规模有大有小，但都保持着自己独有的民族风格。回族的开斋节家喻户晓。

威宁苗族最盛大的节日花山节在每年的五月初五举行。这天，苗家男女老幼皆身着盛装齐聚一起，组成一个歌舞的海洋。苗族的弩箭比赛吸引了不少的游客，随着历史的进步和变迁，弩已经不再是苗家的武器，射弩已演变成一项传统的体育竞技活动。

威宁特有的少数民族旅游资源，是发展乡村旅游的巨大宝库。开发者可以让游客身着民族服装，在节日的盛宴上与少数民族演员一起载歌载舞，欢度节日；也可以通过参加少数民族婚俗表演和体育竞赛项目，使其亲自感受威宁各民族人民的诚挚和热情，体会少数民族独有的风采，丰富其旅游经历。

三、总　结

总之，威宁有着开发乡村旅游的资源优势和发展乡村旅游的契机，但同时威宁乡村旅游的发展仍然存在许多不足。本文在SWOT分析的基础上，结合乡村旅游的相关理论，整合威宁旅游资源和文化资源，着力打造威宁县乡村旅游精品景区，为今后威宁乡村旅游的发展提供了一定的思路和对策。当然，威宁乡村旅游的不足应该引起相关机构的重视，基础设施的完善、服务管理的规范、工作人员素质的提高以及环境的保护等问题应当受到重点关注。当今，乡村旅游已经在中国甚至世界普及开来，所以威宁的乡村旅游应树立"人无我有，人有我优"的意识；在保持乡村旅游原有特色的基础上，可以借鉴优秀乡村旅游的发展模式，融入贵州当地的特色，增加威宁乡村旅游的内涵。运用乡村旅游的吸引力，提高威宁乡村旅游的自然性、参与性、娱乐性、知识性，进一步发展威宁的乡村旅游，从而带动当地社会经济的发展。

参考文献：

[1]　黄郁成. 乡村旅游[M]. 北京：中国大百科全书出版社，2006，第 17 页.

[2]　苏金豹，张春萍，汤泷，等. 基于 SWOT 分析的辉河保护区生态旅游产品开发研究[J]. 森林工程，2010，（2）：27-31.

[3]　Heinz Weihrich，Harold Koonz. Management. 2005.

[4]　袁牧，张晓光，杨明. SWOT 分析在城市战略规划中的应用和创新[J]. 城市规划，2007，31（4）：53-58.

[5]　刘瑞，苏维词，滕建珍. 贵州乡村生态旅游发展构想[J]. 生态经济，2005，（6）：86-89.

[6]　金艾，陈冠霖. 乡村旅游：贵州旅游"揽金"重要增长极[N/OL]. 贵州日报，2012.

[7]　傅迎春局长 2012 年在贵州省旅游工作会议上的报告。http：//www.gztour.gov.cn.

[8]　郑群明，钟林生. 参与式乡村旅游开发模式探讨[J]. 旅游学刊，2004，19（4）：33-37.

[9]　王云才，郭焕成，徐辉林. 乡村旅游规划原理与方法[M]. 北京：科学出版社，2006.

浅析夜郎文化与长顺县广顺镇旅游业的发展

余 林

（黔南民族师范学院旅游研究中心，贵州 都匀 558000）

摘要：文化内涵是一个地区旅游业的灵魂。长顺县广顺镇为古夜郎故地，古往今来都有述说，但夜郎问题，云遮雾障，众说纷纭；夜郎文化，神秘莫测，有待发掘。笔者欲在前人研究的基础上，分析夜郎文化与广顺镇之间的关系，并着重阐释夜郎文化与广顺镇旅游业发展的关系。

关键词：夜郎文化；广顺镇；旅游业；发展

Research on Yelang Culture and Changshun County Guangshun town tourism development

Yu lin

（Qiannan normal college for nationality history and social culture department，Duyun 558000，Guizhou）

Abstract：Culture is the soul of a regional tourism industry. In the town of Changshun County guangshun for ancient yelang places, through the ages have, but one problem, hidden-away east, opinions vary；The yelang culture, mysterious, awaiting discovery. The author on the basis of predecessors' research, to analyze the relations between the yelang culture and guangshun town, and emphatically explains the yelang culture and guangshun town tourism development relationship.

Keywords：yelang culture；guang shun town；tourism；development

两千多年来，古夜郎的历史面貌，始终是一个未曾解开的"谜"。在一般人的心目中，它几乎成了一个神话的国度。"夜郎自大"贻笑百代，使世人对夜郎产生浓厚的兴趣，它正成为人们来"夜郎故地"观光和探秘的吸引物，也是社会科学界研讨的大热点。

一、广顺镇概况及旅游业发展现状

（一）广顺镇概况

（1）基本情况：广顺镇位于长顺县北部，距县城 26 公里，地处长江和珠江两大水系的分水岭，地理坐标为东经 106°18′15″—106°22′25″，北纬 26°13′26″—26°34′48″。2004 年末，广顺镇总户数为 7 542 户，总人口 31 374 人，其中：男 16 851 人，女 14 533 人；非农业人口 5 208 人，未落常住户人口 2 051 人；少数民族人口 13 916 人，占总人口的 44.36%，其中苗族 7 931 人，布依族 5 634 人[1]。

（2）旅游景点：广顺镇名胜古迹众多，主要有夜合山（宝合山）、郎山、土城墙、栈道、天灯坡、哨子山、王练冲、金竹屯、武将台、比武坝、来远村神仙洞、写字崖、马皇坡古汉墓群，金竹夜郎侯四世祖金庸墓处、广顺镇天台千年银杏等。根据最新考证，长顺境内贵州八大古镇之一的广顺镇是古夜郎故都，即夜郎政治和军事活动中心。

（二）广顺镇旅游业发展现状

广顺镇山川秀丽、空气清新、气候宜人、资源丰富、历史悠久，但其旅游业处于刚刚起步的阶段。一方面，随着近几年来该镇实施的"工业新型化、城镇特色化、农业产业化"发展战略，城镇面貌实现了跨越式发展；外环大道的竣工实现了镇区面积翻一番的目标，同时也在一定程度上改善了该镇的交通。另一方面，政府重视的程度和投资力度在加强，相关领导进行各种调研，将在长顺县广顺镇夜合山古城遗址打造"金竹夜郎文化旅游创意城"。

二、夜郎文化与广顺镇的关系

（一）夜郎国历史发展概况

夜郎是我国秦汉时期在西南地区由少数民族建立的一个国家。迄今为止，对夜郎国的结论虽不统一，但普遍默认的观点是古夜郎国大约建立于战国时期[2]。古群舸国衰微以后，夜郎逐渐强大起来，建立独立政权；楚庄跻克且兰，夜郎降，政权成为半独立状态；秦始皇统一中国，废封建，设郡县，在夜郎的土地上设置了夜郎等县，政权半独立状态就不存在了；秦亡后一段时间，名义上"始倚南越"，实际上还是保持独立；汉武帝派唐蒙通夜郎，设犍为郡，夜郎接受西汉朝廷的王位封号，政权由独立变为半独立状态，这一状态一直到夜郎王兴被群舸太守陈立所杀，夜郎国家形式便不复存在，也就是说，它的政权时限从战国到西汉。

（二）夜郎文化

"夜郎文化"在 20 世纪 80 年代末至 90 年代初就已经提出，而夜郎的许多习俗如生殖崇拜、祖先崇拜、鬼灵崇拜及夜郎人的居室建筑形式等，都一直影响着今天人们的生活。如巢居、山处、干栏这种居室建筑形式，对布依族、侗族、水族等民族的民居建筑特色的形成都产生了重要的作用。

对于夜郎文化的概念，史学界学者都有其各自独到的见解。有学者认为，夜郎文化本体是由云贵高原、特别是由生存在贵州喀斯特山地上的各世居民族的先民孕育、发展，并在历史长河中融汇了周边多种文化所形成的独具特色的山地文化。同时他们也认为，以考古学界称之为"名列前茅"的贵州旧石器遗址的出土文物与新石器时代考古成果所构成的史前文化，商周时期即以进贡"丹砂"、春秋之际又曾参加齐桓公葵丘会盟而见诸史籍的群舸与群舸文化，是夜郎文化之源头。而在夜郎国于西汉成帝和平二年（公元前 27 年）国灭后，夜郎文化也没有就此消失，却因为文化的相对稳定性传承下来，而且不断向外扩散，使夜郎文化得以流散、保存在夜郎故地各个世居民族当中，并在不断地调适、变迁里得到了新的发展。由此可知，夜郎文化不仅前有源，后有流，在形态上是一个动态发展的历史过程，也是一个包括前夜郎文化、夜郎文化本体以及后夜郎文化的大系统，也就是说，夜郎文化不能局限于夜郎国存在的这一时期，还包括其文化产生之前，对其有影响的文化和其消失后得到继承和发展的文化。

亦有学者认为夜郎在汉代以后，就不是真正的夜郎古国了。因为在这一时期以后的夜郎只不过是一些朝代以"夜郎"命名的郡县名，所以其与古夜郎国几乎没有什么关系，就仅仅是一个地名而已。因此，认为夜郎文化应该是一个特定的概念，指的是夜郎古国的文化，或者说是那个曾经被误为"夜郎自大"的文化。

笔者赞同第一种说法，夜郎文化即是夜郎时期的各个民族与后居住在夜郎故地上的各个民族受到相邻的滇文化、楚文化、巴、蜀等文化的影响因而共同创造出来的，以及在其消失后由各个民族所继承和发展的，亦是夜郎与周边各个地区相互影响的结果。之所以赞同，是因为广顺镇便属于夜郎故地和夜郎文化圈的缘由，笔者将在下文进行论证。

（三）广顺镇属夜郎故地

1. 有史可查

有关史籍早已考证，长顺县广顺镇与夜郎国的政治中心夜郎邑有着密切的关系[1]：

（1）清朝著名学者、西南巨辱郑珍在编纂"天下第一府志"《遵义府志》时考证："夜郎国都，演变不出今安顺、长顺间。"

（2）当代史学家王燕玉在《贵州史专题考—夜郎沿革考》中叙："夜郎国都，《郑志》的考证很有道理，演变不出今安顺、长顺间。"王燕玉还考证："（夜郎）国邑夜郎邑，即汉夜郎县所在，是今安顺县范围，东南迤及广顺境。"

（3）清朝著名学者、《聊斋志异》评论家但明论在编纂《广顺州志》时载："战国时，广顺为夜郎国。"

（4）《贵州古代史》考定："原安顺县及今长顺县广顺镇一带，是夜郎国的政治中心夜郎邑的所在"。

2. 有物可证

在长顺县广顺镇，发现了两个较大的古墓群，还陆续发现了大量的古代文物、夜郎古碑和部分城墙遗址，通过考古研究，这些历史财富均与失落的夜郎文明有着密切的关系[3]。

（1）物证之一：金筑夜郎侯四世墓。

广顺镇内的宝合山后坡有一古墓，其碑文为"金筑夜郎侯四世祖讳镛墓"，当地群众称之为"夜郎侯四世墓"。

（2）物证之二：夜郎王牌位。

在长顺县广顺镇北场村马鞍山脚的金氏祠堂，大堂上曾立有两块碑位："汉始祖夜郎金筑王讳多同位　明一世祖金筑安抚使讳密定位"。

（3）物证之三：夜郎《春秋祀典仪容图》。

夜郎祭祀《春秋祀典仪容图》，木刻实物，年代不详，为金氏家族祖传物。顶部刻印着两排字："金筑夜郎王　金筑安抚司"。经专家研究考证，这种木刻"夜郎祭祀图"，为贵州境内首次发现。

（4）物证之四：长顺县交麻乡洞葬悬棺。

据文献记载和专家考证，悬棺是古夜郎地区濮人部落的一种葬式，他们推行"界之幽岩，秘而无识"的葬俗，这种葬式是将棺木放置在悬崖峭壁上的天然石洞中。长顺县交麻乡格凸河山洞中，至今仍保留数十具古代濮人悬棺，有些棺内还可见死者身着的蜡染衣裙，棺外有土瓷、陶罐、葫芦等生活用品。

2005 年 11 月，贵州民族学院西南文化研究院外教日本学者山口八郎先生追寻夜郎到长顺县广顺镇时，对广顺镇残存的夜郎文明给予了充分的肯定。《黔南州志·地理志》中认定："今安顺市及黔南州长顺县广顺镇一带，是夜郎国政治中心夜郎邑的所在"。由此可见，从清代学者到当代的史学家，都倾向于夜郎邑在长顺县广顺镇。

三、广顺镇发展夜郎文化旅游圈的有利条件

（1）神秘的古夜郎国提供了构建夜郎文化旅游圈的科学依据。

夜郎是两千多年来人们一直孜孜以求解答的历史之谜。夜郎古国同我国历史上许多民族、国家一样，经历过形成、发展、融合、消亡、流变的过程，为中华民族多元一体文化的形成做出过自己的贡献。有关史料或遗迹证明，广顺属夜郎故地，给广顺镇发展夜郎文化旅游圈提供了科学的依据。

（2）神奇的夜郎文化为构建夜郎文化旅游圈拓展了广阔空间。

夜郎所创造的文化，是古代西南民族文化的奇葩，其所蕴含的全部价值，既体现在它存在的两千多年前的客观史实，也体现在科学地认识和利用它持久不衰的魅力和人们对它弥久愈新的关注。在神秘、神奇、古朴而又多姿多彩的夜郎文化中，可以作为旅游文化资源来开发的东西是十分丰富的。

（3）长顺县广顺镇相关领导班子对发展夜郎文化旅游圈的重视。

长顺县相关领导到广顺镇夜合山"金竹夜郎"古城遗址进行现场调研，对"金竹夜郎文化旅游创意城"的规模及设计表示肯定。广顺夜合山"金竹夜郎"遗址留给世人的不仅仅是物质上的财富，更是精神上的财富，对古夜郎文化的打造，是在抢救和保护历史文化，让更多的人参与到保护历史文化名城的行动中来。此外，广顺镇还在各个节日（六月六、四月八、春节等）中举办夜郎山歌比赛及夜郎文化演出节目，让更多的人都知道和了解夜郎文化。

四、广顺镇发展夜郎文化旅游圈的制约因素

（1）夜郎文化的界定比较模糊。

夜郎的中心位置，至今尚无定论，学术界的分歧亦很大[4]。夜郎文化的界定问题，在本质上说是如何使广顺成为夜郎文化的中心，尽管众多史料和遗迹证明广顺属夜郎故地，但是很多地区都在打造夜郎文化旅游产品。例如：云南为抢占夜郎文化的品牌，在滇文化与夜郎文化交界处的会泽兴建夜郎王城；贵阳市白云区已建成夜郎贵州文化园的主题公园；贵州桐梓县已经在旅游上打上了"李白夜郎"的品牌等等。而长顺县广顺镇现有的各种条件，是广顺镇大部分行业发展的瓶颈。因此，要使广顺成为夜郎文化的中心，任重而道远。

（2）夜郎文化旅游地的可进入性差。

广顺镇处在中国大西南的贵州省黔南布依族苗族自治州长顺县，地理位置偏僻。虽然广惠路、贵广路、广顺至安顺以及广顺镇刚刚竣工的外环大道等都可以直接通行，但总体来说贵州省的交通还是比较落后，那么广顺镇交通也就可想而知了。由于贵州旅游资源（包括夜郎文化旅游资源）的可进入性差，导致人们前来旅游的旅行费用和旅行时间成本增加，同时也导致人们前来旅游的出游率低。因此，夜郎文化旅游地的可进入性，也是发展广顺夜郎文化旅游的一个重要的制约因素。

（3）住宿设施少，而且档次低，不能满足接待的需要。

长顺县稍微像样点的住宿设施仅有九九大酒店，虽然还有其他一些酒店、宾馆、家庭旅馆等，但是其标准还远远落后于旅游饭店的标准。而广顺镇目前仅有文昌酒店这一家设施较好的住宿酒店，该镇住宿设施少之又少，根本不能满足旅游业的需求。这也是发展广顺夜郎文化旅游的其中一个制约因素。

（4）其他因素。

一方面，购物设施差，旅游商品商店数为零；安全卫生设施不全（特别是穿镇而过的玉带河）；商务设施（如：传真、文件打印设施、会议中心等）不健全；交通设施很差；娱乐设施（如歌舞厅、卡拉 OK 厅、桑拿浴、健身房等）严重不足。另一方面，人们的旅游观念和意识差；旅游管理人员和旅游从业人员数量少、素质低；旅游资源开发深度不够；旅游市场不够规范；接待能力有待提高；旅游与旅游相关部门之间的协作还需进一步加强等。这些都是广顺镇发展夜郎文化旅游的制约的因素。

五、长顺县广顺镇发展夜郎文化旅游圈的策略

（1）大力抢修穿镇而过的玉带河。

玉带河曾经是广顺镇的母亲河，但是由于各种各样的原因，玉带河失去了以往的魅力。广顺镇相关部门应带领全镇人民搞好玉带河的卫生，从全镇人民开始做起，爱护这条母亲河，让它更具魅力。只有一个漂亮洁净而有文化氛围的城镇，才能吸引游客的眼球，让游客有来这里旅游的欲望，才能具备打响"夜郎古镇"口号的条件。

（2）大力挖掘夜郎文化遗址遗迹，打造夜郎文化品牌。

大力收集有关夜郎文化和金氏家谱的资料，建一个夜郎文化展览馆、寻找历史遗迹、重新整修该镇宝合上后坡古墓（金筑夜郎侯四世祖讳镝墓）、建设相关设施，与长顺县交麻乡洞葬悬棺结合起来，再加上广顺镇的写字崖、马皇坡古汉墓群等，形成一个系统的历史文化遗址旅游地，作为人们来"夜郎故地"观光和探秘的吸引物，这样就有可能会带动广顺镇旅游业的发展。

（3）打造金竹夜郎文化。

夜郎的竹文化有着深厚的文化底蕴，象征着夜郎民族的崇尚与寄托，夜郎的民风民习与竹有着不解之缘[5]。该镇可建竹屋、制竹器、竹工艺品、芦笙、箫、笛，还有通常可见的竹筒、竹箩、竹椅、竹床、竹筷等作为宣传金竹夜郎文化的工具，这便可与广顺镇四寨村的苗族文化相结合，在一年一度的"赶花场"上发挥其作用。该镇也可利用玉带河穿镇而过的优势，打造出用竹排在河中行驶、顺流而下的旅游项目。这样既宣传了金竹夜郎文化，又给广顺镇带来了一定的经济效益，促进其旅游业的进一步发展。

（4）打造夜郎铜鼓文化。

铜鼓是布依族民族历史最直接的见证物，是一本无字的布依族民族历史，布依族不仅仅把铜鼓看成是一种乐器，而是一个民族的"神灵"、"宝器"[6]。在旅游业中，铜鼓文化已经被广泛利用。该镇可利用铜鼓文化与夜郎文化的结合以及古夜郎人及其传人物质文化中的衣食住行、生产劳作，就可以打造出供旅游者体验的生活，从而形成体验参与型的旅游产品。

（5）打造夜郎的习俗文化。

夜郎民族有其特色的婚俗、葬俗、节日，可成立一个表演班组，定期或不定期的在该镇夜郎大道的舞台进行表演展示，也可让旅游者参与，这样就可提升为应对市场的高雅艺术或大众艺术。另外，广顺镇在各个节日（六月六、四月八、春节等）中可举办夜郎山歌比赛及夜郎文化演出等节目，并让来自各个地方的人们参与其中。

（6）宣传夜郎民族的图腾。

夜郎民族的图腾几乎囊括了中国古代南方少数民族的图腾，如火、竹及其演变的生殖崇拜、牛、虎、蝴蝶等，都可以作为旅游文化的元素加以利用。竹王被夜郎民族奉为神，其出世的神话，既是夜郎竹文化产生的依据，又被夜郎竹文化赋予了神话的色彩。

（7）其他策略。

进一步强化人们的旅游意识；加强旅游人才培养，提高旅游从业人员素质；积极挖掘，深层次建设夜郎文化旅游项目；加快开发挖掘夜郎文化，加大夜郎文化与旅游的深度结合；着力提升其文化的内涵，打造夜郎文化特色，创造独特的品牌；合理开发旅游资源；加强宣传力度；加强部门协作配合，形成旅游开发的合力。

总之，当今旅游业的发展趋势表明：文化在旅游资源中所占的比重越来越重，广顺镇甚至贵州省旅游业的兴旺，必须借助夜郎文化的烘托。而夜郎文化就笔者看来，就是一种崇高的精神。五百年前明朝的开国大臣刘伯温曾说过："江南千条水，云贵万重山，五百年后看，云贵赛江南。"相信贵州旅游业的明天一定会更好，广顺的旅游业也会随之蒸蒸日上。在今后开发夜郎文化旅游圈的时候，加强各方面与省情相结合，使夜郎文化成为广顺旅游业的支柱，使旅游的发展真正惠及人民群众。

参考文献：

[1] 沙先贵. 长顺概览[M]. 贵阳：贵州民族出版社，2005.

[2] 王义全. 夜郎研究述评及新主张-夜郎中心黔南说[J]. 黔南民族师范学院学报，2003（1）：95-98.

[3] 刘胜康，熊宗仁，王子尧. 中国西南夜郎文化研究文集（卷1）[M]. 贵阳：贵州民族出版社，2007：237-238.

[4] 唐文元，刘卫国. 夜郎文化寻踪[M]. 成都：四川人民出版社，2001.

[5] 刘胜康，熊仁宗，王子尧. 中国西南夜郎文化研究文集（卷2）[M]. 贵阳：贵州民族出版社，2007：55.

[6] 蒋英. 布依族铜鼓文化[M]. 贵阳：贵州民族出版社，2006.

云舍土家村旅游发展现状及对策研究

陈佳湘

（黔南民族师范学院旅游研究中心，贵州　都匀　558000）

摘要： 旅游业是现代经济发展中势头最强劲、规模最大的产业，已经成为第三产业的先导性产业。旅游业在推动经济增长、调整产业结构、扩大消费需求、带动社会就业、塑造城市形象等方面都有着十分重要的作用。为了更好地促进云舍土家村旅游的健康持续发展，本文从当地旅游发展的概况、资源开发利用的现状、发展中存在的问题等方面进行论述，采用了 SWOT 分析方法分析，提出了相关对策，以期有利于云舍土家村的旅游发展。

关键词： 云舍土家村；旅游发展；分析；对策

yunshe tujia village tourism development present situation and countermeasure research

chen jia xiang
（Qiannan Normal College of Tourism Research Center，Duyun　558000，Guizhou）

Abstract： Tourism industry is the modern economic development momentum，the strongest and largest in the industry，has become the guiding industry of the tertiary industry. Tourism in promoting economic growth，adjusting industrial structure，expanding consumer demand，driving social employment，shaping the image of the city has a very important role. In order to better promote the health of the yunshe tujia village tourism sustainable development，this article from the development situation of the local tourism，the situation of the exploitation and utilization of resources and the problems existing in the development，this paper used the SWOT analysis method to analyze，put forward some countermeasures，in order to help yunshe tujia village of tourism development.

Keywords： yunshe tujia village；　tourism development ；analysis；countermeasures

一、前　言

伴随着社会的进步、经济的发展，在全球化、信息化、城市化推动之下，旅游业的发展更是取得前所未有的成绩，中国开始步入了全民旅游时代，并且前景一片光明。然而经济的发展、人们生活节奏的加快、生活环境等也让旅游者越来越喜欢选择恬静自然的旅游地，具有原始淳朴的民俗风情的风景区。贵州省江口县云舍村，坐落于巍巍梵净山下，有着古朴、典雅、独特的民俗风情和土家族千年的文化历史。本文通过对云舍土家村旅游发展现状的调查，找出发展过程中所存在的问题，提出相应的对策。为当地旅游发展提供参考，促使当地旅游走上可持续发展道路。在吸引更多游客的同时宣扬和传承优秀的土家族少数民族文化，让更多的人来感受古朴、浓郁的土家风情。

二、研究方法

本文针对云舍土家村旅游发展的具体现状，采用 SWOT 分析方法为主，并以文献查阅、典型调查、网络搜集、实地考察、访谈等多种方法相辅助。

三、云舍土家村旅游发展概况

（一）区位概况

贵州省江口县太平乡云舍土家村坐落在梵净山太平河风景名胜区内被誉为"天堂河谷"的太平河畔，距江口县城 7 公里，距梵净山南山门 23 公里，全村总面积 4 平方公里。

（二）资源概况

1. 自然资源

云舍村有着得天独厚的自然生态环境，它坐落在国家级保护区梵净山脚下，风景如画太平河畔。云舍依山傍水，美景如画，传说是仙人居住过的地方，寨后有长达数十公里的仙人洞、嘎嘛洞，洞内景观各具其异、鬼斧神工、千奇百怪。有瞬间变化莫测的神龙泉，人声呼叫才的"轰鸣泉"等神秘的自然现象，还有数公里长的云崖大峡谷幽境景观等。

2. 人文旅游资源

（1）历史文化。

云舍土家族上千年的悠久历史。战国时，"楚子灭巴，巴子兄弟五人流入黔中，汉有天下，名曰：西、辰、巫、武舞、沅五溪，各为一溪之长，号五溪蛮。"云舍土家族为辰水先民在此繁衍生息。而今特点和独到之处就是，通过历史演变，土家先民与其他民族先民交往、融合，通婚联姻，云舍土家族仍保留着自身民族遗传、遗留的民族习俗，这里是中国土家族上千年的历史、文化再现。传说"云舍"土家山寨曾经是仙人居住的地方，仙人因土家百姓勤劳、勇敢的精神而感动，移居到后山的仙人洞居住，把肥沃的土地让给了土家百姓，土家人为了纪念仙人的功绩，把寨子取名"云舍"。寓意为"云中的房舍，仙人居住的地方"。实际"云舍"二字是取源于土家语，意为"猴子喝水的地方"。

在这个神奇的村子里蕴藏着深厚的文化历史。这里有被誉为"中国戏剧活化石"的傩文化，有被誉为"东方迪斯科"的摆手舞，有金钱杆、茶灯、毛古斯等丰富多彩的艺术文化，有蔡伦的土法造纸、唐代的水排作坊、明末清初的筒子屋、四十八脚庵第一脚庵等。

（2）民俗风情。

在漫长的岁月中，云舍土家族仍然保留着自身民族的风情习俗。独具本民族特点的服饰，佩戴谐调美观，艳丽雅致。民族传统节日很多，几乎每个月一天或几天，除了共同的春节、元宵、端午、中秋、重阳等外，土家特有的"赶年"、"过社"、"清明"、"立夏"、"四月八"、"六月六"、"七月半"等传统节日丰富多彩。云舍封建朝代遗传的农耕农作，土家织锦，手编工艺，唐代流传的水排和作坊。古朴、典雅的土家民风民俗。"冲傩"、"还愿"体现祖先崇拜的"祭祀土王"，神秘原始的"祭风神"，对万事万物皆有神灵的信仰，热闹风趣的"打闹"，欢乐祥和的"建房礼词"，亦歌亦泣的"哭嫁"。"闹丧"跳起丧舞，唱起闹丧歌，送亲人至"天堂"。源于原始巫术，驱除鬼疫的傩堂戏。伴随着生产劳动所产生的"打闹歌"、"上梁歌"、"土歌"、"情歌"、"盘歌"、"打溜子"、"毛古斯"、"金钱杆"、"猴儿鼓"、"八宝铜铃"、"摆手舞"、"花灯"、"农灯"、"彩龙船"都显示出云舍土家人的古风习俗。对生产、生活和文艺现象的强烈渗透。

四、云舍土家村旅游开发利用现状

（一）原始性，资源利用率低，开发程度不高

整体来说，云舍土家村旅游资源十分丰富，具有吸引力和独特性。但在发展旅游的时候，当地并没有充分利用好这些得天独厚的优势，开发程度也不高。仅局限于农家乐，来的游客大多吃吃农家饭菜。

（二）落后性

1. 地方经济发展落后

云舍村作为西部地区的一个少数民族贫困小村，经济发展落后，人民生活水平有待提高。

2. 基础设施不健全

云舍村地处偏远山区，经济发展落后，在交通、住宿、信息、停车场、公共厕所等基础设施方面的投资少，还需要建立和健全。

3. 管理水平低下

由于当地旅游管理人员大多是本村的农民，文化水平比较低，缺乏经营管理理论和实际的研究，无法很好的带动当地旅游的发展。

4. 服务质量不高

当地旅游服务的从业者基本是闲居在家的农村居民，文化素质普遍不高，缺乏经营意识、服务意识、创新意识。且由于旅游培训工作未能及时全面跟上，对服务意识和服务技术的把握还不够成熟，与旅游接待服务的要求存在较大差距。

（三）单一性

旅游的六要素包括吃、住、行、游、购、娱。而来云舍村旅游的游客们大多无法很好的体验这些，基本上只局限于"吃、游"和少量的"娱"，还谈不上"住、行、购"。在这里，人们一般就吃一下农家饭，参加一些篝火晚会等。

（四）知名度低

1. 宣传力度不够

现在已不是那个"好酒不怕巷子深"的时代了。旅游的经营管理者对外界的宣传力度不够，没有让更多的人认识和了解这个地方，只停留在所谓的"回头客"上。在旅行社的旅游线路上也没有很好的推介，无法吸引更多的游客。

2. 客源市场小

虽然这里拥有着十分美丽的自然风光和独特的历史和民俗文化，但由于知名度低，以至

于来游玩的客人大多是景区周边的旅游者。客源单一，客源市场有待开发。

五、云舍土家村 SWOT 分析

（一）优势分析

1．资源优势

云舍有山水、溶洞自然风景和悠久的文化历史，当地淳朴的民俗风情更是无法复制的亮点。

2．旅游发展取得一定的进步和成绩，发展旅游的潜力大

云舍土家民族村有 700 多人，全都是土家族，在 435 家农户中有 126 家从事乡村旅游接待，2002 年以来云舍村结合旅游扶贫和社会主义新农村建设，一手抓农副业种植和养殖，一手抓乡村旅游资源开发，大力推进社会主义新农村建设，取得了丰硕的成果。全村农户家庭总收入从 2002 年的 459.5 万元增加到 2005 年的 680 万元，增长了 48%，户均收入超过 1.5 万元，人均纯收入从 2002 年的 1 660 元提高到 2005 的 2 180 元，增长了 32.5%。旅游开发前，从事农业的劳动力占 90% 以上，从事服务业的不到 10%；2002 年发展旅游业后，全村直接从事旅游的人数达 136 人，间接从事旅游的人员有 428 人，占全村总劳动力的 44%。旅游经济的发展，农民收入的增加，使云舍村的面貌焕然一新，全村实现了"五个 100%"，即电视入户率 100%、自来水入户率 100%、儿童入学率 100%、计划生育率 100%，70% 的农户安装了程控电话，电脑上网进入农户，户户有手机。2002 年，云舍村被纳入国家旅游局、省旅游局帮扶点，通过几年的发展，云舍的乡村旅游现已初具规模，2004 年被省政府定为"全省乡村旅游示范点"，2005 年被国家旅游局批准为"全国农业旅游示范点" [1]。

（二）劣势分析

1．产品缺乏品牌

村里的活动主要停留在常规项目上，产品单一雷同。一般都是在几间房子里面，喝喝茶、打打牌、吃吃饭。土家的特色文化没有充分挖掘出来[2]。

2．缺乏专业的管理人员，经营理念陈旧，服务意识薄弱，导游队伍缺乏

云舍景区目前能上岗的有 4 名导游，其中 1 名为表演主持人兼导游，1 名负责营销部工作兼导游，2 名负责民俗舞蹈演出兼导游；由于都是兼职导游工作，这次长假期间基本上没有多余的时间来从事景区的导游工作，缺乏导游的引导，游客对云舍的认知度不够深，满意度不高。

3．知名度低，客源市场小

由于宣传投入的资金、精力不够及宣传方式不合理，加之地处偏远山区等原因，使得其影响力小、知名度不高，多局限于周边的旅游者去游玩。

4．基础设施不健全

周边公路交通、信息设施、接待环境都是有限的。进寨路途远，游客普遍感觉疲劳，放车辆进寨，容纳不下，只能停在进寨公路上。

5．旅游商品开发滞后

当地地方文化灿烂，品种丰富，特色鲜明。米豆腐、牛干巴、豆腐干等都是许多人去那里必买的东西。但是在旅游开发方面却未能很好加以利用，在整个云舍村内，尚无一家特色

旅游商品购物店。

（三）机会分析

1. 政策机遇

政府集资，大力引进外资。自 2005 年起，全铜仁地区每年引进的项目中，民族文化产业项目已占到总项目的四分之一左右。通过集资、融资等办法开发了松桃苗王城村寨和瓦窑苗族花鼓舞村寨、江口云舍土家族村寨、思南郝家湾土家族石头村寨、石阡楼上古寨和尧上仡佬族村寨等民族文化村。

2. 我国经济社会的发展变化

随着国民经济的持续健康发展，人们可支配收入增加，使得出游的人们越来越多，为旅游的发展提供了良好的机会。

近几年，随着居民的经济收入不断增多，国家法定假期增加了清明、端午、中秋三个小长假，部分企业也在实行带薪休假的政策，这些使得居民的可支配收入和时间都有所增加，加上各相关部门相继采取了赠送景点门票、航空和酒店折扣等刺激消费的政策，进一步刺激了居民外出旅游需求的增长[3]。

（四）威胁分析

1. 市场竞争日趋激烈

在旅游业发展的同时，旅游行业的竞争也愈发激烈。周边省市的旅游业发展迅速，在一定程度上使客源分流。比如云南和四川的旅游发展非常突出，具有相似点的临近城市凤凰和凯里的旅游业发展也很快。

周边省市旅游资金充足、对旅游的投入极高。而云舍本身地处贫困小县城，对旅游发展均形成了一定制约。

2. 开发与保护之间的矛盾

旅游的发展使得来往的游客不断增多，其中有些低素质的人乱丢垃圾、肆意图画，使得原本古朴雅致的村寨变得垃圾满目，致使旅游资源得到充分开发的同时其生态环境也遭到破坏。所以必须掌握好两者之间的关系，在保护好生态环境的前提下去开发，坚持走可持续发展的道路。

随着当地人们经济收入的增长，一些高耸的新式砖房、修葺如新的院墙、标牌、水泥路面等与原始淳朴的土家文化不协调的特征不断增加。这对于那些旅游经历丰富、鉴赏能力强的游客来说，是不能够满足他们内心强烈的求知求奇心理需求的，这样的地方必将逐渐失去吸引力[4]。

六、云舍土家村旅游发展对策

（一）发展定位

许多学者认为确定一个地方的旅游发展定位应该从两方面考虑：一是中长期内旅客的旅游产品需求；二是本地区发展旅游产业的资源优势。所以根据以上两方面加之这个地方的经济发展水平、城市建设、地理位置、历史文化等人文因素，设计符合自己的旅游发展道路。

因此对于云舍土家村旅游发展的定位，应坚持以当地自然美景为依托、以民俗风情为灵魂、以历史文化为点缀的生态民俗文化游作为核心吸引点。大力开发少数民族歌舞、民族节日、民俗、服饰、婚嫁、特技绝技以及工艺，结合特色村寨文化、自然山水和田园风光，努力构建独具特色的民族文化旅游体系。开发出具有传统特色的手工艺和特色农产品。保持本色、突出特色，做到人无我有，人有我优，把它打造成当地乃至全国生态与文化并重的特色民族民俗旅游发展的亮点，成为旅游者心中真正的"中国土家第一村"。

（二）市场定位

主要市场应定位于铜仁地区大众休闲观光度假市场和全国特色民族民俗旅游市场。在市场方面以最具特色的民俗文化旅游市场为先导，带动大众休闲观光旅游市场与养生度假旅游市场共同发展。

（三）开发主题形象定位

云舍土家村景观秀美，青山、绿水、溶洞、田园、村寨，构成一幅美轮美奂的乡村田园山水画。天然的乡村大地景观加上淳朴的土家民俗风情和千百年传承的民族文化，足以成为一个让人们心驰神往的旅游地。

在开发与保护并重的前提下，充分挖掘出最具特色和吸引力的景观，凸显出土家民俗文化风情，使之成为以特色民族民俗文化旅游为核心的主题化的观光休闲度假旅游区。

（四）功能分区

旅游地实行功能分区的一个重要任务是为了保护资源。保护是手段，利用才是目的，为了更好地利用，所以必须进行保护，旅游地功能分区是保护与开发的统一[5]。云舍土家村主要可分为三大功能区：入口服务区、观光文化区、土家风情体验区。

七、建设内容

（一）入口服务区

1．规划思路
入口服务区位于村口，向游客提供全面系统的旅游服务，并起到引景功能。
2．建设规划
（1）标志景观：在入口处规划标志景观，引导游客进入景区。
（2）游客中心：按相应标准建设游客中心，向游客提供全面系统的旅游服务。具有接待、餐饮、购物、信息平台、旅游商务等功能。
（3）生态停车场：游客中心规划景区停车场地，作为游客自驾游、旅游大巴等外来车辆停放点。

（二）观光文化区

1．规划思路
（1）自然风光游：气象预测站神龙潭-神秘的龙塘河-轰鸣泉-仙人洞。让这些纯天然的美景带给游客视觉和心灵的震撼。

（2）历史文化游：蔡伦古法造纸-唐代的水排作坊-明清筒子屋-形似迷宫的巷道-传统的土家织锦、手工编艺。这些原始的、传统的建筑和工艺都是土家族上千年历史文化的缩影。

2. 建设规划

（1）完善各个路口标志标牌，为游客提供向导。

（2）土家民俗工艺坊：根据土家族丰富的民俗工艺，比如土家织锦、手工编织、古法造纸等形成一个个动态的工艺展示场馆，供游客参观。

（三）土家风情体验区

1. 规划思路

土家风情体验区主要吸取土家村寨特色文化、打造土家歌舞文化、戏剧文化情景体验场所。

2. 建设规划

（1）土家文化情景表演馆：将土家的拦门酒劝酒歌-红蛋吊坠-土家婚俗表演-土歌情歌对唱-跳摆手舞和毛古斯-祛除鬼疫的傩堂戏按原地域文化背景形成情景表演，让游客参与其中，与当地人们融合在一起，让淳朴典雅的少数民族风情形成最具特色的土家品牌。

（2）土家美食苑：将当地特色的食品纳入其中，最著名的有红粑、糍粑、米豆腐粑，泡萝卜、酢萝卜、酸萝卜，酸茄子、酸豇豆、酸面辣子，泡辣子、糟辣子、糍粑辣子，面肉、扣肉、回锅肉（俗称三大碗），游客不仅可以一饱口福还能亲自参与制作，体会云舍丰富多彩的饮食文化和独特的民俗风情。

八、建 议

（1）旅游发展必须坚持走可持续发展道路，开发与保护并重。

（2）注重与周边景点的联合配套，利用其处于梵净山和太平河的门户位置，与此构成一个旅游整体，互相呼应，从而增强自身的竞争力和吸引力。

参考文献：

[1] 周俊. 关于乡村旅游与社会主义新农村建设的思考[J]. 中国民族大学学报（人文社会科学版），2007，（03）：25-27.

[2] 吴兰书. 对云舍村乡村旅游发展思考[J]. 处长下基层，2011，（08）：16-18.

[3] 李天元. 旅游学概论[M]. 天津：南开大学出版社，2003（05）：118-119.

[4] 张丽妮. 论民俗文化在旅游产业发展中的前景[J]. 湖北：湖北经济学院学报，2011，（09）：47-48.

[5] 李金，张跃西. 乡村旅游生产力空间布局及功能分区初探[J]. 西南大学，161-166.

三都水族自治县旅游业发展探析

舒子谦[1]，杨盛望[2]

（1. 黔南民族师范学院图书馆，贵州　都匀　558000）

（2. 三都县民族中学，贵州　三都　558000）

摘要： 随着社会经济蓬勃发展，人民生活水平和精神需求不断提高。工作和休闲、定点生活和移动生活相结合，旅游成为现代人们生活时尚。三都水族自治县境内旅游资源丰富，但是，由于当地教育水平不高，经济落后，旅游业起步晚，投资有限，基础设施建设薄弱，政府主导力不强，体制不完善，相关部门各自为政现象还十分严重，这些问题仍然制约着三都水族自治县旅游业的发展。本文就三都水族自治县旅游业发展现状、存在的问题、发展对策三方面进行探析。希望为三都水族自治县旅游业及水族自治县经济发展提供参考。

关键词： 三都旅游业；旅游市场；旅游产品；乡村旅游；民族民俗

The tourism development analysis of Sandu shui autonomous county

Shu zhi qian[1]，Yang Sheng wang[2]

（1. Library，Qiannan Normal University of Nationalities，Duyun 558100，Guizhou）

（2. Sandu County Ethnic Middle School，SanDu　558100，Guizhou）

Abstract： With the rapid development of the social economy. People's living standard and spiritual demand are improved. It is a modern for people's lifestyle which Work and leisure，the combination of fixed and mobile life，tourism. There are rich resources of tourism in Sandu shui autonomous county.However，there are many serious seasons hinder the development of Sandu's tourism economy. For example，the level of local education is very poor and the economy is backward.The tourism industry was started late and the investment is limited.The construction of infrastructure is weak. The government dominant force is not strong. The systems are not perfect. The phenomenon of fragment is so serious for related departments and so on. In this paper，it will analyze the sandu's development of present situation，exist problems and the development of countermeasure. Hope it can provide references for the increase Sandu's tourism and economy.

Key word： Sandu tourism；Tourism market；Tourism products；country tourism；national Folk custom

　　在经济和文化爆炸时代，人们追求更高的精神满足感，旅游成为当前很多人选择的活动方式。旅游业被称为 21 世纪的"绿色产业"[1]。所谓旅游业是以旅游市场（旅游需求）为对象，为旅游活动的开展创造有利条件，并向旅游者提供所需商品及服务的综合性产业[2]。目前，全国各地大力发展旅游，旅游业逐渐成为支柱产业。三都水族自治县地处西南鲜为人知的一隅，各项基础设施薄弱，发展速度缓慢，境内拥有丰富的旅游资源，应抓住正在蓬勃发展的旅游业，使其成为三都水族自治县的支柱产业。近年来三都人民政府努力在发展旅游业，社会各界也在关心三都旅游业的发展，很多关心三都旅游业发展的学者和专家对三都发展旅游业做了很多相关研究，本文在此基础上再做相关探究，希望能给三都水族自治县旅游业发展提供参考。

一、三都水族自治县旅游业发展概述

（一）三都水族自治县区位优势

三都水族自治县是全国唯一的水族自治县，位于贵州省黔南布依族苗族自治州东南部，距省城贵阳 230 公里，距州府都匀 85 公里，全县总面积 2 400 平方公里，辖 10 镇 11 个乡。国道 321 线横贯县境，贵广高铁、厦蓉高速过境，北通全国优秀旅游城市——都匀市，东通向榕江、从江的 G321 国道，连接旅游业发展比较成熟的黔东南地区，南面接国家级旅游景区的荔波县，境内蜿蜒婀娜多姿的都柳江通向珠江。三都水族自治县是河道运输和陆路交通兼备的县市，是泛珠三角经济圈重要交通要道之一。

（二）三都水族自治县旅游资源简况

旅游资源是一个地区发展旅游业的基础，凡能够吸引旅游者产生旅游动机，并可能被利用来开展旅游活动的各种自然、人文体或其他因素，都可称为旅游资源[3]。三都水族自治县山水风光、历史文化遗产、民族民俗文化等丰富的旅游资源，尤其是水族的唯一性，具有独特的魅力。

1. 山水风光

三都水族自治县自然风光主要以"一山一水"为中心，即尧人山国家森林公园和都柳江省级风景名胜区。

2. 历史文化遗产

三都水族自治县历史文化资源丰富，有贵州"新疆六厅"故城遗迹之一的都江古城垣、羊福崖墓、布仰摩崖、九阡镇石板寨抗日旧址、九阡镇梅采寨岜丢山九阡水族起义遗址、引朗石棺墓群、甲找石棺墓群和尧人山太平天国遗址等。

3. 民族民俗文化

民俗，是一个民族和地域中广大民众所创、享用和传承的生活文化[4]。民族民俗文化主要是指各民族在长期生活中形成的各种民族节日、民族风情、民族生活习性以及形成的特定的文化。水族主要节日有端节、卯节、敬霞节，水族民俗民风活动——婚嫁、丧葬等活动具有浓重民族色彩。同时，水族人民也过汉族传统节日——元旦节、春节、清明节、端午节、中秋节等。在各种节日或民俗活动，水族人民着节日盛装，用美酒佳肴款待客人。此外，水族地区人民特有的饮食文化也吸引海内外客人。

4. 民族村寨

民居随着山势的起伏，巧妙地组合于青松翠柏之间，使建筑物与山、水、泉、林、田园有机地结合起来，组成了一幅"入村不见山、进山不见寨"的山野村居图，形成了"天人合一"的优美、宜人、质朴的人居环境。在此繁衍生息 300 余年的水族同胞，至今仍保留和传承着水族图腾崇拜、宗教信仰、民族习俗、生活习性和文化艺术。

（三）三都水族自治县旅游业发展现状分析

1. 旅游业现状

2011 年底，荔波深黔山水旅行社有限责任公司三都分公司正式挂牌成立，这是三都县首家注册成立的旅行社，也是目前三都唯一一家旅行社。作为在三都县首家注册成立的旅行社，深黔山水旅行社有限责任公司将把独特的经营理念、先进的管理模式和优秀的企业文化带到三都，为三都县旅游发展注入新鲜血液，同时对推动荔波、三都两地旅游产业共同繁荣发展起到积极的作用。

目前，三都水族自治县境内酒店，二星级的有黄金大酒店和怡心宾馆，2010年福丰酒店是唯一一座4星级酒店入驻三都，其他没有评星级的各种大小酒店40余家。

三都水族自治县位于都柳江畔，四面围着高山。G321国道通向州府都匀市和连接榕江县通向东南，S206省道连接旅游业开发较早和发展比较成熟的荔波县，S312省道是独山至荔波的主要通道。夏蓉高速公路和贵广高速铁路过境，分别设有匝道口和火车站，大大改善了三都外部交通，促进了三都与周边县市及泛珠三角经济圈的交流。截止2012年底，实现了"乡乡通油路，村村通公路"，进一步完善了内部交通设施，加强了内部交流合作，为三都水族自治县旅游业发展提供了有利条件。

2. 已开发旅游产品

自2002年以来，投资2 000余万元先后开发建设了板庙民族村寨、板告民族村寨、尧人山国家森林公园、水各卯文化风情园、巴茅水族旅游村寨、怎雷水族村寨、姑鲁产蛋崖景区等景区及民族村寨，接待了众多国内外游客。目前，从荔波世界遗产地经水各卯文化风情园、水族原生态村落·世界之谜——姑鲁产蛋崖景区，形成了以民族风情为主的南线旅游；往东承接黔东南州黎平、从江、榕江、雷山，形成了以自然风光和民族风情旅游为主的东线；尧人山国家森林公园和都柳江省级风景名胜区、百城林海风光、都柳江漂流、森林度假村、尧人山自然保护区、布仰摩崖石刻、都江古城遗址、清军万人坟、水族苗族歌舞、怎雷民族村寨等，组成了"两线一山"旅游品牌。

3. 客源市场及旅游收入

三都水族自治县旅游业接待能力逐渐提高，特别是2012年增幅比较大，达381.32万人次，同期增长达到111.7%。旅游综合收入也随之增长，到2012年旅游综合收入达57.56亿元，同期增长394.53 %（见表1）。以此看来，三都水族自治县旅游业发展前景非常乐观。

表1 2007-2013年三都水族自治县旅游接待游客人次和旅游综合收入情况

时间（年）	2007	2008	2009	2010	2011	2012	2013
实际接待游客（万人次）	69.23	82.87	95	133.56	142.08	381.32	38.13（截止至2013年3月）
实现旅游综合收入（亿元）	2.9168	3.6841		6.77	9.26	57.56	
同期游客人次增长		21.05%		27.9%	16.04%	111.7%	
同期旅游综合收入增长		26.56%		29.2%	16.04%	394.53 %	

注：数据来源三都水族自治县旅游局《旅游工作总结》

二、三都水族自治县旅游业发展存在的问题

（一）基础设施低，接待能力不高

由于基础设施水平低，在建设过程中没有整体规划，零星建设造成混乱现象比较严重。

景区建设、酒店宾馆管理体系建设、道路交通建设、公共服务设施建设、服务队伍建设等水平不高，直接限制接待能力水平。

1. 交通因素

三都水族自治县地处喀斯特地貌山区，生态环境脆弱，地形复杂，道路建设困难，投资大。要大力发展旅游业，可进入道路路线有限，与外部旅游业发展比较成熟的地区交流和要吸入八方游客都比较困难。

"乡乡通油路，村村通公路"一定程度上改善了内部交通，促进了内部交流合作。但是由于道路级别低，很多乡镇的公路仍然未得到改善，在偏远山村大部分还是那种挖山成路的原始路面，这对交通安全度和通达度造成了很大限制，景区之间的道路状况直接限制了旅游业的发展。

2. 水、电、通信因素

一个地区的发展水平，区内输电能力、水资源的供给能力、信息流通程度，直接影响到区内居民正常生活，是影响地区社会经济发展的重要因素。三都水族自治县自 2000 年实施村村户户"三通"以来，基本实现户户有水电的宏愿。随着通信技术发展，通信公司遍布世界各个角落。目前入驻三都的通讯公司有：中国电信、中国移动、中国联通以及老牌企业中国邮政，以移动通信为主，宽带连接还只局限于县城和部分乡镇，要实现全县网络覆盖还需要一定时间。

3. 酒店宾馆接待服务能力不高

三都大小酒店宾馆只有 40 余家，其中星级酒店宾馆比较少，2010 年福丰酒店是入驻三都的唯一一座 4 星级酒店，各乡镇几乎没有酒店宾馆服务，只有少量的居民以民房提供旅社住店服务，接待能力可想而知，尤其是主要景区分布的乡镇。而且境内酒店宾馆管理混乱、接待能力低、服务水平有限、服务人员素质普遍不高的现状仍然没有得到改善。

（二）受教育水平低，服务人员素质不高

从事旅游服务工作的人员整体受教育水平不高，服务能力有限。三都的旅游管理人员主要是从各部门抽调的，基层服务人员则是当地就近居民或待业（或失业）在家的应往届中学毕业生，这些人没有经过系统地学习或相关专业学习及技能培训。团队整体受教育条件有限、文化水平不高、服务技能有限，虽然在从业过程中参加了相关技能培训，但还是处于"治标不治本"的应付状态，接待能力和服务水平还是很不乐观。

（三）政府主导能力薄弱，管理体制不完善，经济投入力量不足

发展旅游业应当遵循政府主导、社会参与、多元投资、市场运作的原则，坚持旅游资源开发利用与有效保护相结合，经济效益、社会效益和生态效益相统一，突出地方特点和民族特色[5]。地方政府是旅游业发展的核心，一方面，政府要指引产业发展方向，旅游业被称为21 世纪"绿色产业"，更加依赖政府的正确指引，否则会对环境造成严重的负面影响；另一方面，政府要制定产业管理体制和规划标准，使资源得到合理开发、充分利用、科学发展。但目前三都水族自治县的旅游开发缺乏政府领导规划，各自为营现象依然严重，且到目前为止，尚未编制成地方专门旅游管理制度。另外，"投资大，见效低"比较严重，主要是因为投

入的资金大多是局部、民间、临时的，总量小，投向分散，又多为短期行为，难以形成主题突出、内容丰富的旅游景观。

（四）旅游市场开拓还局限于附近地区

旅游市场分广义旅游市场和狭义旅游市场。广义旅游市场是指旅游者在与旅游经营者旅游产品交换过程中所反映的各种经济行为和经济关系的总和。狭义旅游市场是指在一定时间、地点和条件下对旅游产品具有支付能力的旅游者群体，也就是一般所说的旅游需求市场或旅游客源市场[6]。

客源地是产生旅游者的地域，即游客的来源地。旅游者产生旅游活动的条件包括：产生旅游动机；有可自由支配的收入；有闲暇时间。[7]三都水族自治县旅游业发展还处于起步阶段，旅游市场前景广阔，潜在发展空间还很大，但是三都旅游客源主要是附近的贵阳市、都匀市、独山县、丹寨县、榕江县等附近居民和本县居民，此外还有少部分游客来自两广地区。客源不足、市场管理混乱仍然是当前三都水族自治县旅游业发展的瓶颈。

三、三都水族自治县旅游业发展对策

（一）加大基础设施建设

到目前为止，三都水族自治县一直在努力加强旅游基础设施建设，加大对旅游开发的投入，但是由于地方财政力量薄弱，政府领导分散，缺乏统一管理，没有形成统一规划，所以零星性、阶段性、间断性建设比较严重，致使"虽努力，不见效"的局面。发展旅游业单纯靠旅游局是很难朝前发展，政府要充分体现其职能，协调各部门之间的合作，要求各部门积极投入到本县全面发展建设当中去，尤其是主干道交通建设、都柳江河道梳理和保护、酒店宾馆建设和管理、景区基础设施建设、景区之间连通线路建设、娱乐项目建设，加强民族精神文化基础建设，形成具有浓厚民族气息的旅游活动。

（二）培养专业管理人员和服务人员

行业的发展，靠的是人才、科技和政策，而人才是行业发展的核心力量。三都水族自治县旅游业发展还处于初期阶段，从事旅游工作的人员受教育水平参差不齐，从领导到基层服务工作者经专业系统学习旅游相关知识的较少，职业素养不高。要改变这种状况，必须加强从业人员再教育、在岗培训、深入系统地学习相关知识和服务技能；同时，可以从各大专院校引进专业管理人才和服务人才，提高整体素质和服务水平以及接待旅客的能力。

（三）加强政府管理、政策优惠和加大经济投资力度

行业的发展与政府决策有着莫大关系，政府工作重心的转移，往往给行业造成致命影响。三都水族自治县旅游业的发展几乎全部依赖政府带头开发，政府应加大对旅游业开发领导力度，编制适合本地区旅游业发展的"旅游管理条例"，形成管理机制，发挥政府职能，积极搭建平台，给予政策优惠，吸纳投资者入境投资，加强民间融资，对外招商引资。充分体现政府协调职能，协调居民与旅游景区和谐发展，借助旅游业的发展，给予居民更多优惠政策，

以"便民、惠民、利民"为旅游景区发展的宗旨，调动居民参与旅游活动的积极性，为本区旅游业发展做出积极贡献。

（四）旅游市场定位

马晓冬等（2000）将区域旅游开发定位总结为四大类型：产业定位、产品定位、市场定位和形象定位[8]。三都水族自治县应将旅游业产业的定位提升到支柱产业的高度，开发自然风光和民族民俗相结合的乡村旅游，主要吸引贵阳市、都匀市、独山县、丹寨县、榕江县等附近县市的居民和本县居民，以及两广地区的广大游客。随着贵广高速铁路和夏蓉高速公路开通，三都旅游局要抓住机遇，积极打造旅游精品。同时改善三都至荔波机场的线路，完善三都—荔波旅游线，进一步开拓三都水族自治县旅游客源地市场。

三都水族自治县旅游业应围绕"神秘水族，魅力三都"主题，遵从三都水族自治县旅游局推出的"城建旅游活县、民族文化塑县"这一主线，打造"中国少数民族旅游城市"，发展民族旅游特色。

（五）旅游产品开发

1. 挖掘民族原生态，打造民族民俗乡村旅游精品

三都水族自治县民族旅游开发不及黔东南，自然山水风光不及荔波，城市特色风貌不及都匀，但是水族及其民族民俗的唯一性是其旅游资源的优势。因此，可以采取政府引导、企业投资、村民参与、游客体验的方式，开发原生态民族村寨、节事活动、服饰展览、水书展览、地方特产、民族文化等，打造民族民俗乡村旅游精品。

2. 包装"两线一山"，打造精品旅游路线

"两线一山"旅游品牌基本形成，但缺乏产品包装，宣传力度不够，很难向市场广泛推广。三都水族自治县应完善基础设施建设，提高服务质量，保护"两线一山"的自然环境和民族村寨原生态，凸显民族特色，以悠久的民族文化为底蕴，打造山水风光和民族风情为一体的旅游产品，体现山水秀丽和民族民俗的神秘性。同时要加大宣传力度，采取多种宣传方式，最快捷最有效地将原汁原味的原生态民族村落景象呈现出来，吸引游客眼球。

3. 保护民族工艺，开发旅游纪念品

吃、住、行、游、购、娱组成旅游六要素，随着社会经济发展，"购"已成为旅游活动的重要组成部分，所以开发旅游商品是旅游资源开发的重要内容，而旅游纪念品则是旅游产品中的精品。三都水族自治县拥有独特的民族工艺品和特产产品，适合将其打造成旅游商品。民间刺绣（马尾绣）、金银器皿和金银饰物可以打造成生活实用用品和具有观赏性的纪念品。三都地方特产丰富，但是由于知名度不高、缺乏打造包装和对外宣传，因而很难推向市场，而趁旅游业发展之机，将其开发成地方特色旅游纪念品则是一个很好的契机。同时，受现代社会经济作用，民族同化现象严重，民间艺术受到严重冲击，面临失传的危机，开发旅游纪念品，既可以丰富旅游商品类型，又能达到保护和传承民族工艺和民族文化的目的，从而实现双赢。

四、结束语

总体来说，交通闭塞、经济发展水平不高、基础设施建设薄弱、教育发展不平衡、旅游

接待能力有限等这些因素仍然制约着三都水族自治县旅游业的发展。但三都水族自治县旅游资源丰富，开发潜力大，旅游市场空间广阔。三都水族自治县可以采用战略眼光发展旅游业，将自然风光与民族风情相结合、旅游产品与古老民族民俗文化相结合、民族工艺品与现代商品相结合，遵照"神秘水族，魅力三都"的旅游主题，体现水族古老文化的民族性和古老民族的神秘性，打造"两山一线"精品旅游线路，为促进民族地区经济发展、提高人民生活水平做贡献。发展旅游业具有重要意义，三都水族自治县人民政府和三都水族自治县旅游局以及相关单位要抓住机遇，发展三都水族自治县旅游业，带动其他产业发展，顺应旅游市场发展和旅游消费者需求，以旅游资源利用为契机，采取民族特色旅游与现代旅游相结合的开发模式，形成"市场——资源——产品——市场"的市场导向思路。我们有理由相信，三都水族自治县的旅游产业发展会越来越辉煌。

参考文献：

[1]　胡文康等. 中国西部·新疆手册[M]. 乌鲁木齐市：新疆人民出版社，2000.

[2]　马耀峰，甘枝茂. 旅游资源与开发[M]. 天津：南开大学出版社，2007.

[3]　马自祥，马兆熙，等. 甘肃少数民族民俗文化概览[M]. 北京市：民族出版社，2005.

[4]　黔南州旅游局. 黔南布依族苗族自治州旅游发展条例[N]. 都匀市：黔南日报，2011.

[5]　罗名义. 旅游管理学[M]. 天津：南开大学出版社，2007：351-352

[6]　赵蓉，王恩涌，张小林，刘继生. 人文地理[M].北京：高等教育出版社，2006.

[7]　马晓冬，沈正平，梁湖清. 区域旅游开发定位研究—以徐州市为例[J]. 地理学与国土研究，2000，16（4）：31-36.

浅析黔南地区乡村旅游开发存在的问题及对策

陆道恩

（黔南民族师范学院外国语言文学系，贵州　都匀　558000）

摘要：乡村旅游是21世纪人们摆脱喧嚣的城市生活，到农村享受一份独有的干净和悠闲的一种主流旅游趋势。黔南布依族苗族自治州作为一个偏远的民族自治地区，由于其"落后"反而使得自然山水及人文得到了保护，随着高铁的到来，我们也迎来了乡村旅游的最佳时期。本文分析了黔南乡村旅游发展中存在的问题并提出了一些对策，希望能为管理者提供一些思路，有助于黔南旅游业更好更快发展。

关键词：乡村旅游；黔南地区；问题；对策

Solutions to the problems of rural tourism development in Qiannan

Lu Daoen

（Foreign Languages Department，Qiannan Normal College for Nationalities，Duyun 558000，Guizhou）

Abstract：In the 21st century，Rural Tourism is becoming a mainstream for city people to escape from the hustle and bustle of the city life enjoy to enjoy a unique clean and a leisure time in the countryside. Situated at the remote edge of South，Qiannan autonomous region obtains well preserved natural landscape and the humanities，so with the advent of high-speed rail，we have ushered in the best period of rural tourism development. Based on the problems of rural tourism development in Qiannan，this essay puts forward some solution，hoping to provide tourism managers with some ideas of better development in Qiannan.

Keywords：rural tourism，Qiannan areas，problems，solutions

一、黔南地区乡村旅游的现状及存在的问题

黔南布依族苗族自治州地处贵州中部偏南，全州辖都匀、福泉等十县。有汉族、布依族、苗族等37个民族。根据2010第六次全国人口普查结果，黔南常住人口约323万，少数民族占54%。境内奇山秀水，民族文化浓厚，民俗风情独特，具有极其丰富的乡村旅游资源。近几年，随着政府着力打造山水型、生态型、田园型、盆景型黔南特色城镇的契机，黔南旅游基础设施得到了逐步完善，旅游收入逐年提高。但由于历史、经济发展水平及人们观念等诸多原因，乡村旅游的开发还不尽如人意。民风民俗及优越的自然风光还未形成与之匹配的品牌效应。

1. 人们对乡村旅游的认识不够

我国的乡村旅游是于20世纪后期在乡村地区出现并发展起来的一种新型的替代性产业，其性质是以游历休闲度假为目的，以乡村田间为范围，以体验自然及人文风景为特色的旅游形式。它强调的是游客在旅游中对当地人文及自然的一个享受过程。因此，景点资源的保护和开发都受到了管理者及地方民众的意识的直接干预。由于黔南经济发展水平及文化教育等发展程度不高，人们在经营理念和规范意识等方面相对粗放，简单地认为游客就应当入

乡随俗、随遇而安，忽视了游客对享受旅行过程所需要的较高的甚至是个性化的服务这一重要因素。作为管理者，很多职能部门也忽视或者不知道如何来更好的保护和体现黔南乡村旅游资源得天独厚的优势。因此，盲目性的开发，破坏性生产，只顾追求眼前片面的经济效益等问题没有得到充分认识。

2. 人才缺乏、服务质量较低

目前，黔南乡村旅游从业人员匮乏、专业素养不高、管理效率低下、市场混乱。没有高水平的旅游人才，独特的自然资源及少数民族民族建筑风格、传统的服饰制作、民族歌舞、古老的习俗和地方饮食等文化就没法得到很好的诠释，这也是黔南乡村旅游发展的一个瓶颈。政府在人才培养发展方面的投入和规划不够合理，能自主提供这方面专业教育及培训的高等院校几乎没有，而外面的人才又不愿扎根本地。于是导致大部分的乡村游从业人员就由当地的村民来担当，而他们既没有专业和可持续的经营意识，也没有标准化的管理意识，导致经营和管理不到位，服务水平上不去。

3. 旅游产品单一、形式雷同、缺乏特色

黔南地区乡村旅游的吃、住、行、游、购、娱等环节设计粗糙，旅游活动基本停留在简单的观光阶段，旅游产品多为初级产品，缺乏创新设计和深度加工。得天独厚的民族服饰，银饰，民族风俗和节日包装，风味小吃等品种少、多雷同、特色不强，水平不高，档次低。特别是农村特有的优秀的民俗传统文化没能表现出来，最终这类低层次的乡村旅游产品，难以形成品牌而失去竞争力，逐步被市场所淘汰。

4. 基础设施较差

随着高铁运输的到来，黔南的陆空交通主干道得到一定的改善，但境内支线交通及配套设施的舒适度及服务水平有待提升。景区道路、停车场、洗手间甚至是垃圾桶等公共设施相对缺乏和简陋。餐厅、茶楼、旅馆等各种设备不足，等级较低，卫生条件等还不足以吸引回头客。特别是节假日偶遇游客井喷的现象，各种问题随之也会凸显，交通瘫痪、酒店餐厅不足、垃圾遍地、厕所排队等问题会极大挫伤游客的兴致。

5. 缺乏整体规划，民族文化遭到不同程度的破坏

在旅游开发的问题上，各县市基本上是各搞各的，缺乏引导、管理和规划，整体布局不够科学，缺乏创新，重复建设等问题尤为突出。有的地方一方面被列为旅游民族乡镇，而另一方面又鼓励下海回乡人员大开如水晶球制作等高污染类型的工厂，这不能不说是政府管理之过。其次，部分地区的古迹、艺术品、传统的建筑、服饰和民族文化由于受市场经济的冲击已经遭到严重破坏。如丰富多彩的民族服饰在很多地方已经被牛仔裤和 t 恤所取代；民族吊脚楼、鼓楼和花桥等建筑已被进行不同程度的改装或是被钢筋水泥房所取代，失去了民族特色，也失去了内涵。语言及民俗文化方面，由于对外交流的需要，民族语言及风俗受到了极大渗透和冲击，汉化现象已非常普遍。

6. 宣传力度滞后

黔南乡村旅游在对外开放上基本上是封闭的，推广力度不足，市场营销策略简单，对外推介宣传力度不够，有的只能小打小闹，缺乏有力的形象和口号，尚未引起社会关注，很难吸引游客。并且，政府在宣传促销的财力、物力的投入上较低，当地有实力的旅游企业较少，

难以形成较为系统、较大规模和长久的促销。在创新方面，缺乏有经验的宣传专业人才，在包装宣传策划时，没有很好地融入本地的特色，资源共享低。

二、黔南乡村旅游开发的思路

1. 提高认识和转变观念，加强乡村旅游人才培养，提高服务质量

要多走出去，学习和借鉴他人的先进理念，后发赶超。政府要真正的重视乡村旅游，对具有典型和特色的地方旅游景点，要示范性的保护和管理好，使之成为典范。要借助培训、宣讲等各种手段积极开导和帮助村民转变传统观念，让他们有主人翁意识，知道旅游的可持续发展是新时期农民改善生活条件的一条有效的捷径。加大在政策、资金和技术等多方面多层次的援助和支持，通过和省内外高校的合作，通过教育和培训来提高乡村旅游从业人员的文化素质、认识水平、创新意识和服务意识。要提高村民的服务质量，对乡村旅游的培训应包括乡村旅社和农家乐贯标培训、少数民族歌舞表演、导游能力提升、接待礼仪和厨艺、英语和普通话。其次，全州客运车辆司机的培训、乡村旅游法律法规等培训必须常态化。

2. 开发特色旅游产品

紧跟州政府制定的"坚持城镇亮州，建设山水田园特色城镇"的方针，打造具有黔南地方特色的村野游品牌，并借鉴和开发依托奇山秀水型的参与式、体验型和休闲式的乡村旅游特色产品。在旅游资源的开发过程中，要统筹规划，吃、住、行、游、购、娱六大要素要互相依托，互相促进，统一标准。把"吃农家饭、干农家活、住农家房"等各种体验在保留其原始精华的基础上，要顺应时代，提高到适应各阶层游客不同需求的层面，让民族文化和现代生活有机结合起来。如龙里花灯展示，水族、布依族、苗族原生态歌舞表演，贵定的"鼓龙鼓舞长衫龙"、平塘毛南族乡的"打猴鼓舞"及各种民歌对唱等，如能做到让游客体验式地参与进来，这一特色将在黔南这方水土上大放异彩。另外，在开发乡村旅游的过程中，应该突出自我特色，走"一村一格"、"一村一特色"的开发道路。水族语言文字是民族文化旅游不可缺失的"特色产品"，可把三都水书融入到居民文化、服饰文化、传统工艺文化、酒文化、茶文化和饮食文化之中，做成香袋、小挂件、首饰等向游客出售。用独一无二的、高品质的民族产品来吸引和留住境内外的游客，不断拓展乡村旅游市场。

3. 不断加大和完善基础设施建设

加强乡村旅游景区道路设施、基础公共设施和食宿设施等各种设施的建设，就要加大投入，资金和技术是必需的。因此，政府应该重视把资金和技术用在交通道路、停车场、厕所、通信、景区和食宿等设施的建设和完善。目前黔南通往其他省区的主干道已四通八达，但境内通往各景区线路服务质量还很低，路宽、路面平整度、坡度，公路周边配套设施、应急处理等方面的问题也制约了优秀旅游城市的建设；而餐具、厨房、厕所甚至垃圾桶等方面的卫生状况由于人们的意识不到位还急需得到改善。

4. 科学合理规划，加大对民族文化的传承和保护

乡村旅游的整体规划关系到一个地区的发展，规划不合理，容易造成资源的浪费。因此，在开发乡村旅游的过程中，应该做好相应的规划，避免重复建设和无序开发所造成的资源破坏和资金浪费。要科学规划，必须立足于保护第一，保护旅游现有的资源，高起点，高标准，合理规划，统筹全局，全方位的进行思考，从而促进和实现黔南乡村旅游的可持续发展。

在乡村旅游开发的过程中，不仅要加大对民族文化的保护、开发力度，也要注重文化的真实性和可持续性。重视对村民进行民族文化的保护与传承方面的培训，提高他们的文化保护意识和传承文化的动力。建立完善的民族民俗文化保护、传承的政策法规。要减少优秀民族传统文化正的消亡，更好的传承与保护民族精神，就应制定相应的法规和条例，如《民族村寨保护条例》、《非物质文化遗产保护条例》等来加大保护的力度。

5. 加大宣传力度

随着高铁时代的到来，"走出去"和"引进来"的步伐要加快。我们要认真搞好包装、策划，积极参与国际、国内不同形式的宣传旅游的推介和文化交流活动，有计划、有目的、有重点地在国内外主客源地开展乡村旅游宣传促销。全方位宣传推介通过市内外电视、电台、CD、VCD 光盘、报纸、电子网络、宣传画册、旅游指南等形式加强对黔南州乡村旅游的宣传和推介，并增加外语宣传语种，达到多侧面、全方位地展示黔南乡村旅游文化精粹的目的，扩大黔南的知名度。如可以在火车站、汽车站、客车上等不断轮流的播放优质旅游推荐片，在饭店、旅社、旅游景点以及接待单位挂上风光画等。在政府投入方面，加大对乡村旅游开发在各种资金、人才、管理技术、互联网等的投入，加强宣传促销人才的培养，以便更好更快的开发黔南地区的乡村旅游，把乡村旅游做大、做活、做强。

三、结束语

总之，得益于地处边、贫、老、少地区、经济社会发展相对落后这一特点，黔南的自然及人文资源反而得到了较好的保护，发展乡村旅游有广阔的空间。我们应紧跟高铁的步伐，整合自身优势，利用好我们最干净的空气和泉水，最原始的民族文化、节日文化来打造黔南地区乡村旅游的特色，让乡村旅游成为地方新的经济增长点，为民族地区的人们早日实现小康生活和环境的可持续发展做出贡献。

参考文献：

[1] 黔南州统计局. 贵州省黔南州 2010 年第六次人口普查主要数据公报. [DB/OL]. 互联网数据库，2011（5）.

[2] 吴运坤. 黔东南乡村旅游可持续发展中的问题及对策[A]. 凯里学院学报，2008，26（1）：66-68.

[3] 范钟声. 关于对黔东南州乡村旅游发展的几点思考[J]. 理论与当代，2009，（2）.

[4] 盛正发. 我国乡村旅游的科学开发研究[J]. 江西科技师范学院学报，2007，（2）：39-42.

[5] 蓝壮青. 广西乡村旅游发展存在的问题与对策[J]. 当代旅游：学术版，2011，（7）：72-75.

[6] 蒋焕洲. 黔东南民族地区乡村旅游的可持续开发研究[A]. 云南师范大学旅游与地理科学学院，2008.

黔南州乡村旅游发展新模式

——以福泉市黄丝镇江边布依寨为例

杨　芳

（黔南民族师范学院旅游研究中心，贵州　都匀　558000）

摘要： 与传统乡村旅游相比，福泉市黄丝镇江边布依寨旅游业发展呈现出规模大，规划程度高，注重资金、技术投入，管理规范化等特点，为黔南州乡村旅游发展探索出新模式提供了新思路，对黔南州乃至全国乡村旅游发展有借鉴意义。

关键词： 黔南州；乡村旅游；黄丝江边

乡村旅游是指以农村自然风光、人文遗迹、民俗风情、农业生产、农民生活及农村环境为旅游吸引物，以城市居民为目标市场，满足旅游者的休闲、度假、体验、观光、娱乐等需求的旅游活动[1]。近年来，随着经济的发展，人们经济收入的增多，闲暇时间的增多，人们的出游动机越来越强烈，乡村旅游也迅速发展起来。我国乡村旅游已成为旅游业发展的一个重要方面，显示出蓬勃的生命力。

传统的乡村旅游，一般以朴素自然、规模较小、独户或散户经营、原生态为特点，而福泉市黄丝镇江边布依寨的乡村旅游发展打破传统模式，创新乡村旅游发展，带来了一些新思路、新特点、新景观。

一、福泉市黄丝镇江边布依寨简介

福泉市黄丝镇位于福泉市西南部，东邻马场坪办事处，西抵贵定县定东乡，南交麻江县景阳乡，北接福泉市岔河乡。距贵阳约80公里，距都匀约45公里，距凯里市约80公里，距福泉市府约26公里。全镇行政区域面积139多平方公里，辖4个村，55个村民组，共有4430余户2.03万人，耕地面积1.67万亩，湘黔铁路、株六铁路复线、贵新高等级公路、210国道穿境而过，区位优势明显，自然资源丰富。

黄丝镇江边布依寨是黄丝镇黄丝村的一个村民组，位于黄丝村西南角，面积约3平方公里，由上、中、下三个自然村寨组合而成，村寨依山而建，有86户359人，居住有布依、苗、水等少数民族，以布依族为主，布依族占总人口的72.2%。寨前是面积达800亩的田坝，四周峰峦叠嶂，四季如春，当地民族风俗浓厚，独具特色。是省级社会主义新农村建设"百村试点"之一。2014年被国家民委评为全国少数民族特色村寨，2015年1月被国家农业部与国家旅游局评为全国100个休闲农业与乡村旅游示范点之一。

2014年，黄丝镇江边核心区人均年纯收入超15 000元，带动黄丝村人均年纯收入达到9 800元，比全市农民人均纯收入高50%以上。

二、福泉市黄丝镇江边布依寨乡村旅游发展创新之处

（一）有完整、系统的规划

与传统乡村旅游景区自然随意、缺乏系统规划的特点相比较，福泉市黄丝镇江边布依寨景区显得规划井然，有总体设计，有完整的构思，系统性强。

（二）规模大，集聚经济强

与传统乡村旅游景区规模较小的特点相比较，福泉市黄丝镇江边布依寨呈现出大规模、集聚经济的特点。黄丝江边现代农业产业园3 500亩，核心区已建成自动追肥灌溉钢架标准大棚5.5万平方米，建成精品果园1 500亩。2014年，福江公司现代农业产业园总产值达1 200万元，带动发展江边布依寨"农家乐"46家，园区内农民人均纯收入突破3万元，全村农民人均纯收入达9 800余元，集体经济收入达15.4万元。

（三）精心设计，独具匠心

与传统乡村旅游景区朴素自然、原生态的特点相比较，福泉市黄丝镇江边布依寨景区，除优美的自然风光外，更加上人为的精心雕琢，处处有序，独具匠心。

（四）生态农业与乡村旅游相互促进

生态农业是福泉市黄丝镇江边布依寨景区的一大特色，目前已发展成熟的生态果园有草莓园、葡萄园、猕猴桃园、梨园、桃园、杏园、樱桃园、无花果园等，且都具有一定规模。各种水果不同季节轮番供应，能保证一年四季均有时令水果可以采摘。江边生态果园保证不施化肥、农药，每周都有质检报告和公示，为江边乡村旅游带来了巨大的旅游吸引力，同时游客的增加又带来了采摘和售卖水果的收入，反过来促进了生态农业的发展。

（五）注重资金与技术投入

与传统乡村旅游低资金投入与低技术投入相比较，福泉市黄丝镇江边布依寨景区，更强调资金和技术投入。

2006年黄丝村成功引进了福江农业发展公司，公司带来了雄厚的资金、先进的技术、广阔的市场，先后投入资金3 000万元打造精品果园。目前，综合体建设已投入 2.2 亿元，完成河道治理、景区绿化、民族文化长廊、布依风情园和农业科技示范园等项目，实现产业园区与乡村旅游业的互动发展。

以葡萄园为例，葡萄园种植的品种并不是普通的巨峰葡萄等常见品种，而是比较高档葡萄品种金手指、醉金香、玫瑰香等。如金手指成熟后每市斤售价为 50 元，远高于普通葡萄品种每市斤 5 元左右售价。这些高端品种作物的生态种植也对资金和技术投入有更高要求。

（六）政府主导经营、规范化管理

与传统乡村旅游独家散户经营、缺乏规范管理相比较，福泉市黄丝镇江边布依寨，以政府和农业合作供销社主导经营，组织个体户参与，采取"支部+公司+基地+党员+农户"的发

展模式，规范化管理，使得传统的乡村旅游从无序状态走向有序。例如规范化的停车场，统一的收费标准，农家乐、乡村酒店住宿和旅游设施出租明码标价，管理规范，不会出现许多景区欺客、宰客现象。给游客营造安心、放心、舒心的旅游环境。

三、福泉市黄丝镇江边布依寨乡村旅游发展不足之处

（一）宣传力度不够

但是，目前黄丝镇江边布依寨的发展也还有一些不足之处，最突出的是宣传力度不够，在黔南州州府都匀，都鲜有黄丝镇江边布依寨的广告和宣传界面。在报纸、微信、微博等传统媒体与新媒体上，对黄丝江边也较少报道，使得黄丝江边风景区虽然美誉度不错，却知名度不高。

（二）旅游交通标志不明显

从贵新高速公路下黄丝出口，竟然找不到明显的黄丝江边风景区的指示牌，只能询问路人得知，而景区距离高速出口不到2公里的距离，这与福泉市黄丝镇重点打造的项目地位极不相称。而到进入景区的唯一一条通道岔路口时，一块矮小路牌指示上下两条路都通往"诗画江边"，让游客很容易混乱和疑惑。两条路似是而非，本人前往时，不得已求助景区工作人员才顺利到达。

四、结论与建议

福泉市黄丝镇江边布依寨依靠良好的自然生态资源,更得益于乡村旅游创新模式的发展，发生了天翻地覆的变化。使古朴的自然村寨焕发出夺目的现代活力，成长为集自然景观和人文景观为一体的生态旅游景点，走出了一条"农业园区化、农民职工化、生产基地化、产品标准化、经营品牌化、管理公司化"的现代农业发展之路，成功打造黄丝江边新农村综合体，实现了生活、生态、生产"三生合一"，村民的生活水平逐年提高，回乡创业的村民越来越多，有效解决了留守儿童、空巢老人问题，为乡村旅游的发展创新了新模式。

建议福泉市黄丝镇江边布依寨景区能够加大宣传力度，完善旅游交通标志，加强旅游形象设计，保持原有特色和优势，抓住新机遇，促进景区更快更好的发展，打造黔南州乡村旅游的典范，为黔南州乃至全国的乡村旅游发展提供可借鉴之路。

参考文献：

[1]　王增敏，马敬桂. 乡村旅游研究综述[J]. 长江大学学报（自然科学版），2007，12（4）27-29.

打造大河乡村旅游示范点的构想

吴文定

（黔南民族师范学院马列部，贵州 都匀 558000）

摘要： 大河村发展乡村旅游具有区位、环境、基础等方面优势，可将之打造为都匀市及黔南州乡村旅游示范点，打造应从统一规划、优化环境、规范管理、提升文化内涵与吸引力等方面入手。

关键词： 乡村旅游；优势；旅游综合园区；统一规划

一、乡村旅游及其兴起

关于乡村旅游定义众多学者莫衷一是。英国学者 Gonnon 认为，乡村旅游是指农民或乡村居民出于经济的目的，为吸引旅游者前来旅游而提供的广泛的活动、服务和令人愉快事物的统称[1]。世贸组织 WTO 认为，乡村旅游是指旅游者在乡村（通常是偏远地区的传统乡村）及附近体验乡村生活方式的活动[2]。世界经合组织将乡村旅游定义为发生在乡村的旅游活动[3]。何景明认为乡村是吸引旅游者进行旅游活动的基础，是界定乡村旅游最重要的标志[4]。纵观众多关于乡村旅游的概念，有两点是一致的，一是旅游活动的地点在乡村，二是以乡村的自然生态环境与文化资源为旅游活动的客体。概言之，乡村旅游是指发生在乡村，以乡村自然生态环境与人文资源为旅游吸引物的，以观光、休闲、度假、消遣、娱乐等为目的的新兴旅游方式。

乡村旅游最早起源于 19 世纪 80 年代的欧洲。我国乡村旅游兴起于 20 世纪 90 年代后期[5]。随着我国城市化步伐加快，城市里林立的高楼、污染的空气和水体、拥挤的人员、喧嚣的噪音、拥堵的汽车、紧张的工作节奏让人喘不过气来，反之乡村的宁静、清新的空气、无公害的食物、优美的生态环境让人们产生了回归自然、返璞归真的向往。据《中国休闲农业与乡村旅游深度调研与投资战略规划分析报告前瞻》数据显示，截至 2012 年底，全国有 9 万个村开展休闲农业与乡村旅游活动，休闲农业与乡村旅游经营单位达 180 万家，农家乐超过 150 万家，规模以上园区超过 3.3 万家，年接待游客接近 8 亿人次，年营业收入超过 2400 亿元。[6] 近年来，乡村旅游发展可谓是势头迅猛，红红火火，方兴未艾。

二、大河乡村旅游发展现状

（一）大河乡村旅游现状

大河村隶属都匀市小围寨办事处，全村 19 个村民小组，4 097 人。本文所指的大河乡村旅游区域范围主要包括以大河自然寨为中心，涵盖上坝、下寨两个自然村寨，以及三个自然村寨所属的地理环境。大河自 20 世纪 80 年代以来都是都匀乡村旅游示范重点区域。这里山竣石秀、森林苍翠、河水清澈、水质优良、生态良好，各式形态的鹅卵石经激流漩涡冲刷后广泛分布于河中及两岸的干涸地带，良好的生态构建了一幅幅森林美景，山水风光旖旎，素有"小桂林"之称。2000 年以来，随着乡村旅游的兴起与发展，大河乡村旅游更是迎来了历史上发展的春天。每年 6—8 月，炎炎夏季，大河更是备受都匀市民的青睐。河中人头攒动，河岸欢声笑语，农户喜上眉梢。以上坝自然寨为例，目前共有农家乐 11 家，河岸烧烤、泳衣售卖点等服务摊点 55 个，每年（主要是夏季）每个服务摊点收入 4 万元左右，农家乐毛收入在 30 万元上下，提供了当地近 60% 的就业人口。近年来都匀市政府大力进行招商引资，吸引了桂花酒店、草莓种植等相关企业入驻大河，先后投入了大量资金进行河道清理、修建坝堤、民居包装、道路硬化、改善村容等基础设施建设，特别是下寨面貌可谓是焕然一新，旅游基础设施建设取得了明显的效果，为大河打造都匀市民的休闲集散地打下了良好的基础，为都匀大河乡村旅游的发展注入了新的活力。

（二）大河乡村旅游困境

虽然近年来大河乡村旅游貌似如火如荼，方兴未艾，但总体来看，大河乡村旅游尚处于乡村旅游发展的低级阶段，不少问题和困境突出地表现出来，集中体现为：

1. 认识模糊、概念不清

乡村旅游是以乡村为提供服务基地，集观光、休闲、体验、娱乐以及文化消费等多元化的旅游，主要包括农业观光旅游、农家乐旅游、休闲度假旅游、民俗风情旅游、科普教育旅游等诸多模式。乡村旅游要坚持生态型、环保型、产业型、文化型、现代型的发展思路，要把农村生态资源与生产生活资料转换为具有生态观光、文化体验、休闲娱乐价值的旅游产品。因此乡村旅游不能只简单理解为开几家农家乐，让游客走走看看就吃饭，那样将会使乡村旅游的附加值大打折扣。

2. 各自为营、无序开发

目前大河乡村休闲游主要集中地表现在上坝这个自然村寨。上坝是大河休闲游的活水源头，备受休闲避暑游客的喜好。自然寨共 30 来户，各户依托自建房屋开展农家乐，为来此休闲度假的游客提供饮食及娱乐服务，房屋、河岸摊点私搭乱建比较突出，缺少统一规划、策划及包装，经营方式粗放，缺乏必要的管理，服务内容单一，服务水平较低，制约了大河乡村旅游的后续发展与深度开发。

3. 缺乏管理、环境脏乱

由于村民各自为营、无序开发，缺乏必要的管理和制约，使得环境卫生、道路硬化、垃圾处理、污水排放等问题得不到有效解决，脏、乱、差现象在一些范围内存在，遏制了大河乡村旅游形象与发展。

4. 基础滞后、设施不全

目前政府已投入大量资金对下寨、大河进行民居包装，修建了沿河两岸长廊，但覆盖范围相对有限，规模效应没有进一步凸显。一些自然寨通道的道路硬化、停车场设置、河边步道修砌、路灯等基础设施建设可谓是空白，不利于大河乡村旅游的持续发展，影响了服务质量与水平的提高。

三、大河发展乡村旅游的优势

1. 区位优势

大河位于都匀南部，隶属小围寨办事处，距州府都匀市区仅 10 km，距高速南出口仅 5～

10 分钟车程。地处 210 国道线上，有通往墨冲、平浪、独山、平塘等多地的交通车辆通过，交通优势、区位优势十分突出。

2．环境优势

大河生态保护良好。远处群山环绕，森林苍翠，近处山清水秀、景色宜人；清澈的河流横贯寨前，河面宽阔，水势平缓，水质优良；地势平坦，绿树成荫，是让饱受城市喧嚣市民享受恬然的自然景色的理想之地，同时也是都匀市民周末休闲度假的理想之地。

3．基础优势

大河乡村旅游历经十多年的发展，旅游经济效益已明显显现。村民服务意识与服务观念明显提高，办农家乐、开度假村兴趣高昂；环境意识与卫生观念有了较大提高；积淀了相应的经营技术与管理经验，为乡村旅游的深度开发打下了良好的基础。

四、打造大河乡村旅游示范点的构想

（一）提高认识、统一规划，正确处理眼前利益和长远利益的关系

规划是进行大河乡村旅游深度开发、提升旅游服务水平的生命线。正确处理目前利益和长远利益是实施规划的关键。对于资金的瓶颈，可采取招商引资，实施一个项目或板块由一个投资商开发但必须依据规划进行的模式进行打造。切不可因为目前短期利益或资金的缺乏而改变规划或人为地随心所欲任意打造。纵观许多城市或景区建设，缺少规划或有规划不执行是众多问题的症结所在。统一规划和策划是提升旅游产品质量的核心。

（二）打造大河乡村旅游综合园区

有规模才会有效应，有效应才会产生效益。要使大河成为黔南或都匀重点乡村旅游示范点，就必须以统一的规划去策划和打造，形成乡村旅游综合园区。主要包括以下几大板块：

1．山水风光观赏区

上坝自然寨上游素有"小桂林"之称，景色优美、生态良好、风光秀丽，距周边自然村寨较远，是打造山水风光观赏区的理想首选。因此应依托上坝自然寨上游的生态环境进行开发，进行退耕还林还草；加大环境破坏的处罚力度；修建必要的步道或栈道，将之提升为大河乡村旅游综合园区中的山水风光观赏区。

2．生态农业体验园

以小块土地出租方式出让村庄附近农田，让城里人不定期租种菜园或种植果树，生产无公害蔬菜、绿色食物和水果；或到村寨果园里自摘水果，让孩子体验农业的艰辛，感受丰收的喜悦。提高孩子对"谁知盘中餐、粒粒皆辛苦"的认识，培养孩子动手能力，让孩子树立热爱劳动、珍惜他人劳动成果的观念。

3．休闲娱乐区

乡村清新的空气，让人们倍感心情的放松；宁静的夜晚，给人以无限的遐思和想象的空间；优美的生态环境，让人感悟人生的真谛；纯朴的乡村生活方式，让人远离食品安全的困扰。乡村旅游迎合了当下久居喧嚣闹市和快节奏生活方式的人们对清新环境、宁静生活和回归大自然的渴求，享受无为、自然的乐趣，尽情地享受大自然的恩赐和馈赠。在河的两岸或通往山顶的路上，修建一些简单的步道；建一些草坪；开辟一些简易沙滩场地。让游客们来

此可以从事垂钓、沙滩、步行、游泳、遛鸟、斗鸡、登山等活动。让游客到草地上小憩；到远离人家的地方呼吸新鲜空气；到山顶聆听鸟儿歌唱，到河岸嬉水游乐，享受回归自然的乐趣。

4. 儿童乐园区

在现代家庭中，儿童多是家庭的中心，只有孩子有玩的，停得下来，大人才会留得住。因此开设儿童乐园，增设一些儿童娱乐项目显得非常有必要。

5. 文化欣赏体验园区

文化是旅游的灵魂和生命线，人类因有文化而显得多姿，任何缺乏文化的旅游必将因失去血肉而显得苍白。在对现有民居进行包装与拓展沿河长廊外，还应凸显以下文化板块。

（1）王氏宗祠或苗族文化展览馆。

在下寨、大河、上坝三个自然寨中，苗族、王姓居多。以下寨为例，下寨50来户，全是王姓和苗族，相传系五溪蛮后裔，由一位祖太公迁居到此发展而来。之前寨门上还有牛图腾柱，形状似人非人，似兽非兽。由于苗族对枫树的崇拜，使得寨后有一株500年的枫树，胸径长5米，高30米，并附有2根碗口大的藤树缠绕，苗族同胞视之为"妹榜妹留"，即自己的祖先，每逢年节，顶礼膜拜。由于树崇拜的心理倾向，寨口至今还是古树成荫，一株300多年胸径1.13米的美脉琼楠像忠实的卫兵伫立于寨前，护佑寨民安康。下寨人曾好爱芦笙，有"芦笙不响，五谷不长"之说，苗族文化心理与文化情绪浓厚。因此可在下寨修建王氏宗祠或苗族文化展览馆，向游客展示下寨王氏历史或苗族文化风情，提高旅游内涵与吸引力。

（2）民族文化体验区。

让游客体验民族传统文化项目，诸如吹芦笙、跳芦笙、吹唢呐、打陀螺、打耗子、踢毽子、吹喇叭、玩传统水枪等，让游客进一步认识和感受民族文化，开展民族文化体验活动。

（3）民族小吃园区。

将黔南或都匀一带的特色小吃汇聚于此，建议在下寨下游打造烧烤、美食区，以美味招徕黔南本地休闲者和外地游客。

（4）鲤鱼坡、和尚垴等文化旧址。

大河后山名叫鲤鱼坡，至今仍可清楚看到2米高的碉堡和战壕。据说是抗战时鬼子来到独山，为在此阻击鬼子而做的工事，另说为剿匪旧址。在1公里之外有一地名叫和尚垴。据当地人讲，中华人民共和国成立之前有和尚在此居住，有亭子，有庙，有步道。因此可对鲤鱼坡、和尚垴等文化旧址进行修复、开发，增加文化旅游的内涵与吸引力。

（三）开发农家旅馆或酒店

要增加旅游收入，就得想法子让游客留下来，就必须对现有部分农家小院进行重点包装和打造。净化居室卫生，美化村寨环境，亮化农家小院。让游客到此不仅可以感受乡村田园风光，尽情呼吸新鲜空气，放松身心玩耍，同时还可以在农舍小住一夜，品尝农庄主人准备的别有格调的晚餐。

（四）加大基础设施建设力度

修建一个大型停车场，设置交通指示标志，改变无序交通状况，修建沿河步道，在一些通道和沿河两岸设置路灯，改变环境卫生脏乱现象，进行改厕、改圈工程，优化、美化村寨环境。

（五）为村民提供必要的培训

乡村旅游归根到底是为游客提供旅游项目服务，让游客到此感到身心愉悦。作为乡村旅游的服务者村民由于文化水平、视野、见识、观念等多种因素的限制，服务态度与服务水平难免会出现这样或那样的一些问题，因此对他们进行一些技能、知识、经验方面的培训，如开办烹饪培训班、礼仪知识讲座等显得非常必要和重要。

鉴于大河具有的区位、环境、基础等方面发展乡村旅游的优势，大河可说是都匀发展乡村旅游的首选，可将之打造为都匀或黔南乡村旅游的示范点或窗口，以之带动全市或全州乡村旅游的健康发展。统一规划、优化环境、规范管理、提升文化内涵与吸引力，是建设成为示范窗口的关键所在。

参考文献：

[1] 王琼英，冯学钢. 北京第二外国语学院学报，2006，（1）.

[2] 王素洁，刘海英. 国外乡村旅游研究综述[J]. 旅游科学，2007，（2）.

[3][4] 何景明. 国外乡村旅游研究述评[J]. 旅游学刊，2003，（1）.

[5] 郭焕成，韩非. 中国乡村旅游发展综述[J]. 地理科学进展，2010（12）.

[6] 搜狗百科，http：//baike.sogou.com/v320559.htm?sp=SST 乡村旅游&cid=sg.bk.ss

都匀凤啭河景区的规划开发

王孟懿，郏珊珊

（黔南民族师范学院历史与社会文化系，贵州 都匀 558000）

摘要：都匀凤啭河景区以原生态的自然风景和浓厚完整的布依族风情为主要旅游资源。2005 年当地农民自主开发了漂流自助游，但受交通限制、资金不足等因素影响，该景区现处于停滞不前的状态，其原有的开发显得单一落后。为使凤啭河景区彻底绽放出"绿色宝库"的风采，提高吸引力，本文立足于景区原有的开发基础，分析当地的旅游资源，坚持"保护性开发"的原则和"旅游业可持续发展"的理念，对景区进行重新规划开发，增加布依乡情旅游酒店的建设，形成一个新品味、多层次、多功能的生态休闲观光旅游景区。从而提高黔南州旅游竞争力，促进旅游业的发展。

关键词：凤啭河景区；布依乡情酒店；规划开发

The planning and development of Fengzhuan River scenic area's of DouYun

Jia shanshan
（2010031302）

（History & Social Culture Department，Qiannan Normal College for Nationalities，Duyun 558000，Guizhou）

Abstract：Fengzhuan River scenic area of DuYun regards the natural scenery and the full BuYi national minority character and style as the main tourism resources. The local farmers developed the self help raft swimming project in 2005.However，the scenic spot remains the same，even seems lag behind others as the result of the restriction of traffic and insufficient funds. In order to develop better as a "green treasure" and attract more tourists，based on the existing development，I will analysis the tourism resources and plan and construct again with the discipline of "protect development" and the concept of "the sustainable development of tourism"，to develop a new taste，multi-level and multi-function scenic spot for ecological leisure tourism，which can not only improve the tourism competitiveness of Qannan，but push the step of tourism.

Key words：Fengzhuan River scenic area；the analysis of resources；plan and develop

凤啭河景区位于都匀沙寨乡，距市区 56 公里，与独山、平塘两县相邻，为三县市交界处。该景区为剑江—斗篷山风景名胜区十大景区之一，有"绿色宝库"[①]之称。综合利用景区的区域位置的便利、景区关联度的紧密、旅游资源的丰富等因素，在保持原生态的原则下，对景区进行重新规划开发，形成一个新品味、多层次、多功能的生态休闲观光的旅游景点，丰富和提高都匀的旅游景点，是提高都匀旅游竞争力的有效措施，有利于促进黔南州旅游业的发展。

一、凤啭河景区开发的现状与问题

（一）凤啭河景区的开发现状

2005 年，沙寨乡 23 户农民自己入股，推选出 8 人，邀请乡镇干部 2 人组成旅游股东协

---

① "绿色宝库"摘取于贵州金黔在线，指凤啭河景区的自然资源原生态性和丰富性。

会。在政府的支持下，都匀旅行社的牵线引导下，办理"中国情人节——凤啭河七夕（999对情侣）漂流活动"。在凤啭河上游设立接待中心点，在下游建立多家农家乐餐馆、家庭式旅馆，凤啭河景区为集吃、住、游为一体的农家漂流休闲游景区。原生态的自然风光、民族歌舞、祭祖、扫寨等活动吸引了大批外来游客。两年间，到凤啭河旅游的游客平均超过2万人次，漂流的达到5 000多人次。凤啭河景区渐渐在黔南州大放光彩。①

2011年7月，都匀旅行社与黔南州旅游局共同举办、联通公司赞助、沙寨乡村民配合，邀请黔南电视台宣传，举办了一次将近100名游客参加的大型凤啭河漂流大赛，使有点淡出旅游者视线的凤啭河景区在这次活动中重新吸引游客。

凤啭河景区通过一些大型的活动，具有了一定的知名度。现属于以自助漂流

为主，体验大自然的参与型休闲游景区。虽有原生态的自然风光、保留完整的布依民族风情，但景区主要活动就是漂流，项目单一，活动稀少，没有全方位的利用起景区资源。景区仅集吃、住、游为一体，缺乏购、娱、行，景区产品稀少，旅游开发显得单一、落后。

（二）凤啭河景区现存在的主要问题

（1）基础设施薄弱，接待水平低。由于资金短缺，游客量总体上偏低，产生的经济社会效益不大，使得对基础设施建设投入较少，仍滞留在2005年的基础上，餐馆、住宿服务水平参差不齐，接待中心空置率高，总体接待水平低。

（2）交通受限。通往景区的交通较长段属于山间泥路，坡度大，转弯度大，路面狭小，仅能供小型面包车和私家车单向通过，存在一定的危险。凤啭河景区主要位于沙寨乡南部，越往上游开，路况越差。交通受限，使得游客进出不便。

（3）景区开发规划单一落后。凤啭河景区主要由上游到下游一段周边的环境和景点组成，在上游有布依族风情、历史古迹遇仙桥、凤栖洲，中游两岸有峰丛、原始森林、猴子岭、拉雅洞，下游有马蹄岩等景点。但目前的开发规划是以自助漂流为主，虽布依族风俗保留完整，但未进行开发。各个小景点只停留在在漂流中欣赏两岸风景，并未做具体深入的开发规划。主要以观光游览性活动为主，缺少满足游客探索求知、休闲娱乐的多层次旅游需求，游客驻留时间短，旅游经济效益较低。在旅游主题不断丰富创造、旅游需求越来越多样化的旅游发展潮流中，凤啭河景区的旅游开发显得单一、落后。

二、凤啭河景区的资源分析

（一）地理区位条件较好

地理区位条件是指旅游资源所在区域的地理位置、交通条件以及旅游资源与其所在区域内的其他旅游资源、周边区域旅游资源的关系等。

凤啭河景区位于黔南州都匀沙寨乡南部，距市区56公里，距贵新高速18公里，与独山、平塘两县相邻，距两县城仅15公里，为三县市交界处，具有优越的交通区位优势。2005年成立农家漂流休闲游时，政府集资修建了与外界进入凤啭河的道路。现在必经路旁修建管道工程，虽然工程期间影响路面交通，但工程结束后会加宽整理路面，改善路面状况。

---

① 摘抄于贵州金黔在线—贵州日报 http://www.gog.com.cn　05-07-28 08：24

凤峠河景区是剑江-斗篷山名胜区十大景区之一，主要以漂流为主，其他几景以名山、名湖、历史文化为主，有利于旅游资源的联片成规模开发，对旅游资源起到带动作用，产生规模效应。周边的平塘掌布景区以地质化石为主，独山的花灯戏之乡、三都的水族之乡则以水族文化风俗为主。与周边旅游资源呈互补、合作关系，四个区域的旅游资源互相映衬，产生集聚效应，能够更好地吸引旅游者。

（二）经济环境欠缺

　　经济环境是指旅游资源所在地的经济状况，主要指投资、劳动力、物产、物资供应及基础设施等条件。

　　沙寨乡辖 6 个村 79 个村民组，2010 年总人口 17 972 人（其中农业人口 17 635 人），主要以农业、种植业为主。农作物种植丰富，产量高，有天麻、灵芝菌、迷迭香等中药材和茶叶、辣椒、板栗等经济作物。全乡种植板栗 6 500 亩，年产量 75 万公斤，辣椒 4 500 亩，年产量 175 万公斤，茶园 1 315.81 亩，迷迭香 2 500 亩。以板栗、辣椒、迷迭香为支撑的农业产业化种植初具雏形。

　　当地农业人口多，中老年人可兼职旅游服务工作，减少劳动力成本的同时为当地农民增加经济收入。在凤峠河上游建有发电站，通信信号已基本覆盖，水、电、交通、邮政、通信等公共基础设施较不完善、发展较缓慢，只达到基本标准。

　　总体而言，凤峠河景区的整体经济环境一般，投资力度低，目前暂无商业投资，主要是农民自主投资景区的规划开发，政府予以政策扶持和一定量的资金补贴。基础设施条件也较差，但劳动力供给丰富，主要以体力劳作为主。物资供应较好，农作物产品丰富。

（三）社会文化环境良好

　　社会文化环境主要指旅游资源所在地的政治局势、政策法令、社会治安、政府及当地居民对旅游业的态度、卫生保健状况、地方开放程度以及风俗习惯等。

　　沙寨乡居住有布依、毛南、汉、苗、水族等民族，其中少数民族占 98.5%，民风淳朴、热情好客。由于过去交通封闭，使得凤峠河上游的布依族风俗保留完整。同时当地政局稳定，社会治安良好。政府大力支持旅游发展，为此提出创建省级旅游文化之乡，力争把沙寨乡更名为凤峠河镇，把旅游工作作为重点工作，并提出具体措施。综合治理方面突出抓安全稳定工作，财税方面突出发展加工业、种养业，着重扶贫开发与劳务经济工作，村镇建设方面突出打造布依风情一条街和生态文明小康村，旅游方面突出打造情侣漂流和文化产业开发工作。当地农民积极参与。2005 年 23 户农民贷款入股，开办起 5 家饭店，修建吊脚楼木房住宿，办起农民自己的自助漂流活动。

　　总体上，凤峠河景区的社会文化环境良好，政府与当地的农民对旅游业的态度明朗，接受配合程度高，有利于凤峠河景区的二次规划开发。

（四）自然环境优越

　　旅游资源所在地的地质地貌、气象气候、水文、土壤、植被等要素所构成的自然环境，对旅游资源的质量、时间节律和开发有着直接影响。

沙寨乡山清水秀，气候温和，雨量充沛，平均海拔 785 米，最高 1 399 米，最低 715 米。平均气温 15.9 ℃，最高气温 36.3 ℃，最低气温 – 3.4 ℃，森林覆盖率为 56.9%。多年平均无霜期 289 天，多年平均日照 1 168 小时，多年陆面蒸发量 568 mm，水面蒸发量 240 mm，多年降雨量 1 280 mm。森林总面积 18.5 万立方米，森林覆盖率为 56.9%，牧草地 5 273.7 亩，林地 98 377.8 亩，其中灌木林地 38 196.2 亩，有林地 53 603.2 亩，未利用土地 46 016.7 亩。

沙寨乡喀斯特地貌发育，地质以褶曲构造为主，属于扬子台地的黔贵台凹，地形由北向南走向的凤啭河向斜山地组成，境内有两条河流穿过。其中凤啭河入平塘县汇入红水河水系。由于纯碳盐岩出露层多，各种喀斯特形态如峰丛、峰林、溶蚀的洼地、盲谷、漏斗、溶洞、天生桥等完备，为旅游业提供了丰富的天然资源。

凤啭河景区的自然环境条件良好，可开发规划的空间大，可利用资源丰富。进行旅游接待的天数较多，但季节性变化较大，贵州多冻雨，交通、景区状况等都会受影响，冬季该景区将会进入淡季。

（五）旅游资源丰富

1. 自然资源

沙寨乡喀斯特地貌发育，地质以褶曲构造为主，因纯碳盐岩出露层多，各种喀斯特形态如峰丛、峰林、溶蚀的洼地、盲谷、漏斗、溶洞、天生桥等完备，旅游资源集山、水、洞、桥、宫、瀑、林为一体分成两大板块。以都（匀）平（塘）公路为中心，东有凤啭河天生桥景区、西有龙宫、溶洞景区。两者优势互补、交相辉映、相得益彰，具有综合性、趣味性、独特性的特点和审美价值。

凤啭河景区生态保护良好，自然风景秀丽。凤啭河水质清洌，曲折蜿蜒，河床多处倾斜积水有深有浅，流水时缓时急，漂流有惊无险。两岸山势高耸，林茂草丰。上游电站至金沙滩 4 公里河段，水流平缓，可乘船浏览两岸水光山色；下游从凤栖洲至马蹄岩，峡谷长约 8 公里，有 7 弯 9 滩 28 道冲浪险滩，是漂流探险的理想河段。沿途经过新桥电站、遇仙桥、河中岛、拉雅洞、天生桥、猴子岭、马蹄岩等景点。

2. 人文资源

沙寨乡 2010 年少数民族占总人口的 98.5%，在凤啭河上游有布依族农民聚居，布依族文化保留完整，2005 年布依族"扫寨"风俗获贵州省政府批准的非物质文化遗产。布依族有独特的干栏式建筑、蜡染刺绣文化，节日活动繁多，四月六、吃新节等，婚嫁习俗有水上布依婚俗，民族风情丰富且独具特色。

位于凤啭河上游的省级保护文物——遇仙桥，桥跨河连通都匀、独山两县，为五孔青石拱桥，建于清光绪二十四年（1898 年），为都匀古桥之一，保存完好。

凤啭河景区的旅游资源丰富且具有当地特色，纯生态的自然资源和独特的布依族风情等人文资源，两者情景相融，适应游客追求"返璞归真"的心态，吸引游客在"回归大自然"的活动中放松身心，获得天然美的享受。同时使得景区规划开发的思路广阔，可选择、利用的方面丰富。

（六）客源条件较好

客源包括本区与外地两个方面，一定数量的客源是维持旅游经济活动的必要条件。凤啭河景区旅游功能主要是观光休闲、探险旅游等，在空间上，主要客源市场以青少年、中年为主。景区地理位置优越，处于都匀市、独山、平塘两县交界位置，客源地辐射面较广，以黔南州和本省游客为主，同时可将周边景区的游客吸引过来。在时间上，该景区受天气条件变化比较大，下雨、下雪天气将会影响旅游活动的开展，因此会形成旅游的淡旺季变化。

（七）旅游环境容量较低[①]

旅游环境容量是指在不致严重影响旅游资源特性、质量及旅游者体验的情况下，旅游资源的特性和空间规模所能连续维持的最高旅游利用水平。

沙寨乡行政区面积 131.48 亩，耕地面积 11 395.67 亩，凤啭河景区可供旅游利用的面积较之更小。因凤啭河景区是以纯自然风景为主，人文类旅游资源为辅，起到画龙点睛，互相丰富加深内涵的作用，要求保持自然美的文化特色，注重景区的自然环境保护。因此从客观的地理环境容量和为保护景区角度出发，该

景的环境容量较小，可承受的日均接待量较低，要注重人流量的控制。

三、凤啭河景区的规划开发

（一）坚持"保护性开发"的原则，深入贯彻"旅游业可持续发展"的理念

旅游资源的开发要遵守环境保护与社会效益的原则，既要保护旅游资源本身在开发过程中不被破坏，正确处理好开发与保护的关系，又要控制开发后旅游区的游客接待量在环境承载力以内，维持生态平衡，保证旅游者的旅游质量。同时，"旅游业可持续发展"的理念使旅游与大自然、社会文化和人类环境和谐的形成一个整体，实现既满足当前和未来旅游业的发展，又不损害旅游者和旅游地当前和未来的利益。

凤啭河景区是以凤啭河水色、两岸山光、布依风情等原生态旅游为亮点吸引游客，从景区的纯生态环境的客观要求及景区的长远发展和效益角度考虑，在规划开发中既要坚持"保护性开发"的原则，又要深入贯彻"旅游业可持续发展"的理念。

（1）坚持原生态，自然的才是最美的。在开发过程中以保护环境、还原自然、展现自然为主，不主观人为的改造自然、人工打造景点或从外引进人工景点。旨在让游客回归自然，感受自然。

（2）做好景区环境的管理保护工作。景区中做好环保宣传提示工作，应与景区融为一体的垃圾桶、提示牌之类的，处处显示出环保，让游客自觉保护景区环境。设置景区卫生管理员，安排专职工作人员清理垃圾。

---

① "旅游资源的分析"引用于 甘枝茂，马耀峰. 旅游资源与开发. 天津：南开大学出版社，2000 中旅游资源评价的内容（265-271）

（3）实施景区环境容量标准，控制游客接待量。设置日均接待人数上限，在旺季时严格控制景区人数，提前进行订票，对票数进行控制。对淡季进行调控，例如价格上调控、举办创意活动等。例如，可以利用摄影爱好者和驴友喜欢探索自然、寻找特别的美、同时不喜欢赶人潮的特点，在淡季时举办摄影大赛和驴友聚会等活动，这样既可以减轻淡季的问题，同时又为景区做了独特的宣传，一举数得。

（4）加强景区环保和乡情酒店等基础设施的完善和控制。对生活污水、垃圾的排放进行专门处理；对水电气的来源可利用当地特色，采用天然气、自然电，对使用设置合理的标准；对住宿和饮食餐馆数量、规模进行控制，不盲目修建，私自修建，统一由政府控制数量、规格，当地农民或投资商申请。凤啭河景区现在下游沙寨乡建有农家乐餐馆20多家，住宿接待10多家。政府可进行考察，对于质量不过关的关闭补偿，对质量规模上好的酒店给予鼓励支持，提高各方面的水平。

（二）政府、旅行社、当地农民多方力量共同参与

对于多个景区出现的景区管理者与当地居民的利益矛盾，凤啭河景区采取股份制方式解决，集体参与，按股份方式选择各方代表人组成决策层，效益分红，集体收益。

1. 政府

对凤啭河景区和乡情酒店的规划开发需要政府的大力支持：

（1）重视发展旅游业并在政策上进行倾斜，优先发展当地旅游。对景区进行宏观的整体规划，在建设乡情酒店所占用的土地审批利用上予以支持。

（2）对大型基础设施建设提供资金支持，进行招商引资，对凤啭河景区的交通改善和通讯、邮电等方面的基础设施建设进行引资。

（3）在组织管理上，对农民纠纷、利益矛盾方面进行有效的管理、协调，减少景区规划开发的阻力，这样也可以凝聚民心。

2. 旅行社

对于股份制集体参与，都匀当地旅行社以技术和资金股份投入，属于大份额，为景区的规划开发提供技术和物质保证，以旅游市场需求为导向，较敏锐地抓住市场变化，将旅游者需求和景区规划开发结合在一起，做到投资最小化、利润最大化。旅行社作为旅游活动的组织者、媒介者，在宣传、组织上力度大，能较好的宣传凤啭河景区，组织旅游者，扩大客源市场。

3. 当地农民

凤啭河景区一开始是当地农民贷款集资入股共同开发管理的。现在的二次规划开发，仍需要当地农民的参加入股，这样既能减少阻力，又能减少开发成本。当地农民以劳动力和资金股份投入参与，对于景区前期的开发，当地农民占一定的份额。在二次规划开发中，按投资额分配，对于布依寨子的修葺维护占一定参与比例，劳动力的投入占一定的比例。农民投入的比例分配要公正合理，尊重他们的权益，可请政府做中正，旅行社与农民协商签协议决定。

政府、旅行社、当地农民三者的集体参与，避免了开发商占据主导位置，在资金上选择

多种方式的集体入股集资，达到利益均沾的效果。同时缓减了多者之间的利益矛盾，使农民获得一定的决定权，刺激当地农民参与的积极性和配合度，提高农民的经济收入，促进当地经济发展。在一定程度上又达到了对景区的保护作用，不会再任由谁去任意开发。

（三）整体性规划开发旅游景区和乡情酒店，形成新品味、多层次、多功能的乡情旅游平台

凤啭河景区原有开发以漂流为主，主要游览山光水色，虽沿途有室外仙苑、拉雅洞、笔锋山、金枝玉叶、刀背岩、小观亭、双山并立等游览点，景区附近有喀斯特地貌溶洞、野生动植物、文物古迹、人文布依风情等，但都未做深入具体的规划开发。凤啭河景区的主要可利用资源是一河（凤啭河）、一山（河两岸山）、一村（凤啭村）。

现在旅游潮流中自驾游、户外探险兴起，参与型、观光休闲度假型旅游需求逐渐扩增。为迎合旅游潮流，凤啭河景区的规划开发应结合环境特色，重点规划开发具有参与性、休闲度假性的旅游产品，形成新品味、多层次、多方面的旅游景区和乡情旅游酒店。让旅客回归大自然，感受布依风情。

1. 凤啭河景区自然风景类旅游资源的开发（见表1）

表1

开发功能	开发主题	开发内容
观赏享受	原生态、绿色宝库	开发的主要内容：规划开发多条旅游路线，游览观赏，回归自然。 （1）乘坐小船或漂流，欣赏凤啭河两岸的山水风光，寻找猿猴。 （2）在各个小景点处标上景点指示牌，规划浏览路线，在岸边参观浏览。 （3）景区扩展，将东面的凤啭河景区、西面的龙宫等景区连接成长线浏览。 （4）立体发展，对两岸的山规划出浏览路线，开发浏览景点，边登山边欣赏。
体育运动、参与体验	激流勇进、体育盛会	开发的主要内容：休闲度假、体育探险。 （1）休闲度假类：在凤栖洲段，水流平缓，可泛舟、垂钓；两岸的山可攀登；集体野营、原始自然烧烤，户外休闲。 （2）体育竞技类：漂流比赛、攀登比赛；进行有奖竞赛，起到宣传促销作用。 （3）户外活动基地：驴友探险基地，摄影基地，森林拓展，丛林野战，狩猎。
保健疗养	自然养生、原生态	开发的主要内容：打造中端的、与自然生境相融合的原生态乡情和酒店。 （1）利用原生态的自然环境中对人体有利的元素，宣传吸引游客前来养生。 （2）建立养生会所，邀请专业养生专家，利用体育活动来运动养生。 （3）利用当地新鲜、纯绿色的蔬菜瓜果，调制养生菜点。 （4）健全、完善相关的基础设施，崇尚自然、原始养生。
科学研究、科普教育	细品自然、认识自然	（1）欢迎各类专家来研究考察，如地质研究、植被研究、水文调查等。 （2）对学校组织的学生学习进行免费开放，参观游览。 （3）举办夏令营，锻炼孩子野外生存技巧，独立生活能力等。

2. 凤岗河景区人文类旅游资源的开发（见表2）

表2

开发功能	开发主题	开发内容
参观游览	布依文化、百年传说	开发主要内容：参观了解布依文化、遇仙桥等传说。 （1）建布依族文化展厅，展览各方面文化，结合实物、幻灯片多种方式展览。 （2）建设修葺布依族寨子，文化实物展现。 （3）对于文物古迹、遇仙桥等遗迹和相关人文景点等产品进行打造，寻找文化传说的基石，在观赏的同时赋予神秘色彩。
文化传播	布依风情、布依风俗	开发主要内容：布依节日游、布依习俗表演。 （1）节日游：针对布依族的节日，例如四月六、吃新节等，鼓励布依族人按民族传统过节日，以此为热点，吸引游客，参观体验布依风情。 （2）布依习俗表演：布依的扫寨习俗表演、水上婚礼表演。 　以上开发不是为了表演而表演，布依人按自己习俗过节日，在此基础上对外宣传，吸引游客前来，要求自然性。 （3）对于习俗表演，尊重布依族习俗，在布依规定的传统日子中才展现；水上婚礼表演，如遇到布依人结婚最好，在淡季时可利用这些习俗举办一系列活动，从而吸引游客。
参与体验	"做一天布依人"的乡村酒店	开发主要内容：体验布依人生活。 （1）打造舒适的"布依人家"乡情客居酒店，与布依人同吃同住，体验和参与他们的民俗风情和文化生活。 （2）体验布依人的劳动生活，例如体验耕田、放牛、插秧、收获等农业劳动。 （3）参观农业园区，参加体验蔬果采摘。 （4）要求在开发中要提高布依人家中的接待水平，保证安全卫生，可选取几家代表做典型。在劳动生活体验中，要求当地农民在发展旅游的同时不荒废农业，在技术帮扶下，更好的发展农业，既发展旅游又发展经济。

（四）注重旅游效益，提高旅游资源的附加值

在旅游效益上，可根据当地的原生态性增加一些旅游产品，提高旅游资源的附加值。

（1）开设土特产店、纪念品店。凤岗河景区经济作物丰富，可加强辣椒制品、牲畜制品、板栗制品、茶叶制品等土特产品加工，专门销售本地出土的农产品。可制作布依手工制品等纪念品，例如布依族服装或展览模型、布依蜡染刺绣等纪念品。

（2）提高游客的参与性，使游客驻留时间增长。在进入凤岗村的羊肠小道上可设置骑马或坐马车项目，让游客感受自然生活；举办篝火晚会、布依风情表演，让游客"做一天布依人"，参与当地布依人的正常劳作；在民俗乡情酒店的硬件支持下，让旅客与布依人家同吃同住，既展现布依文化，又注重游客的参与性，使游客驻留时间增长，提高旅游经济效益。

在开发乡情旅游景区、酒店的基础上提高旅游资源附加值时，切忌让商业气息掩盖自然、绿色气息。因此，对于以上两点要控制规模数量，尊重游客意愿，让其自由选择。

四、结　语

　　凤啭河景区的开发主题是"原生态、绿色宝库"，要坚持自然的就是最美的。政府、旅行社、当地农民三方要积极投入，对景区进行全方位、多层次、新品味的规划开发，通过乡情旅游酒店打造，在增强景区吸引力的同时也让当地经济发展，让景区的保护、发展、收益形成一个良性循环。凤啭河景区要在现有可用资源的基础上顺应乡村旅游发展的潮流，不断创新，争取走到乡村旅游潮流前列。凤啭河景区及乡村旅游酒店的发展有广阔的前景，对提高都匀旅游的竞争力和综合水平及黔南州旅游业的发展有积极的促进作用。

参考文献：

[1]　王德刚，焦连安. 旅游资源开发与利用. 济南：山东大学出版社，1997.

[2]　杨振之. 旅游资源开发. 成都：四川人民出版社，1996.

[3]　严艳. 旅游风景区开发与规划. 西安：陕西旅游出版社，1997.

[4]　郑向敏. 旅游对风情民俗资源的消极影响及对策[J]. 旅游学刊，1992.（3）.

[5]　甘枝茂，马耀峰. 旅游资源与开发. 天津：南开大学出版社，2000.

【乡村旅游与民族文化】

都匀绕河村传统村落自然环境和人文环境调查报告

宋荣凯[1]，罗正勇[2]，韦云彪[3]

（1.黔南民族师范学院　贵州　都匀　558000；

2.黔南州教育局　贵州　都匀　558000；

3.黔南州民族博物馆　贵州　都匀　558000）

摘要： 都匀绕河村在 2014 年 11 月列入中国第三批传统村落保护发展名录，运用科学方法对其自然环境和人文环境状况进行调查研究，有助于按照国家政策规定对绕河村传统村落进行保护和发展。

关键词： 都匀绕河；自然环境；人文环境

一、调查背景和意义

传统村落是指拥有物质形态和非物质形态文化遗产，具有较高的历史、文化、科学、艺术、社会、经济价值的村落。传统村落承载着中华传统文化的精华，是农耕文明不可再生的文化遗产。传统村落凝聚着中华民族精神，是维系华夏子孙文化认同的纽带。传统村落保留着民族文化的多样性，是繁荣发展民族文化的根基。但随着工业化、城镇化的快速发展，传统村落衰落、消失的现象日益加剧，因此加强传统村落保护发展刻不容缓。新时期加强传统村落保护发展，保护和传承前人留下的历史文化遗产，体现了国家和广大人民群众的文化自觉，有利于增强国家和民族的文化自信；加强传统村落保护发展，延续各民族独特鲜明的文化传统，有利于保持中华文化的完整多样；加强传统村落保护发展，保持农村特色和提升农村魅力，为农村地区注入新的经济活力，有利于促进农村经济、社会、文化的协调可持续发展。[1](P) 按照住房城乡建设部文化部财政部《关于加强传统村落保护发展工作的指导意见》（建村[2012]184 号）、住房城乡建设部文化部国家文物局财政部等颁发的《关于开展传统村落调查的通知》（建村[2012]58 号）、《关于做好中国传统村落保护项目实施工作的意见》（建村[2014]135 号）、《关于切实加强中国传统村落保护的指导意见》（建村【2014】61 号）、《关于印发传统村落评价认定指标体系（试行）的通知》（建村[2012]125 号）和贵州省人民政府《关于加强传统村落保护发展的指导意见》（黔府发〔2015〕14 号）等文件精神，"开展传统村落调查，全面掌握本人国传统村落的数量、种类、分布、价值及其生存状态，是认定传统村落

基金项目： 2012 年贵州省教育厅高校人文社会科学研究基地项目，项目名称：都匀绕河地区瑶族家庭教育文化研究，项目编号：2012JD179。2013 年度国家社科基金西部项目，项目名称：贵州瑶族传统社区文化环境保护与发展研究，项目编号：13XMZ043。

作者简介： 1. 宋荣凯（1965—），男，布依族，贵州都匀人，黔南民族师范学院副教授，从事明清贵州教育、贵州少数民族社区文化环境保护研究。2. 罗正勇（1963—），男，布依族，贵州都匀人，现任黔南州教育局督学。3. 韦云彪（1962—），男，布依族，贵州都匀人，现任黔南州民族博物馆副馆长。

保护名录的重要基础，是构建科学有效的保护体系的重要依据，是摸清并记录本国传统文化家底的重要工作"，调查"村落基本信息、村落传统建筑、村落选址和格局、村落承载的非物质文化遗产、村落人居环境现状等"，其目的在于通过调查"全面掌握传统村落的数量、种类、分布、价值及其生存状态，是认定传统村落保护名录的重要基础，是构建科学有效的保护体系的重要依据，是摸清并记录本国传统文化家底的重要工作。"[2](P)

本报告是本人 2012 年贵州省教育厅高校人文社会科学研究基地项目《都匀绕河地区瑶族家庭教育文化研究》（项目编号：2012JD179）和 2013 年度国家社科基金西部项目《贵州瑶族传统社区文化环境保护与发展研究》（项目编号：13XMZ043）实施田野调查研究的重要载体和阶段性成果之一。从都匀绕河村自然环境和人文环境视角展现民族传统村落风貌，为党和政府实施民族传统村落保护开发提供参考。

二、调查经过

2010 年 7 月，本人随贵州民族研究院韩荣培副研究员和黔南民族师范学院美术系覃会优老师一起，第一次到绕河进行贵州瑶族服饰文化名片（贵州省优秀科技教育人才省长专项资金项目）调查，就被绕河村优美的自然风光和淳朴的民风深深地吸引着，当时就想系统地调查研究绕河村。本人的省级课题《贵州都匀绕河地区瑶族家庭教育文化研究》和国家级课题《贵州瑶族传统社区文化环境保护与发展研究》获得立项后，都匀绕河村自然成为本人开展贵州瑶族村寨文化传承保护的重要载体之一（按：都匀市民族宗教事务局于 2007 年颁发《匀族议复【2007】01 号"对都匀市人大十一届一次会议第 132 号建议的答复"》，建议将绕家人的户籍身份往"瑶族"称谓挂靠，绕河可视为瑶族村寨）。[3](P) 从 2012 年起，本人分别于当年 12 月，2013 年的 6 月、7 月、9 月和 12 月，2014 年 5 月、6 月、7 月和 12 月，2015 年 6 月，带领研究团队十余次深入绕河村进行田野调查，其中 2014 年 7 月 1 日至 10 日在绕河村入住 10 天，系统走访绕河村几乎所有的村寨。调查范围涉及绕河村 8 个村民组 21 个自然寨；调查对象包括阅读有关文献资料，走访当地有关村组干部、民族文化传人、平寨小学师生和普通村民，详细考察绕河村山山水水；在工作步骤上按照精心准备、全面实施调研、整理资料和进行总结详细规划组织实施；运用文献法、实地调查法、系统分析法、定性和定量分析法等科学方法进行调研；调查内容包括绕河村及其当地居民的自然环境、历史渊源、语言、经济社会、教育文化、风俗习惯、社会心理等，并以《都匀绕河风貌》为题撰写了 12 篇系列文章于 2014 年 9 月至 12 月分别刊载在《黔南日报·大美黔南》周刊上。通过调查研究，本人认为都匀绕河村作为一个传统民族村落，犹如一座保存原生态的优质富矿，需要学者专家进一步深入调查研究，更需要政府部门和社会各界按照自然规律和有关政策规定进行保护和开发。

三、都匀绕河村自然环境和人文环境

都匀绕河是指现今贵州省黔南布依族苗族自治州都匀经济开发区匀东镇洛邦社区绕河村，该村地理坐标在东经 107°31′ 至 41′ 和北纬 26°14′ 至 18′ 之间，东北与摆茶村毗连，南邻幸福村，西面和西北连接附城村、翁桃村和马场村，北枕麻江县宣威镇笔架村、中寨村和琅珘村。村委会驻地在平月寨，下辖 21 个自然寨共计 8 个村民组，全村国土面积 23.5 平方公里，2013 年年末人口计有 704 户 2 625 人，居住着绕家（瑶族）、布依族和水族等民族，其中绕家居民占 95%。绕河河谷地带最低处海拔不足 700 米，两岸山峰较多，超过千米以上的山峰有马坡（1 052.1 米）、鸡冠坡（1 043.6 米）和姐妹岩（1021 米），山上林木繁盛，植被多样，森林和天然草场覆盖率 70% 以上，适宜野生动物栖息。这里属于亚热带温暖湿润区山地气候地带，年均气温在 16.9 ~ 17.7 ℃ 之间，极端高温 35.4 ~ 37.7 ℃，极端最低气温 –7.5 ~ –5.7 ℃，无霜期 285 ~ 305 天，降雨量 1 220 ~ 1 450 毫米。这里气候温暖湿润，光、热、降水都能满足水稻、小麦、玉米及蔬菜水果等作物生长需求。[4](P)

就自然地理而言，狭义的绕河仅是指一段河流的名称。它是长江水系沅江上游即清水江的重要支流——菜园河的上游。菜园河经明英村新桥寨起往下，经多杰寨直至杨柳河附近汇入清水江。作为河段名称，绕河主要是指流经绕河村的这段河流。它有两个源头，一个是发源于都匀马场村白果寨一带，自西北向东南流经水竹园、木老寨再到河口寨这条河源；另一个源头是发源于瓮桃村珍珠泉及其附近溪水的这条溪流，它向东流经枫香寨后，在河口寨与前者汇合再往下流经龙关塘寨，直至新桥寨之间的这一条河段。因这条河段流经地段河道弯曲、绕弯较多，故名绕河。从人文环境看，绕河两岸分布着龙关塘、新寨、弯子寨、高车寨、苦竹寨、瓢寨、砍夺寨、铜鼓寨、水响寨、湾寨、岔河寨、坡脚寨、野鸡寨、平月寨、屯上寨、丫口寨、独家村、平寨大寨、平寨小寨、狗守寨、上河头寨等 21 个绕家村寨，故又名绕家河，简称绕河。这些村寨因林木资源比较丰富，当地居民就地取材，所有民居都用优质杉木修建，每栋民居几乎都是三间开两间进深二层干栏式结构建筑，在功能上分为楼上住人楼下堆放生产生活用具或喂养牲畜，房屋至今基本保存完好。在这里，绕河不仅仅是指流经这里的一条河流，它的内涵已经扩大为生息在这一片地区的绕家居民以及与当地的物质环境进行互动后创造出来的绕家民族文化生态圈，也可以说绕河就是指绕家民族村寨。都匀绕河是一个拥有较好的自然生态系统和人文社区环境的特色民族村寨，是都匀少数民族传统文化保存较为完整的农村社区。

绕河自然环境和生态系统独特，犹如世外桃源。在生态区内，幽静的河谷，清澈冰凉的山泉河水，加上两岸相互对峙矗立的高山，地势狭窄蜿蜒，山河景观呈西北向东南走向，是一个长条形山地河谷地带。在这里，绕河村 21 个自然寨居民因共饮绕河水、同垦绕河谷、都说绕家话而紧密相连。流经境内的绕河长 10 多公里，河面宽 5 ~ 10 米不等，深潭不多，多数水域水深不超过 1 米，流水平缓，水质清澈。据水文资料介绍，绕河多年平均流量 4.42 立方米/秒，一般干旱年枯水流量 0.65 立方米/秒，河床平均比降 10.40‰。[4](P) 多年来，绕家人就在这条河段生产、生活、繁衍、生息。王巩汉《绕河情韵》描绘绕河说："绕河是一条美丽绝伦的河…在这里山和水是一对世代相伴的恋人，山下是绿油油的庄稼，山上是郁郁葱葱的林木。绕河两岸紧逼的山势，亲昵地伴随着绕河无休止地迂回延伸。许是因为陪伴它的两岸青山常年叠翠，绕河的大部分河段显得平缓而从容，河水终年清澈、碧绿、深邃、宁静，穿梭游弋的鱼群不时在水面亮闪银光，恍如天穹中点点繁星在摇晃。在水中徜徉的鸭群，有的随波逐流，有的追逐嬉戏，有的扎进水里觅食鱼虾，他们在平如镜面的水面中漾起一圈圈波纹和细密的浪花，使这里的山山水水更有活力，更富生气"。[5](P)

目前绕河的交通和通信状况现已大为改观。在村内，上至龙关塘寨下至上河头寨之间 10

多公里远长廊，有一条乡村公路或左或右在绕河两岸交叉穿梭，将绕河各村寨紧密地联系起来。在村外，连接绕河的交通道路主要有三条：其一是从都匀出发经黔南大道到洛邦（花家地）至113老厂区到达绕河平月寨，再从绕河经摆茶村到达坝固社区的道路。这条路的路面已经于2013年硬化，路面宽4~6米不等，一般车辆往来便捷，可通中巴、面包车等中小型车，小车从都匀到绕河的时间需要40分钟至1个小时。现在每天有6趟中巴（悬挂开往113标志）和2趟面包车，定时从都匀蒙家桥出发至113之间往返，面包车则视车上到达绕河客人多少决定是否开到绕河。其二是从都匀出发经黔南大道在全民村路口向右分手再到瓮桃村枫香寨，往前经木老寨到河口寨再沿河进入龙关塘的路线。这条线上，每天有一部中巴车从都匀平惠小区菜场出发到达枫香寨之间往返。若经龙关塘进入绕河的客人多，车主可将线路延伸至河口寨。另外，这条线路从木老寨起往东分岔路经麻江县笔架、琅琊、河坝等地可到麻江县城，这条路是明清时期连接都匀府与麻哈州乃至北上贵阳东出湖广的古驿道的重要组成路段。其三是从都匀出发经黔南大道至都匀经济开发区管委会，再往东行至明英村新桥寨，可从新桥寨向左折向西北行经乡村公路到绕河的平寨大寨。这条路多年失修，路面坑洼，车辆不易行走。此外，还有一些乡间小路与绕河各寨沟通往来。当然，进出或联系绕河的不仅仅依靠道路出入，在现代信息化社会，移动、联通、电信等信息公路和电视信号早已架通绕河各寨，供当地村民分享使用。

在建置上，绕河从元末至明代，曾相继隶属都匀安抚司、都匀卫、都匀府管辖；清代隶属都匀府之都匀县坝固场；民国时期都匀县划分为6个区24堡，绕河各寨属于河内东区坝固堡辖区。中华人民共和国成立后，绕河属于都匀县俗淳乡第5、第6村；1953年建立平寨乡；1958年与都匀县牛场乡合并建立英雄公社；1959年建立平寨管理区；1962年建立平寨公社；1984年建立绕河乡，下辖红星、五爱和平寨三个村委会。[6](P) 1991年撤绕河乡建制，将红星、五爱、平寨三个村委会划归洛邦镇；2004年都匀市实施小村并大村，红星、五爱和平寨三个村委会合并为绕河村，下辖8个村民组：第一组包括龙关塘、新寨、高车寨、弯子寨和苦竹寨，第二组包括瓢寨、砍夺寨、铜鼓寨和水响寨，第三组包括湾寨和岔河寨，第四组包括坡脚寨、野鸡寨、平月寨和屯上寨，第五组包括丫口寨，第六组包括平寨大寨，第七组包括平寨小寨，第八组包括上河头寨。2009年都匀经济开发区管委会成立，原都匀市洛邦镇划拨给管委会，绕河村建制随洛邦镇隶属于管委会。2014年，都匀经济开发区将洛邦镇、大坪镇、王司镇和坝固镇合并改称匀东镇，绕河村随之隶属于匀东镇洛邦社区。虽然绕河不在都匀经济开发区腹地，但都匀经济开发区在经济上的强势开发，正在触动和辐射绕河村寨的各个方面和每个角落，也必将会改变绕河村多年形成的民族村寨风貌。

都匀绕河有独特的文化生态，它有自己的历史渊源和民族认同——绕家，有自己的家园——绕河，有自己的语言——绕家话，有自己的经济生活——农耕经济，有自己的文化——文学、艺术、音乐、竞技和娱乐，有自己的民族心理——热情、质朴、好客、友善、豪爽，有自己的传统节庆——冬节，有自己的习俗——衣、食、住、行、婚、丧、嫁、娶，有自己的自然崇拜——虎，有自己的致富工具——勤劳，有自己的朋友——苗族、布依族、水族、畲族、仫佬族、汉族，有自己的姓氏——许家、杨家、水家，有自己的组织机构——家族组织、村委会组织等等，不一而足。都匀绕河是自然美和人文美的有机结合，是令人向往和羡慕的地方。

四、建　议

都匀绕河是民族传统村落，其最有价值的是其独特的自然环境和人文环境。如何传承保护好这个民族村落、把党的惠民政策落到实处，是目前亟待思考和解决的问题之一。对于都匀绕河村传统村落保护，特提出如下建议：

建议一，以绕河村等民族村寨为中心，划定和设立该地民族生态保护区。

按照《贵州省民族民间文化保护条例》规定：对于"居住相对集中，民族、语言相同；传统生产、生活方式相同或者相近；传统民居建筑风格以及民俗相同或者相近；传统文化艺术以及手工工艺技术一脉相承"的区域，可以设立民族文化生态保护。[7](P)《贵州省非物质文化遗产保护条例》规定："非物质文化遗产资源丰富、保存较完整、特色鲜明、历史文化积淀丰厚、存续状态良好，具有重要价值和广泛群众基础的特定区域，可以申请设立文化生态保护区，实行区域性整体保护"[81](P203)。都匀绕河村地处都匀匀东镇东部，它紧连都匀、麻江、丹寨和三都四县（市），如果把这里的绕家居民和与之相邻的麻江县以及相距不远的丹寨县和三都县有关民族的自然环境和人文环境作为一个整体进行考察，这片区域就是一个拥有多个民族相互共存的大杂居、小聚居的民族特色文化村落村寨群，是流经此地的剑江河及其支流将这里的各民族村寨联系起来。这里的每一个民族都有鲜明的自然生态特点，在较近的区域，紧靠菜园河、绕家河和杨柳河水系的马场村、瓮桃村、幸福村、多杰村、明英村是以布依族为主体的民族村寨，而摆茶村、坝固社区则为苗族村寨；在较远的区域，有基长、阳和和奉合的水族村寨；在麻江县与之相邻相近的有畲族、苗族和仫佬族村寨；在丹寨县有苗族村寨；在三都县有水族、苗族和布依族村寨。将这些相邻或相近民族村寨纳入一个民族文化生态保护区进行整体开发和保护，呈现多民族文化生态特色，其意义是不言而喻的（按：目前这片区域已经拥有丹寨县南皋乡石桥村和兴仁镇王家寨村，都匀匀东镇王司社区新场村和洛邦社区绕河村共4个传统村落，其他类似村落有待进行普查和申报）。

建议二：委托黔南民族师范学院组织专家学者对该民族生态保护区进行数据普查，建立该区域文化生态数据库。

关于民族文化生态区数据普查，国务院《关于加强文化遗产保护的通知》、国务院办公厅《关于加强本人国非物质文化遗产保护工作的意见》和贵州省人民政府《关于加强传统村落保护发展的指导意见》有相关规定。根据这些规定，可由黔南州有关职能部门委托黔南民族师范学院组织专家学者，按照住房城乡建设部等部门印发的《传统村落评价认定指标体系（试行）》的有关要求，对上述民族生态保护区的自然环境和人文环境进行普查，重点对该区域的文化遗产、生态环境建设、基础设施建设、农村消防改造和潜在的特色产业进行普查，再根据普查结果建立保护名录和编制保护发展规划。目前黔南民族师范学院设立有民族研究所、民俗学研究所、民俗文化研究中心、水家学会、侗族学会、少数民族文化传承发展研究中心、高等学校人文社科研究基地、地方民族文化和教育研究中心、民族古籍研究基地等教育资源；在预科部还成立有黔南民族师范学院少数民族语言学会和少数民族体育竞技学会等社团组织。有一批专家学者正致力于地方民族文化传承保护研究，完全有能力做好建立民族生态文化保护区所需要的数据普查和论证工作。

建议三：由黔南民族师范学院在上述民族文化生态保护区建立民族文化传承保护基地，作为学院开展教学实践和科学研究的载体。

目前黔南民族师范学院拥有专科教育、民族预科教育、本科教育和硕士研究生教育等不同层次的学科和专业学生 15 000 人，2015 年 2 月贵州省民宗委和黔南州政府签订了共建黔南民族师范学院的框架协议，协议内容涵盖人才培养、学科建设、民族文化传承保护等方面。现在黔南民族师范学院正在按照贵州省民宗委和省教育厅的要求申报贵州省第五批民族文化传承单位，加强对民族文化的传承和保护，丰富黔南民族师范学院服务地方经济社会的建设内容。这既是黔南民族师范学院应有的职责，也是履行框架协议的重要平台。将上述民族文化生态保护区作为黔南民族师范学院民族文化传承保护研究基地，既可以拓展本院的办学资源，又可以更好地为地方民族文化传承保护提供智力支持。

参考文献：

[1]　住房城乡建设部、文化部、财政部. 关于加强传统村落保护发展工作的指导意见（建村[2012]184号）[Z]. 2012 年 12 月 12 日。

[2]　住房城乡建设部文化部国家文物局财政部. 关于开展传统村落调查的通知（建村[2012]58 号）[Z]. 2012 年 4 月 16 日.

[3]　都匀市民族宗教事务委员会. 对都匀市人大十一届一次会议第 132 号建议的答复. 匀族议复[2007]01 号）

[4]　都匀市史志编纂委员会. 都匀市志[M]. 贵阳：贵州人民出版社，1999.

[5]　王巩汉. 绕河情韵[D]. 政协都匀市委员会编. 都匀民族风情录[M]. 贵阳：贵州大学出版社，2011.

[6]　都匀市人民政府. 都匀市地名志[M]. 贵阳：贵州人民出版社，1987.

[7]　贵州省民族民间文化保护条例[Z]. 2002 年 7 月 30 日.

[8]　文化部非物质文化遗产司. 非物质文化遗产保护法律法规资料汇编[Z]. 北京：文化艺术出版社，2013.

浅议册亨布依文化节庆旅游开发

张晓琳

（黔南民族师范学院旅游研究中心，贵州　都匀　558000）

摘要： 旅游节庆目前已成为现代城市宣传城市形象和带动经济进步的助推器。大型旅游节庆能够有效整合区域旅游资源，全面展示区域文化特色，能够在短时间内使举办地形象和知名度得到迅速的提升；它不仅是一种旅游资源，旅游产品，还是城市和区域营销的重要手段。册亨布依文化节是一种民族文化型的旅游节庆，主要以反映举办地的民俗风情为特色，具有浓郁的地方民族特色。册亨以布依文化节为契机，通过一系列民族文化节庆活动，展示了册亨浓郁的民族风情，独特的人文景观，美丽的自然风光，进而扩大了对外开放和促进招商引资，推动册亨当地旅游事业和经济的双发展。

关键词： 旅游节庆；册亨布依文化节

册亨县是一个以布依族为主体民族的少数民族，布依族人口占全县人口的75.19%，是我国目前布依族人口比例最高的一个县。因此，册亨被命名为"中华布依第一县"。依托于其深厚的布依民族文化底蕴，册亨举办了首届中国册亨2010布艺文化节活动。册亨布依文化节是一种民族文化型的旅游节庆，主要以反映举办地的民俗风情为特色，具有浓郁的地方民族特色，对旅游颇具吸引力，作为一种资源，册亨县以发展民族文化、民族节日为目标，定期举办布依文化年活动。册亨通过系列民族文化节庆活动，展示了册亨浓郁的民族风情，独特的人文景观，美丽的自然风光，进而扩大了对外开放和促进招商引资，推动册亨当地旅游事业和经济的双发展。同时，册亨以布依文化节为契机，可重新整合旅游资源，加大力度挖掘未开发的具有民族特色和自然特色的旅游资源。

一、旅游节庆综述

（一）节　庆

节庆是"节日庆典"的简称。广义上的节庆等同于节事，而狭义上的节庆则专指传统节日以及当前人们举办的各类经济和文化庆典活动。节庆按起源和产生可以分为三类：第一类是经过长期历史文化沉淀所形成的传统民族节庆和宗教节日，如西方的狂欢节、圣诞节、复活节，中国的端午节、中秋节、清明节等；第二类是国家出于政治或公益事业需要设立的纪念性节日，如各国的国庆日、国际劳动节、青年节、中国教师节等；第三类是随着区域经济、文化的飞速发展而逐步形成的、具有地方特色的经济文化旅游节，如美国玫瑰花节、英国爱丁堡国际艺术节、我国的青岛国际啤酒节、南宁国际民歌艺术节等，这些节庆是为迎合当地经济、文化的发展，特别是旅游事业的发展而人为策划的，称为现代节庆或旅游节庆。

（二）旅游节庆

1. 旅游节庆的概念

旅游节庆是指在一定区域范围内对旅游产生吸引力，经开发规划后成为吸引旅游者的动态文化的各种节庆庆典活动。简而言之，旅游节庆是指具有旅游效益和旅游价值的节庆。旅游效益即节庆为举办地带来经济、社会文化、科技等方面的效益。旅游价值是指能较好展示区域文化特色，使区域文化得以彰显和传承；同时能够吸引旅游者从而为举办地带来旅游经济收入，能够为举办单位带来经济效益。旅游节庆包括了各类旅游节日、庆典、交易会、展览会、博览会以及各种文化、体育活动。这些活动往往规模不一，在特定区域内定期或不定期的举行，且围绕特定的主题开展丰富多彩的旅游项目。旅游节庆以其独特的形象吸引大量国内外旅游者，从而提高旅游目的地的知名度，产生效果不等的轰动效应。

2. 旅游节庆的分类

旅游节庆种类繁多，根据旅游节庆等级及影响范围可分为世界级旅游节庆、国家级旅游节庆、省级旅游节庆、市县级旅游节庆；根据运作管理模式可分为政府包办型，多部门联办型，市场化运作型，政府协调引导、社会参与、市场运作型；根据旅游节庆主题分类可分为民族文化型、特有产物型、独特景观型、宗教文化型、历史文化型、民俗文化型、康体文化型；根据主导功能可分为游览观光型、商业经贸型、民俗文化型、综合型。

3. 旅游节庆的作用

旅游节庆是推动目的地形象，传播区域文化，塑造区域旅游品牌，促进对外经贸合作，带动经济发展的重要载体。其目的不仅在于吸引旅游者、投资者以及赞助商的参与，成功的旅游节庆还可以为地方发展带来经济、文化方面的效应。首先，旅游节庆可以调整举办地的旅游产品结构，弥补旅游淡季供给过剩状况；其次是可以提高举办地的旅游竞争力；再就是可以满足游客多层次的需求；还有提高和完善举办地的基础设施；促进举办地的经济发展；塑造举办地形象，提高举办地的知名度等作用。

（三）册亨布依文化节旅游节庆

册亨布依文化节是一种地方性旅游节庆，是以册亨县为举办地的节庆活动，为县级旅游节庆，而且属于多部门联办的旅游节庆；按主题可归类到民族文化型旅游节庆，册亨布依文化节是以布依文化为内容，以反映举办地的布依民俗风情为特色，具有浓郁的地方民族特色的民族文化类节庆。对于册亨县来说，布依文化节的举办给册亨县的旅游带来了新的契机，使册亨的旅游事业上了一个新台阶。对布依文化节的开发是现今册亨县旅游部门思考的新课题。

二、册亨布依文化节开发的条件分析

（一）经济条件分析

任何地区举办旅游节庆，都是在一定的经济基础上开展的，具体表现在三个方面：首先是必须具有一定的基础设施条件。旅游节庆举办地的旅游节庆对基础设施有很大的依赖性，如果没有较为完整的基础设施条件，一些大型的节庆活动将无法举行。基础设施包括饭店住宿、便捷的交通和通信设施、发达的餐饮业等，同时还包括良好的社会服务体系。其次是具备较为开放的市场化运作经济体系。节庆活动需要招商引资，需要人才的自由流动，需要多家企业单位共同联手操办。如果活动资源无法优化配置和整合利用，部分设施可能闲置，达不到效益最大化。再次是具有相对较高的经济发展水平。很多旅游节庆的受众客源是当地居民和近区域居民，只有他们的人均收入达到了一定的水平，有了一定的消费能力，才有可能形成对节庆产品大量的有效需求。

册亨县县委、县政府高度重视旅游业的发展，将发展旅游业放在了重要的位置，相继启动了岩架新寨布依风情园和者楼浪沙生态园旅游景点的建设工作，者楼浪沙城市生态园目前已完成布依文化广场建设、进园道路的改造美化。同时，加大旅游宣传推介，2010年就布依文化节前期引进资金31.37亿元，进一步完善了旅游基础设施建设，优化了旅游发展环境，营造了册亨县旅游业发展大格局。

在上级部门的大力关心和支持下，册亨县纳福新区的整体规划已经付诸实践。投资7 000万元的A区大道项目正在实施，县城沿街房屋的正立面及屋檐也按布依建筑风格进行统一改造和装饰。"册亨大饭店"等大规模的饭店相继建成，旅馆、宾馆、餐饮业正常营业，布依文化广场的基础设施资源已大部分配置齐备，完全有能力办成中国册亨布依文化年活动。

（二）社会文化条件分析

册亨县是以布依族为主体民族的少数民族县，布依族人口占全县总人口的75.19%，是我国目前布依族人口比例最高的一个县。建立黔西南布依族苗族自治州之前，册亨是全国唯一的布依族自治县。

表1　册亨布依文化资源现状

类　型	资源简介			
布依节日	"三月三"（布依族民间杀鸡祭祖，吃黄黑糯米饭的传统节日）	"六月六"（是布依族人民的传统佳节，有"小年"之称）	"鬼节"（俗称"七月半"的祭祖神的节日）	"拆刀耙节"（布依族庆祝丰收的节日）
布依歌曲	"布依情歌"（布依族男女对唱的歌曲）	"敬酒歌"（节日向客人敬酒时唱的歌）	"浪哨歌"（男女恋爱时一种布依情歌）	
布依地戏	哑面（祭祀演出时一种戴面具表演、没有台词、靠肢体语言表达的一中戏剧形式）	罗细杏（布依戏中的比较有代表性的戏曲）		
布依曲艺	八音坐唱（又叫"布依八音"，是布依族世代相传的一种民间曲艺说唱形式）	高台舞狮	转场舞（又称"嘞唔"的一种布依舞蹈）	竹鼓舞（利用竹子编排的一种舞蹈）
布依服饰	大襟长衣	银饰	布依布鞋	头饰
其他资源	郭家洞	册阳"柔远"	刘道"天梯"石栈	弼佑民族村寨

册亨县有独具魅力的布依传统节日"三月三""六月六"，有布依歌、布依戏、布依仪式性前傩戏——"哑面"、八音坐唱、高台舞狮、转场舞、竹鼓舞等，特别是布依戏《罗细杏》中"撕衣定情"片断于1984年获文化部颁发的"孔雀杯"奖，布依戏在2006年被列入国家级非物质文化遗产名录，板万的布依仪式性前傩戏——"哑面"被誉为"古代戏剧的活化石"。乃言乡（现为八渡镇）于1993年被文化部命名为"中国布依戏艺术之乡"，1996年被文化部命名为"中国民族文化之乡"。全县有国家、省、州、县4级非物质文化遗产名录29项，省、

州、县 3 级文物保护单位 67 处。册亨还是贵州布依语的第一土语区。位于岩架洛凡郭家洞的符形文字，经专家考证，有 1 000 ~ 2 000 年的历史，是一项重要的文化遗产，它对于研究贵州岩画、贵州古代经济、文化技术、布依族先民的生存状况等具有重要价值。册亨的文化还体现了汉文化与布依文化的融合，其中册阳"柔远"、刘道"天梯石栈"等石刻历史悠久。

　　册亨县有着浓郁的民族风情。这里的布依族热情好客、性情直爽、勤劳勇敢、真诚大方。长期以来，布依族儿女在与自然互动的过程中追求着精神满足，并形成了一种闲适优雅的文化心态。走进册亨，独特的风味食品，别具风情的饮酒习俗，多姿多彩的传统节目，深情婉转的布依山歌和情歌，旋律悠扬的勒优、勒浪、布依唢呐等等，这些具有鲜明特色的布依文化为开展布依文化节活动奠定了深厚的文化基础。

（三）交通优势条件

　　目前，册亨交通日臻完善。已经建成运营的南昆铁路在册亨设有一个县级客运站、一个八渡货运站和两个停靠站。航道交通：国家投资建设的南北盘江、红水河西南航运南下出海中通道，将在册亨建设三个 500 吨级航运港口码头；龙滩水电站建成发电后，南北盘江、红水河库区已经形成可以通行 500 吨级客货轮船深水航线，500 吨级以上轮船可由册亨岩架、八渡码头南下直达广东南海码头，进而抵达港澳。正在快速建设的汕昆高速公路，穿过册亨全境直上云南，望（谟）安（龙）高速公路即将修建。南昆铁路、汕昆高速公路、望安高速公路、南北盘江、红水河南下出海中通道三条铁路、公路、航道运输大动脉交汇册亨，使册亨成为黔西南州乃至川、滇、黔南下出海，融入泛珠三角经济区、中国—东盟自由贸易区的大通道。这样册亨形成铁路、高速公路、航运三位一体交通网络，制约册亨经济社会发展的交通瓶颈得到发展，过去一直被外界视为封闭的册亨，将成为黔西南重要的交通枢纽，变成贵州南下的"桥头堡"，利用如此优越的交通条件，将迎接来自各地的游客。

三、册亨布依文化节的效应分析

（一）册亨布依文化节经济效应分析

1. 创汇和直接经济收入

　　在册亨布依文化节的举办当中，旅游者的花费直接以货币的形式流入举办地，是文化节最直观和最直接的经济影响。游客在布依文化节期间的吃、住、行、游、购、娱，将为举办地带来可观的经济收入，同时还要在举办地进行餐饮、住宿、乘车、购物以及其他旅游活动，这些活动的花费也流入当地企业和政府，增加企业利润和政府的财政收入及外汇收入。据册亨县广电局统计，在举行布依文化节期间，就有超过 2 万人涌入册亨，给册亨带来了近 4.1 千万的经济收入，可见布依文化节给举办地带来的直接经济收入是非常可观的。

2. 乘数效应与对 GDP 的推动作用

　　旅游花费流入承办地后，会因为产业间的关联而产生更大的经济影响，被称为旅游的乘数效应，册亨布依文化节同样产生了乘数效应。此次举办大型布依文化节，带动了酒店、交通等相关产业的发展。节庆旅游者的需求所直接导致的产出和通过产业关联所诱导的产出是节庆旅游对 GDP 的总拉动值。据测算，一般旅游需求增长 1 个百分点，可拉动 GDP 增长 0.5 个百分点，册亨布依文化节期间，使册亨相较往年同期旅游需求增长了 11 个百分点，即带动

GDP 增长 5.5 个百分点，可见布依文化节对经济效益的显著性。

3. 增加就业机会

举办大型的布依文化节不仅可以给举办地带来直接的经济效益，还能为举办地带来大量就业机会。据测算，旅游业每增加 1 个直接就业人员，社会就能够增加 5~6 个就业机会，从节庆商品的供应者和节庆的志愿者，从节庆的一般工作人员到节庆的终极管理人员，大部分是从当地招聘的。为举办册亨布依文化节，册亨增加了多家餐饮部门，布依文化节期间，餐馆几乎天天爆满，餐馆又增加了员工人数；建设布艺文化广场等基础设施也增加了大量的就业人数；布艺文化汇演聘请了众多演员，大量社会人士就业，并形成专业团队演出。布依文化节同时增加了文化节期间的保安人数。这些就业岗位为很多人带来了更多就业机会。

4. 促进经济贸易的发展

许多旅游节庆都伴随着贸易活动和招商引资活动，本地企业可以借节庆活动宣传自己的企业和产品，政府可以借节庆之机招商引资，总之，旅游节庆可以成为商贸活动的平台，促进经济贸易的发展。册亨在此次文化节中，与省内外开展了多项招商引资，举行了多次商贸洽谈会，期间有 9 家省内外企业与册亨签订了合作协议，签约引进资金逾 10 亿元人民币。册亨在新一轮的西部大开发中，以中国册亨布依文化年活动为新的起点，迈出了坚实的步伐。

表 2　册亨招商引资项目一览表

项目名称	项目规模及项目建设内容	总投资（亿元）	投资方式	备　注
册亨水库建设项目	总库容 1 150 万 m³，年可供水量 1 680.00 万 m³	1.64	合资或独资	完成可研
册亨县江海联运码头项目	建设规模：货物吞吐量 500 万吨/每年。 主要建设内容：一个码头，一个港口基础设施设备	3.0	合资或独资	项目建议书
册亨县生态工业集聚区建设项目	建设规模：共 538.58 公顷，分三个区域，主要建设内容：三通一平及公用工程	2.25	合资或独资	项目可研及项目规划通过省发改委审核
册亨灵芝酒厂技改项目	建设规模：1 500 吨/年，主要建设内容：厂房及生产设备	0.3	合资或独资	项目建议书
板其洞及温泉旅游开发项目	旅游路、照明及配套服务设施	2.5	合资或独资	项目建议书
合　计	9.69 亿元			

从表 2 可以看出：册亨县通过开展招商引资，总共获得投资 9.69 亿，数量可观，通过这些资金的投入，实现了册亨水库建设、江海联运码头、册亨生工业集聚区、册亨灵芝酒厂技改项目、板其洞及温泉旅游开发项目等旅游设施、旅游商品项目的建设。册亨县通过引进大量资金，带动了大批企业的发展，不仅实现了企业的盈利，更促进了政府部门对旅游项目的建设。有了这些资金，册亨县政府敢于对当地的旅游设施、旅游景区进行投入，册亨县的旅游事业也蓬勃发展了起来。

（二）册亨布依文化节的社会效应分析

1. 通过布依文化节挖掘地方文化

布依文化节的最大卖点就是能够很好地展示举办地区域特色文化，组织者通过挖掘地方自然、历史、民俗等各类文化，使许多原来不被重视的地方文化得以整理、恢复、发展，为地域文化的多元化发展奠定基础。区域文化虽不能作为节庆举办的载体，但在节庆活动中也能频频亮相，从而能够增加民众对此类文化的感知。册亨拥有深厚的布依文化，而布依文化节正好提供了一个展示平台，在布依文化节上，通过文化展演、布依情歌大赛、布依小吃展，展现出册亨布依文化的深厚底蕴。与此同时举行的布依服饰展销，宣传了册亨布依服饰。

2. 通过布依文化节活动营销地方形象

地方形象是一笔不可低估的无形资产，良好的地方形象犹如一个巨大的磁场，不仅能够源源不断的吸引游客前来旅游、观光、购物、置业和投资发展，还会吸引周边地区乃至海内外的生产要素，形成巨大的社会生产力，推动和促进地方经济的全面发展。同时，良好的地方形象将会显著地提升地方的知名度和美誉度，增强公民的凝聚力，提高公民的素质。作为地方名片的布依文化节，是营销地方形象的有效手段，不仅是各个地方吸引"眼球"经济的手段，也是各个地方巩固和重塑地方形象的契机。册亨原本是一个经济落后的小县，但通过布依文化节活动，"中华布依第一县——册亨"，已经深深地印在了各地来册亨县旅游和参加布依文化节活动的游客们的脑海里。册亨通过布依文化节活动打造布依第一县的魅力，展示布艺文化、布依服饰，布依风俗以及具有民族特色的布依傩戏汇演塑造了具有布依特色的地方名片，把中华布依第一县的"天下布依聚册亨"这一城市品牌展现在游客面前。

3. 对举办地民众思想观念、道德情操、精神生活的影响

在节庆文化活动中，人们的文化素养和内涵得到提高与升华，人们的创新进取、勇于奉献、团结协作的精神也不断得到深化和张扬。这些行为，蕴含在人们的学习、生活、工作中，体现了个体的价值，使人们的思维习惯与时俱进，在愉悦的氛围中高效率的投入经济创造活动中。经过布依文化节活动，当地居民潜意识里已经形成了良好的文化氛围，显示了和谐的精神面貌。在布依文化节的影响下，全县自发组织的定期以及不定期的文娱活动增多，布依节日活动大众化，越来越多的人参与到其中，完全融入到浓厚的文化氛围中。

（三）册亨布依文化节的环境效益分析

同其他旅游形式一样，旅游节庆的发展一方面依赖于良好的环境，另一方面又影响着举办地的环境。旅游节庆可以促进当地环境管理水平的提高，对当地环境产生积极的影响。布依文化节对举办地环境的积极影响是显而易见的：由于布依文化节的举办，城市的基础设施建设包括交通、园林绿化、城市标志物建设、主要景区景点的改造等会让举办城市自然环境变得更漂亮，人文环境变得更加和谐。同时，布依文化节期间旅游者的不正常活动和部分游人的不文明行为。对举办节庆的部分设施和展览物品也可能造成破坏。布依文化节活动把册亨的城镇建设带上了一个新的台阶。因为布依文化节，册亨县建成了能容纳两万人的布依文化展示广场，同时也是一个休闲广，并建成了许多配套设施，树立了册亨一种新的形象。通过布依文化节，整个城市的环境质量大大提高，册亨县城面目焕然一新。

四、册亨布依文化节开发的问题分析

由于册亨县旅游事业起步较晚，工作中虽然取得了一定的成绩，但仍存在不少问题，在开发旅游节庆资源时遇到了很多问题，如何挖掘和运用布依文化资源，需要一个专业团队来进行分析、规划。无论是在开发的观念上还是行动上，目前还存在比较大的问题和瓶颈。主要表现在：

（一）对发展旅游产业认识不足

虽然册亨县发展旅游业相对滞后，但是旅游资源较为丰富，有部分干部群众对做大旅游产业认识不足，缺乏发展大旅游、大市场、大产业的远景规划，还没有形成举全县之力大办旅游产业的浓厚氛围。布依文化节本就是展示布依文化的大好契机，政府机构和相关部门应重视起来，通过布依文化节，把本民族最有特色的地方展示给人们，这样不但可以弘扬民族文化，烘托城市文化氛围，更重要的是这将会带动整个旅游产业的发展，从而提升当地的旅游业的经济效益，进而增加举办地城市的经济收入。

（二）旅游资源整合力度不强

目前册亨县旅游景点尚处于"景点分散，利用率不高"的现状，景点不多，而且分散，许多还没有真正开发出来，各景点之间没有太大联系，景点开发力度还远远未跟上。覆盖全县的区域性旅游环境还没有形成。布依民族节日的举办仅仅局限于一两个村寨，还没有完全形成一个可供游人观赏的文化类节目。布依节期间的各种布依傩戏、地戏、布依转场舞、八音坐唱等具有布依特色的表演形式没有形成专业的表演团队，导致布依民族村寨建设缓慢。政府缺乏必要的宏观调控和支持。

（三）旅游配套设施不完善

旅游产业覆盖了吃、住、行、游、购、娱六大要素，就目前看，册亨县的旅游产业发展水平较低，旅游配套设施不完善，缺乏最起码的承载力和吸引力。册亨县能够举办大型娱乐节庆庆典的场所还不多，加上景区的道路及景点建设还没有形成统一规划和健全的产业链，布依文化村寨的相关项目还没跟上，这些都是限制布依文化节继续举办和开发的短板。

（四）旅游节庆开发宣传不够

在制订布依文化节方案的过程中，节庆开发的宣传工作做得不够，仅仅依靠本地电视台的报道，但在省内外没有宣传出来，虽然有大型省电视台、记者媒体的宣传参与，但在宣传力度和方式设计上还不成熟，宣传时间较短而且方式单一，总体看来效果不强。在举办文化节前期没有大量投入，对当地群众宣传不够，群众参与度小。同时当地的旅游节庆品牌不够显著，很难吸引更多的商业投资。最终没有形成自己的城市旅游节庆品牌。

五、册亨布依文化节的开发对策思考

举办布依文化节是提高举办地经济效益和社会效益的一个重要方式，但目前还处于不成熟的阶段。在此，我提出了几点对策思考：

（一）加大宣传力度，创新宣传方式

册亨县目前在整个贵州省的影响力不大，首先应加强城市形象宣传工作，而布依文化节恰好是宣传册亨城市形象的最好方式，政府利用政府职能加大布依文化节前期的宣传力度，使周边几个县市及更大范围都参与到其中，在设计宣传方式上要独具一格，增强效果。宣传中可以设计有特色的广告在地方电视台播出，广告中对布依文化节的内容、形式都要有一个具体的呈现和说明，把城市形象和布依文化完美地结合起来。同时在当地群众中普及宣传，使举办地的参与度增加，增强这种文化底蕴。

（二）完善基础配套设施建设，整合旅游节庆资源

完善基础配套设施建设，这需要政府给予大力的支持，这部分可以开展招商引资项目合作，同时吸引资金对布依文化村寨、道路、房屋进行建设，对节庆旅游资源中的布依傩戏、地戏给予足够重视，与其他的布依文化资源结合起来，综合利用，进行整合开发，使布依文化节与布依节日、布依歌舞结合起来，形成大型的综合性民族汇演，使布依文化资源得到充分的利用。例如把布依傩戏融入到布依文化节中，培训能继承傩戏表演的新接班人。

（三）开发册亨布依文化节旅游商品

1. 开发册亨布依特色食品

册亨布依传统美食中有许多可以开发的项目，例如五色花糯米饭、岩架盘江鱼、布依族特色狗肉，还有具有民族特色的枕头粑、褡琏粑和糍粑等；这些布依传统美食，可以进行深加工，经过工厂加工后形成易携带、易储存的旅游商品。如果可以开发成旅游食品，将会给当地带来相当可观的经济效益。在布依文化节上，还可以挖掘出布依族蜡染、刺绣等精美的手工艺品，这些手工艺品深受游客的喜爱；把最近推出的布依神酒、灵芝酒等册亨特产的宣传力度做大，开拓市场，把布依神酒、灵芝酒作为当地独有的民族特产旅游商品推向省内外的游客。

2. 开发各类具有布依特色的布依服饰

布依服饰不仅具有实用价值，而且具有很好的审美价值，它反映了不同民族的艺术追求和审美意识。布依服饰色调朴素、样式美观，特别是蜡染、挑花、刺绣的综合运用，加强了服饰的装饰性，丰富了服饰的色彩、线条和结构；各种纹理的巧妙结合，使服饰形式感突出，具有丰富的艺术感染力，给人以美的享受。在布依文化节的基础之上，把这些具有潜在价值的布依服饰展示给游客，让布依服饰成为具有代表性的旅游商品，把布依特色服饰做成布依节庆旅游商品中的旅游标志商品。

（四）打造和形成布依文化节庆品牌

旅游节庆品牌化是指通过策划塑造，使旅游节庆的知名度、美誉度不断提高、市场竞争力和社会影响力不断增强、活动内容不断丰富、形象不断凸显的过程[5]。现在各行各业都在追求品牌价值，城市旅游节庆也不例外，作为民族文化型旅游节庆，册亨布依文化节具有鲜明的少数民族特色，这也吸引了无数的省内外游客，但要把布依文化节做成有影响力的节庆品牌，则需要使布依文化节的整体形象和举办地的区域形象打造完美，提高节庆质量，并有一流的营销团队。要建立一个布依文化节庆品牌，需要做到以下几点：

1. 突出节庆特色，形成城市形象

布依文化节的特色就是它的民族性与文化性。册亨县作为全国布依族比例最大的一个县，其布依文化也是极其厚重的。其民族活动中夹杂的民族文化更是一笔宝贵的遗产。举办地可以利用这种得天独厚的优势，通过文化节这个平台展示给省内外的各族人民，突出布依文化节的节庆特色。其次就是它的参与性极强。在布依文化节上，把布依歌舞展演、布依情歌大赛、布依文化论坛、布依服饰展、布依小吃展、布依非物质文化遗产展等各种展演有效组合起来，布依族的情歌、布依戏以舞台的形式表现给游客，把"天下布依聚册亨"的城市形象展示给游客，以突出"中华布依第一县"的金字招牌，从而形成鲜明的城市节庆品牌形象。

2. 建立品牌意识，打造节庆品牌

首先，要大力宣传，强化品牌意识。一般来说，一个旅游节庆品牌应该包括节庆名称、节庆标志和商标。布依文化节的设计者必须在这三方面设计定位好。首先名称是布依文化节，然后是它的特色标志，可以以布依服饰或布依戏作为标志，其次是将布依傩戏、布依情歌、布依民族村寨等旅游节庆资源组合起来，形成一个相对规模的旅游节庆活动。

其次，要发挥政府的主导作用。作为一种地方节庆，布依文化节展现的是一种民族品牌，要把这种地方性节庆品牌做出效果，首先要让政府在旅游节庆开发初期高度重视布依文化节的开发规划，在主题定位、时间地址选取、规模大小、节庆资源选择上有一个明确的规划。品牌的作用就是让别人记住你的活动的名称、商标以及产品的组合运用和配套服务，所以在宣传及制定布依文化节时一定要清晰的表明和制作出来。册亨可以定期的每年举行布依情歌大赛，每两年举行布依文化年活动，通过这些活动逐渐形成具有特色的民族节庆品牌。册亨布依文化节是基于地方、民族文化策划的旅游节庆，既要充分展示区域民族文化，又要使节庆活动常办常新，不断吸引消费者的眼球，让人耳目一新，流连忘返；节庆招商要有新思路、新突破，才能财源滚滚，良性循环。在准确定位的基础上，积极推广，办出特色，办出水平，同时深入挖掘，突出重点，大胆创新，展现民族文化。建立起旅游节庆品牌形象之后，就要进行旅游节庆品牌的宣传推广。在宣传推广中可以利用布依文化进行广告宣传，加强旅游品牌的营业促销，通过会展、活动、赞助等方式使布依文化节的品牌形象得到推广。

参考文献：

[1] 黄翔，连建功，王乃举. 旅游节庆与品牌建设理论及案例[M]. 天津：南开大学出版社，2007：3-5，21-23.

[2] 墙忠元，余启佳. 山水册页、幸福亨通[M]. 贵州：册亨县县委宣传部，2010.

[3] 赵东玉. 中华传统节庆文化研究[M]. 北京：人民出版社，2002：2-7.

[4] 吴新红. 关于中国旅游节庆品牌化构建的思考.现代企业文化[J]，2009，(19)：7-8.

[5] 陆之洋. 打造贵州旅游节庆品牌的建议. 商场现代化[J]，2007，(1S).

三都水族地区的文化传承与旅游文化开发

吴海燕

（黔南民族师范学院旅游研究中心，贵州　都匀　558000）

摘要： 三都水族自治县是一个以水族作为主体民族的国家级贫困县，其社会经济的发展可以依托民族文化旅游。水族在发展的过程中与许多民族交织聚居，并在走向现代化的过程中逐渐汉化，且汉化的速度在逐渐加快。本文是在对三都水族地区的中心区和过渡区的实地调查，并对水族老人进行采访以及参考水族历史文献的基础上，阐述了当前水族文化传承出现的危机，并对水族文化的可行性传承与保护提出建议。

关键词： 三都；水族；文化传承；旅游文化开发

三都是全国唯一的水族自治县，历来被人们誉为"像凤凰羽毛一样美丽的地方"。它位于贵州省黔南州东南部，都柳江和龙江上游，地处月亮山、雷公山腹地，全县土地总面积 2 380 平方公里，总人口 31.5 万，少数民族占 96.3%，其中水族占 64%。这里喀斯特岩溶地貌发育充分，山清水秀，都柳江就是三都的母亲河，两岸树木葱郁，于山之怀抱中时而缓缓地流淌，静若温婉的少女。三都拥有悠久的民族文化和独具特色的民族风情，绚丽的自然风光和古朴的民族风情。原始的生态环境普天难寻，构成了别具特色的民族文化。

一、三都县水族文化旅游开发的可行性

（一）三都区位的优越性

三都是"贵阳——都匀——三都——榕江——桂林"、"贵阳——都匀——三都——荔波——柳州"、"贵阳——凯里——三都——榕江——桂林"旅游精品线上的一个黄金点，更是贵州南线民族文化旅游精品线，东部黎从榕，西部荔波小七孔，在大都柳江旅游格局中，三都正好就在这个点上，从荔波去黎平和从黎平去荔波的必经之路，距离贵阳国际机场仅 100 多公里，穿城而过的都柳江是连接两广的重要通道，321 国道从村境内通过，厦蓉高速公路和贵广快速铁路建设已完成，三都县城到高速公路出人口和火车站仅十多公里，交通区位优势非常明显。并且区内的基本点都已经有油路到达，县内交通网基本形成。

并且，三都东邻贵州民族风情重镇黔东南，南接世界自然遗产地荔波，北与全国优秀旅游城市都匀相连，是贵州南部荔波综合旅游区中的"两翼"部分。

目前，三都的省内客源地主要是贵阳、都匀及周边的县市，随着"两高"开通，三都成为西南地区通往珠江三角洲的重要门户，珠三角城市群成为三都另一重要客源地。珠三角客源较高的出游率、消费水平以及对民族文化的热衷，将随着"两高"的开通，给三都旅游带来实惠和效益，众多游客将会到三都体验水族文化的与众不同。

（二）水族文化独具特色，具有唯一性和垄断性

增强民族文化旅游特色是水族文化旅游的灵魂，旅游是文化的载体，旅游离开文化就缺

少内涵，文化离开了旅游就没有平台。从现在的旅游业发展来看，作为旅游者，到民族地方旅游，其普通的要求主要有五个方面：一是感受民族文化艺术与风情；二是欣赏民族的建筑风格；三是品味民族的特色饮食；四是领略民族地区的自然风光；五是购买一些精美的民族旅游产品。

三都具备以下文化特色：

一是三都作为全国唯一的水族自治县，尽显水族文化艺术与风情。游客进入三都，能领略到浓郁的水族风情、世界上最长的年节——端节、被称为"东方情人节"的卯节和多姿多彩的民族服饰，可以尽情地探寻这异域的风情。

二是水族建筑的民族风格。鳞次栉比的水族楼房等形态别致的建筑群，足以满足游客最大的直观感受，让游客盘桓于民族建筑的博物馆中，驻足观赏，驻留消费。

三是水族饮食文化。三都作为水族文化之都，在该县宾馆、酒家、普通农家都可以做出可口美味的水家食品，如：鱼包韭菜、三都烧烤、三都风味酸等，真正让游客在吃、喝中尽领水族韵味，让其陶醉其中。

四是自然风光。三都除了浓厚的民族文化，自然风光更是美不胜收。

五是水族旅游产品。旅游产品的开发是实现旅游经济的一个重要保证，水族具有已开发和可开发的旅游商品，如水族马尾绣、雕刻、铜鼓、手镯等民族工艺产品。

二、水族文化的发展现状与传承保护

（一）当前水族文化的现状及其传承的制约因素

1. 水族文化符号之——水书

"水书"是水族特有的文化符号。现代文明的冲击，使水书传统生境被迅速破坏，人们普遍认为"水书无用"。而这种现象的出现有其必然性，正如马林诺夫斯基所言："对任何文化要素的理解都意味着——除了其他方面之外——说明它与根本需求的满足之间的功用性联系或直接关系，无论这种需求是基本的，即生理需求，还是衍生的，即文化需求。当一个习惯得不到回报和强化，即不再有用时，它就会被抛弃。"

当一种文化不再有用的时候，它就会被抛弃，水书中呈现的诸多内容已与现代科学知识大相径庭，相互抵触。再加上，水书规定的繁杂的操办程序、众多的禁忌以及费时、费力、费财等诸多弊端，已与现代市场经济社会普遍价值观念南辕北辙，格格不入。水族社会对水书的依赖与需求程度已大大弱化，水书传统生境正在被现代文明涤荡。

另外水书内容虽博大精深，包括了水族的宗教、信仰、文化、民间知识以及民间习俗等广泛的文化元素，但由于"水文字属于一种不成熟的文字，大量内容还借助水书先生口头传授及相关民俗事象支撑配合传承"，而且掌握水文字的仅是水书先生，一般民众均不懂水书，这就加重了水书传承的困难。再加上"文化大革命"使得水书传承遭受重创，大量水书典籍被收缴焚烧，很多水书先生不再从事"水书习俗"活动，以致水书再次面临着后继无人的状况。

2. 水族文化符号之——民族服饰

随着现代化进程的日益加快，水族的传统文化受到了前所未有的冲击。近几十年来，随着改革步伐的加快及市场经济在水族地区的蓬勃发展，随着城乡人口的相互交流，水族妇女服饰的传承和发展面临挑战。尤其是当地的水族民众为某生计或外出打工、或在外工作，都已经改穿汉装即大众装，特别是 20 世纪八九十年代之后出生的女青年基本上没有了自己的民族服装，而水族的男式服饰在我们父辈已经没有了，在平时偶尔看到有爷爷这一代的人穿着自己的民族服装。

可以说水族的男式服饰已经基本汉化。而水族的女式服饰也正在汉化，把年龄在 30 岁的作一个分期，30 岁以上的水族妇女一般还持有自己的民族服饰，而 30 岁以下的已经很少持有民族服饰了。水族女式服饰在当前社会生活和工作中的不适应性以及大众服饰的多样性和廉价性，都对做工繁琐价格昂贵的水族服饰造成了重大冲击。

3. 马尾绣

马尾绣是水族刺绣工艺的代表。现在马尾绣艺人出现了严重的断层，过去马尾绣被视为家庭富有的象征，而会绣与否则成为评判水族姑娘是否心灵手巧的标准。但现在大多数的水族姑娘都不会绣马尾绣，即使会绣，绣出来的服饰等水族工艺品也没有那么精美，甚至不敢拿出来穿戴了。

据实地的调查分析，以马尾绣为代表的水族刺绣工艺面临的传承困难因素包括：（1）传承因素上的制约。水族地区过去多以村寨中技艺高超的老艺人传授马尾绣刺绣工艺或是母女相传，就这样世代相传。由于历史等诸多原因，许多技艺高超的老艺人没有传下手艺即辞世，也有的因为现代生活节奏的加快，没有更多的时间去学这种工艺，以至到现在能全面掌握马尾绣工艺、具有深厚功底的艺人极少，并且都面临老龄问题。（2）现代化因素的制约。由于现代教育、升学、工作、务工热潮的出现，使得年轻的水族女子极少愿意学习马尾绣这种刺绣工艺，导致了在刺绣工艺上出现了年代上的断层。（3）工业化生产、现代文明和价值观念的冲击，使民间的刺绣艺人在制作马尾绣时已无利可图，致使更多的水族刺绣艺人宁愿投身于其他行业，而不制作马尾绣手工艺。

总之，水族的文化在现代的社会中已经面临很多挑战，如会说水话的人越来越少、水歌面临失传、风俗文化不再淳朴、宗教文化不断消亡、原生态民族节日文化的淡化、以马尾绣为代表的民族艺术文化面临断层的危机等等。这就是当前水族文化面临的传承危机。

（二）水族文化传承的可行性保护

水族文化是中华民族文化的组成部分，是人类文化的精髓，是人类伟大文明的结晶，是属于全人类的共同财富。承载着水族文化的水书、水族端节、水族马尾绣入选了首批国家非物质文化遗产名录。当前，水族文化已成为有关专家、学者研究的热点和重要内容，水族文化的抢救、挖掘、保护、传承等也成为有关政府部门及社会各界关注的焦点之一。

实践告诉我们，仅靠行政手段、经济力量和社会手段等方式传承水族文化的效果是有限的、不持续的，水族文化的传承需要建立更有效的传承机制和多种手段相结合的保护措施。

1. 从学校教育策略方面入手

首先，要在水族地区推广实施双语教学。语言是文化的一部分，语言具有文化功能，人们学习和使用自己民族语言的过程，也就是学习和继承本民族文化的过程。对水族儿童来说，掌握汉语又不忘记本民族语，既是水族儿童个人生活的需要，也是水族地区发展的需要，还是繁荣水族本民族文化的需要。实施水汉双语教学，在促进水族儿童发展方面有着重要的作用，可以丰富水族学生知识、促进水族儿童发展，可以增强水族儿童对本民族文化的认识和了解，从而热爱本民族的文化，使其自觉接受、学习、掌握、传承和创新水族优秀的传统文化，使其成为水族地区提高教育教学质量和传承水族民族文化的重要途径。

其次，积极在校园内推广水族文化活动。水族的文化是多姿多彩的，就单艺术这一部分就有水族刺绣、剪纸、雕塑、建筑、服饰、音乐、歌舞等。其中，水族的民间音乐有其独特的民族风格，尤其是民歌，形式多样，可分为双歌、单歌、蔸歌、调歌和诗歌五种。水族的剪纸、刺绣、印染和雕刻等手工艺品，精巧别致。尤其是刺绣工艺，做工精巧，图案美丽，结构完整，形象生动，具有很高的艺术价值。巧夺天工的马尾绣是水族艺术中的精品，水族传统艺术具有浓厚的民族特色和丰富的文化底蕴，水族地区的学校完全可以结合水族音乐舞蹈、民歌等进行音乐、舞蹈教育；结合水族剪纸、刺绣等水族传统美术资源开展写字、绘画、美术教育；结合水族传统艺术开展综合实践活动课，同时还可以把水族的端节作为主题开展学校艺术节。这样既丰富了艺术教育和综合实践活动课的教学内容，使学生有实际学习素材，学习起来更有积极性，又让学生在学习中传承了水族优秀艺术文化。

2. 建立以政府为主导的文化保护机制

对水族地区各种文化的有效保护和传承，需要以政府为主导，政府有能力有义务对水族文化进行保护和传承。就从学校教育手段而言，学校是有义务开展和实施双语教学和各种以水族文化为主题的活动，但学校还要根据政府有关部门的规定实行教学，要完成政府规定的任务。这样学校就只能抓教学，无暇兼顾关于水族文化的传承大计了。另一方面政府为了提高教学质量，也大量聘用高学历的非水族教师，这样也使一些学校无法进行双语教学。

所以水族的文化传承大计还是要建立以政府为主导的保护机制，政府要贯彻落实有关民族文化的教育政策，水族地区的各级部门要认真做好水族文化的宣传普及工作，加强对水族文化教育问题的政策研究，制定切实可行的规划和具体的政策措施。认真落实中央和省有关文件，各有关单位要重视民族文化教育工作，要求有关学校开展民族文化进校园活动。做好这些工作，对做好水族文化保护和水族文化教育工作具有十分重要的指导作用。另外为了确保水族文化教育传承的实现，县政府还应该建立与之相配套的规章制度，做到有法可依。

此外，政府还应该寻求与有关团体单位的合作，建立教育基地和研究基地。教育基地具有一般教育机构所不具备的特殊教育功能，可以设立传统文化教育基地。如在水族地区建立若干水族文化博物馆或展览馆，在其中全面汇聚水族传统文化珍品、精品，以保存水族传统文化信息基因，展示水族传统文化的神奇魅力和精髓，增强水族人民尤其是青少年的自豪感、自信心。如黔南民族师范学院水书文化展览馆的建立，是水族文化研究、传承、保护、开发和利用上台阶的重要标志，同时它也成为水族文化的重要研究基地。

3. 建立针对性的文化保护传承机制

水族文化富有特色又多姿多彩，但由于历史原因和各种现代化因素的冲击，水族文化的某些细节文化显得比较薄弱，大众式和全面式的保护传承机制对它们是没有多大的传承效果和实际意义的。如水族文字水书和马尾绣刺绣工艺，仅仅靠教育手段和政府的主导是无法完成对其保护传承使命的。因此，在对水族文化的全面保护传承之下，还应该对水族文化之下的一些分支文化进行特别的针对性的保护。比如由政府出经费，由有关方面的学者对水族文化之下的文字、水歌、刺绣工艺等分支文化进行考察研究并提出与之相适应的传承方式。

4. 以宣传扩大传承力度

宣传是除教育以外用来唤醒民众自觉保护传承文化意识的另一种非常有用的手段，也可以说是广义的社会教育中的一种。通过宣传，首先可以促使各级党政部门官员和文化部门的负责人从思想上认识到民族文化保护的重要性、必要性与紧迫性，并从行动上切实投入到民族文化的保护中来，从而制定和落实相关法律与政策，建立起相应的民族教育课程体系。同时，通过宣传可以纠正和消除民族成员对民族文化的认识误差，发现其独特价值和意义，从而形成一种自觉保护民族文化的社会风气与环境氛围。此外，大力宣传还有助于促进学者对民族的聚焦关注和进行学术研究的热情，也有助于商人在民族文化资源开发利用中对"度"的合理把握并注重对文化原生内涵的挖掘、重视与保护。

总而言之，水族文化需要多方面多角度进行全面、深入的传承保护，需要政府、社会、个人等多层次全方位的进行定位传承，只有做到了多层次全方位的传承，才有可能完成水族文化传承大计，才有可能进行深入的旅游发展，以助推三都水族地区的社会经济发展，从而更多地惠及文化持有者。

三、都县水族文化旅游开发对策

三都在发展旅游上，要注重把水族文化转化为旅游的看点和游点，即实现文化旅游的开发，力把三都水乡建成可看可游可玩的人间宝地、文化生态旅游新区。

（一）打造具有水族特色的民俗街

建立民俗街和小吃街，既可以提升三都的旅游价值，又可以完善三都县城的基础设施，也可以成为留住外地游客的关键点，因为步行街和小吃街在夜色中更能吸引着旅客。因此三都要打造旅游强县，把旅游业发展成为三都经济的另一个增长点，就很有必要建立民族特色和民族韵味浓厚的民俗小吃中心区。

目前，三都的民族风情改造刚刚起步，完全可以借鉴荔波和都匀的民族风情改造，可以把某一条街道打造成具有水族韵味的民俗街，如把三都的都江路打造成民俗街，并鼓励那里的商家出售具有三都水族特色的物品，如马尾绣、剪纸、银饰品、其他刺绣等工艺产品，还有水族其他的有特色产品如九迁酒等。

在步行街方面，三都也没有什么特色可言，虽说是步行街，但不靠近商业中心区，那里行人也寥寥无几，不具备步行街应有的商业价值功能。而现在的三都都江路是车行大道，可以在建民俗街的同时把它建设成步行街，因为都江路既靠近三都的商业中心区域，又连接东边的河边路，人流非常多，又靠近三都传统的小吃区，三都的小吃也很有名气，而三都的都江路有一条团结路和它相连接，正好可以建设成小吃街。如果能以都江路为中心建成有民俗街、步行街和小吃街的旅游中心区，再加上河边路，三都就具有了一个可购物、可吃又可玩的民俗景点，这必将给游客留下深刻的水族县城印象。

（二）着重打造水族节日文化游

水族是历史悠久的农耕民族，有着独特的语言文字和文化，而水族丰富的节日习俗则体现了水族独特的文化，有着独特的内涵，凝聚着水族的思想文化精华，领略了水族的节日就等于领略了水族的文化。水族有许多节日，一部分是自己的传统节日，也有和其他民族共同庆祝的节日。单说水族特有的节日，就有端节、卯节、苏宁喜节、敬霞节等。并且水族的一些节日经过宣传已经具有一定影响，三都也成功举办过"中国·贵州三都水族端节活动"，与多家旅行社达成意向合作协议。端节有"世界最长年"之称、卯节素有"东方情人节"之称，霞节更是有"千年霞节"的称号。针对水族素有的各种节日，应该有计划的打造节日文化庆祝游，把它建成三都旅游的一个精品，以推广三都和水族的旅游品牌。同时举办一些大型活动，如端节、卯节、民族刺绣大会和赛马城赛马等旅游庆祝活动，全方位、多层次、多媒介、有创意的借助旅游庆祝开展旅游宣传推介活动，以提高三都旅游的知名度和美誉度，从而提高三都在旅游界的地位。

（三）开发更多的水族村寨文化生态游

三都是全国水族聚居最集中的地区，在三都这片土地上留存着许多具有独特水族韵味的水族村寨，目前已经开发了的民族村寨有板告、怎雷、八猫、水各等，但是这些景点在布置上较为分散，且相互之间联动性较差，也存在品牌不突出的问题。因此，三都在打造村寨文化游时应该有重点的开发挖掘更多有特色的民族村寨，强调品牌。例如可以开发三都至荔波这条线（即206省道）上的各个点，把它们有机联合起来，206省道起自三都，途经水龙、中和、三洞、周覃和九阡连至荔波，所过之处旅游景点丰富，计有八猫、巴卯、姑鲁、水龙古墓群、中和瀑布、水族马尾绣之乡——中和、中国马尾绣第一村——搭便村、仙人桥、九阡石板寨、潘新简起义遗址等。针对水族的众多旅游资源，应着力打造以水族原生态村寨文化游为主、以喀斯特山地风光和节日庆祝旅游为辅的乡村旅游品牌，把三都建成集体验、观光、避暑、度假、专项旅游等多元化为一体的三都水族文化生态旅游新区。

（四）开发具有特色的水族旅游商品

随着人们生活水平的提高，人们的需求不再局限于普通的衣食住行，人们越来越多的选择去旅游，去陶冶自己的情操，享受异地奇特风光，他们旅游也不仅限于吃喝玩乐，也把购物作为旅游中的一种享受。三都水族水乡有着许多可看可玩的旅游景点，却不能满足游客们的购物的欲望。因此发展旅游不能仅限于发展旅游景点，也要发展相应的旅游副产品。三都水族地区有很多特色产品可开发成旅游产品，如水族堪称一绝的"鱼包韭菜"、水族特产九阡酒等。"鱼包韭菜"可以通过加工和保鲜，延长它的保质期，做成水族的一绝产品，和到北京旅游无不买北京烤鸭、到安徽宿州旅游无不买篮符集烧鸡一样，相信到三都的游客也会买三都特产"鱼包韭菜"。九阡酒清爽可口、晶莹透亮，以色美、香甜而驰名，只是在包装上和宣传上做得不到位，导致在外地的知名度不高，我们可以加强包装和宣传，把九阡酒做细做精做好，以形成旅游副产品的一种精品，供旅客采购。

另外在开发水族地区旅游事业的过程中，也应积极开发民族生态旅游产品，要注重体现人与自然和谐理念，充分利用当地的民族文化资源，开发一批民族旅游产品，突出地方传统文化，如水族特有的马尾绣背带、花围腰、包头帕以及银梳、银钗、银耳环、银手镯、银项圈、银压领、银蝴蝶、银针线筒等等，使游客能观看到造型华美、工艺精湛的民族产品，并将其买下作为水乡旅游的纪念品。同时还可以组织生产具有民族特色的旅游纪念饰品和旅游用品，如金银首饰、提袋服装、床单围裙和那些印有或刺有风景名胜图案的手帕、提包等小饰品。

（五）加快各地旅游区的基础建设，提高游客接待能力

三都县是典型的喀斯特地形地貌，各地农村景点交通不便，经常出现晴通雨阻的情况，因此，必须改善农村景点交通基础设施建设，尽快形成快速便捷的旅游线网络，同时在景区或村寨的道路建设上，一定要注重体现民族生态文化和民族特色；在生态旅游区住宿设施的开发建设上，必须注意与周围自然景观相协调，以不破坏自然景观的美感为前提，以旅游资源的保护为前提，突出自然特色，要与当地的民俗相结合，重点突出民族风格。另外三都是整个三都水族地区旅游的中心点，在现有接待能力不足的情况下，应该引进一批高星级的商务酒店，以增加和强化旅客总体接待能力。

（六）注重宣传及旅游信息化建设

要塑造旅游地形象，拓展旅游市场，就要加大宣传的力度。要做到：（1）积极参加省市际之间的旅游推介会和展览会，精心设计展品，突出三都旅游品牌特色。（2）加强与各大媒体的联系，通过报纸、杂志、电视等媒介加强与外界的沟通和交流，不断提升水族文化旅游的影响力。（3）加强民俗文化的研究和发展，免费接纳社会文化界人士来访和采风，以挖掘三都水族地区的自然、历史、民族文化等资源，并通过实物、图片、文艺、书谱和文化展览馆等提高和扩大水族文化的知名度，让乡村融入文化内涵。（4）积极组建民族文化艺术团队，利用各个传统民俗节日开展丰富多彩的节庆活动，既丰富当地群众的文化生活，又吸引游客前来体验少数民族风情。

此外，当今的时代是互联网时代，在网上做宣传是极其重要的。纵观省内外的各大旅游景区，都建有自己的宣传网站，如荔波的联山湾旅游网、同仁的梵净山旅游网等，三都也应该建立自己的旅游网来宣传三都，让外界更多的了解三都。把三都水族地区的各种富有水族特色和韵味的文化、特产、旅游景点等信息传到网站之上，以方便更多的旅客了解三都、了解水族文化。

水族饮食文化的旅游资源开发探析

李远祥

（黔南民族师范学院旅游研究中心，贵州　都匀　558000）

摘要：文化旅游是世界旅游发展的潮流，饮食文化能够对游客产生深深的吸引力，是重要的旅游资源。水族人民在长期的历史发展过程中逐渐形成了其独特而丰富的饮食文化，根据水族文化的优势和特点，进行合理而充分的开发，有助于促进水族饮食文化的传承和交流，推动水族地区文化旅游的发展。

关键词：水族饮食文化；旅游资源；开发；探析

随着我国小康社会的逐步实现，旅游成为人们追求精神享受的重要方式。而单纯以观光旅游为主体的传统旅游模式已不能够满足游客的需求。饮食文化旅游作为一种既能满足游客的饮食享受，又能让游客了解和体验旅游目的地民族文化和风土民情的旅游模式，正逐步兴起。水族饮食文化资源丰富，内涵独特，挖掘、整合水族地区的饮食文化资源，发展饮食文化旅游，将进一步促进水族地区旅游产业的拓展和调整，促进水族地区经济社会的发展和全面小康社会的实现。

一、饮食文化旅游的理论

国内在饮食文化旅游的理论研究方面还处于初级阶段，对饮食文化旅游的概念并没有一个确切的定义。章采烈对中国饮食文化旅游进行了阐述，指出其主要内容为品尝中国美食，同时伴随着游览目的地的人文景观和自然景观[1]；迟景才指出饮食文化旅游是以品尝美食为主要动机的旅游活动，同时食品的风味特色、烹饪的技巧和精细程度、饮食环境的卫生与否以及餐饮服务的质量是决定能否开展美食旅游的决定因素[2]；吴忠军、王雪莲和钟扬则认为饮食文化旅游在概念上有广义与狭义上的分别，并对广义和狭义的饮食文化旅游在内涵上进行了区分，其认为广义的饮食文化旅游是"指在异地的旅游过程中被美食及其文化风俗所吸引而产生的各种与饮食相关的旅游行为"，狭义的饮食文化旅游则是"指以特色美食以及独特饮食文化为吸引物，吸引旅游者前往异地参加美食活动、体验美食风情或进行美食考察而引起的关系和现象的总和，它是一种以浓郁深厚的饮食文化为底蕴和灵魂的特色旅游产品[3]"。通过分析、归纳、总结可以把饮食文化旅游的定义概括为：旅游者到自己常居住地之外的国家或地区，以享受和体验美食为主要旅游动机，同时游览自然和人文景观为辅的具有社会、文化和休闲等属性的旅游活动。

二、水族饮食文化及特点

（一）富有特色的美食

1. 鱼包韭菜

水族喜食鱼，"鱼包韭菜"是水族人民祭祖或接待宾客的佳肴。其制作方法是将鲜活鲤鱼或者是草鱼、青鱼从背部切开，除去内脏、清洗干净后，洒上少量好酒，再以鲜辣椒、大蒜、生姜、食盐和糟辣椒等佐料置于切开的鱼腹中，再将新鲜的韭菜、广菜根部填充鱼腹，用糯米稻草捆三扎，然后放入锅中清炖或甑子清蒸几小时后而熟。此时，鱼腹内的各种佐料和韭菜、广菜的香味已渗入鱼体，因而味鲜可口，鱼骨酥脆，鱼肉肥而不腻，熟而不糜，醇香味厚，而且耐存放，即使搁置三、五天其味也不变。

2. 煮活鱼

水族的"煮活鱼"是将活鱼放入有花椒叶或大蒜的水中促其泄吐杂物，然后将整条活鱼投入配好佐料的锅中直至煮沸，待有鲜嫩的鱼肉外翻后捞出剔除骨刺及内脏。这道菜肴吃时加佐料，鱼味清香，汤汁鲜美。

3. 三色糯米饭

水族喜食糯米，并且吃法多样，而最具特色的是三色糯米饭，三色饭有红、黄、黑三色，颜色的来源分别来自新鲜植物红葵、黄姜和三角枫的汁液浸染糯米制成，三色饭煮熟后可以直接食用，也可以晒干后外出携带作为干粮。味道清香、浓厚，水族人民认为红色养颜、黑色补肾、黄色温气，并且不同的颜色代表着不同的意义。

4. 辣　酸

水族喜食酸、辣，有"无菜不酸，吃饭必辣"的习惯。水族酸汤极具特色，有辣酸（用辣椒制成）、毛辣酸（西红柿制成）、鱼酸（鱼虾制成）、臭酸（用猪、牛骨熬制而成）等，其中以辣酸最为常用。辣酸用新鲜的红辣椒加工制成，其制作方法是：将新鲜的红辣椒清洗干净，用磨子磨成浆，加入大量甜酒拌匀后，放入泡菜坛中密封，经旬月发酵而成。食用时，将白菜、青菜、竹笋、大叶韭菜、广菜等蔬菜煮熟后，再加入适当的辣酸煮开。然后，将葱、胡辣椒面、盐巴放在碗里，并舀一点菜汤调成盐蘸，以菜蘸着盐蘸吃，其味鲜美，极为开胃。

5. 九阡酒

水族喜爱喝酒，家家户户都会烤制米酒。水族妇女都善酿酒，都掌握从制酒曲到酿酒的全过程。家酿的酒味醇可口，刺激性小。所酿的糯米酒色泽棕黄清透，香味浓郁，其中以三都县九阡地区生产的糯米酒——九阡酒最为出名。九阡酒是由水族自产的糯米和水族人民采集的多种植物配制而成的酒曲进行发酵，并通过独特而复杂的传统工艺酿造而成。经过窖藏的九阡酒色泽棕黄，如稀释的蜂蜜，香味浓郁，甘醇味美，饮之沁人心肺，助兴提神，舒筋活血。

（二）水族饮食的文化内涵

1. 独特而神秘的文化底蕴

水族是我国南方古代"百越"族群中"骆越"的一支发展而形成的民族[4]。在历史的发展长河中，水族的饮食习惯也别具一格，如"忌荤不忌鱼"的神秘传统，是水族端节祭祖、丧葬活动中的头等大事，但和其他民族有所不同的是，水族只忌禽畜兽类的油类，不忌生活在水里的鱼虾，而以鱼为至珍的供祭品，如果没有鱼肉，虾螺蚌鳖均可[5]。又如"无酒不成席"的传统，水族人民热情好酒，招待客人可以没有饭菜，但酒是不可以缺少的。将这些神秘的水族文化与水族的美食结合起来，将会提高水族美食旅游的吸引力。

2. 原汁原味，"野性"十足

水族所处地区属于中亚热带季风性湿润气候，并且以山地为主，山地垂直地带性明显，有"一山有四季，十里不同天"之说。常言道"靠水吃水，靠山吃山"。三都水族地区餐桌上的美食也充分体现这一点。如蕨菜，每年的春节过后，海拔较低的山谷地区就有蕨菜生长，随着气温的回升，海拔较高的地区的蕨菜也随之生长。水族人民喜食蕨菜，通过采摘、洗净、蒸煮备用等几个步骤，可鲜食、可制干品、腌品，水族人民多喜将其与酸进行凉拌，味道独特且鲜美；再者如野生竹笋、金刚藤嫩芽、艾叶尖、刺嫩芽、香椿嫩芽、松乳菇等等，这些山中普通的野菜，通过简单的加工便成餐桌上可口的珍品。随着生活水平的提高，传统的消费观念也相应地发生改变。在饮食上，原来的高蛋白、高脂肪的大鱼大肉已受到冷落，而绿色无污染，并且具有防病治病、保健益寿的山野菜，越来越受到人们的青睐。而这些原汁原味，"野性"十足的食材刚好符合人们的追求。

3. 独特的食酸习俗

"三天不吃酸，走路打蹿蹿。"这是水族地区的谚语，意思是只要三天吃不到带酸的东西，走路都是摇摇晃晃的。在三都，男女老少都嗜酸，并且家家户户都有制酸的传统，在日常生活中，无论是家宴，还是红、白喜事宴会，抑或是餐馆酒楼星级酒店，酸食随处可见，这充分说明了水族人民食酸的特色与风格。水族的酸种类较多，有辣酸、毛辣酸、鱼酸、臭酸等。其中以辣酸为最常见，也最为出名。水族人民食酸方法很多，但常见的是用来煮酸汤，有的也用来炒菜、凉拌等。在没有其他菜的情况下，也有的直接用酸来拌饭下肚。

特殊的地理环境决定了特殊的饮食习惯。水族人民独特的食酸习俗，是当地地理环境、气候条件、物产资料及人的生理需要等多种因素综合的产物。三都地区属于亚热带季风气候，冬半年常常阴雨绵绵，有"天无三日晴"之说。并且地形多为山间坝子，地势封闭，空气流通性差、湿度较高，在这种环境中极易患腹泻、痢疾等疾病，酸辣不但可以提高食欲，而且还能帮助消化、止泻和御寒。三都县水族地区的美食旅游开发，"酸味"美食将大有作为。

三、水族饮食文化旅游的开发现状

水族地区位于贵州省的南部，除水族外，还有布衣、苗、侗等民族。由于自然环境和历史环境的因素，境内交通较为闭塞，与境外其他民族交往较少，这使水族社会在一个相对封闭的环境中独自演变、发展，逐渐形成了与当地环境相适应的饮食文化。水族饮食，无论是选材还是加工工艺、烹饪方法等，都可称得上独树一帜。但长期以来，水族地区经济发展较为缓慢，旅游业发展也相对滞后，旅游业对水族饮食旅游开发也缺乏较为敏锐的市场意识，以美食为主体的旅游活动规模较小，只在以政府为主导的旅游活动和三都县县城夜市小吃一条街中有零星的体现，并且游客只能享受美食，没法参与和体检美食制作过程，所以也无法享受美食带来的快乐。游客对水族饮食文化的认识很大程度上只停留在几个特色菜的名称或口味上而已。所以水族地区饮食资源与旅游整合度非常低，尚处于未开发状态。

在旅游产业的投资上。地方政府对水族民族风情的旅游投入也多停留修在公路、房屋、门牌等基础设施上，对水族饮食文化旅游的投资几乎是空白，如在水族风情旅游的村寨中并没有专门从事美食活动的餐厅，也没有专门从事和开发美食活动的专业人员，而且水族地区的美食介绍也多停留在书本之中。

对水族地区饮食旅游产品的宣传和推广，也只停留在一些特色美食的口味上，却忽视了水族饮食更深层次的文化内涵。这样大大地降低了水族饮食文化对游客的吸引程度，致使三都水族地区的美食知名度不高。

四、水族饮食文化旅游深度开发的构想

1. 饮食文化旅游与景区、水族风情村寨结合

饮食文化旅游极具参与性和趣味性，饮食环境与美食的和谐统一，能给游客的美食体验带来更多的惊喜与收获。将饮食文化与景区、水族风情村寨紧密结合，在景区、水族风情村寨的适当节点展示水族饮食文化，销售独具特色的美食，不但能增加景区、水族风情村寨的收入，丰富游客活动的内容，还有助于增强游客对水族文化的认识。比如尧人山国家森林公园，游客游览高大的树木、优雅的山间瀑布后，来到山顶的来楼水族古寨。在来楼古寨中可以品尝水族的美食，如喝一碗酸爽的水族酸汤，品一口浓郁清香的九阡酒，细细品味水族古寨的"栏杆式"建筑。也可以参与到制作"鱼包韭菜"的抓鱼、杀鱼、清洗韭菜、绑鱼、蒸煮等环节中来，制作属于游客自己的"鱼包韭菜"，让游客身临其境，增强对美食的欲望，同时通过美食的制作和品尝，让游客加深对水族社会文化的理解。

2. 美食旅游与节庆结合

水族的美食多在节庆制作，而美食旅游具有区域性和原创性，所以开发水族的美食旅游应与水族的节庆相结合。在欢乐的节庆中享受独特的美食，在享受美食中领悟神秘的水族节庆文化。如在水族端节游端中手抓三色糯米饭、吃鱼包韭菜、品尝九阡酒，大声齐"秀"而干杯。又如在有"东方情人节"之称的卯节，游客可以在品味九阡酒的同时欣赏或参与到水族青年男女的对歌中去，感受不一样的风情。通过节庆活动开展美食旅游，不仅能提高水族节庆的人气，还能弘扬水族饮食文化，提高水族美食的知名度，增强美食与旅游的融合度。

3. 美食旅游与街区结合

随着城市旅游的逐渐兴起，在水族地区的城镇兴建一定规模的水族风情街，在水族风情街中展示水族美食、烹饪技巧、历史传说等，使游客能在较短的时间里领略水族的特色美食。通过积极的宣传策划，塑造三都县"美食之乡"的城镇品牌形象。利用旅游来推介、弘扬水族美食和文化，利用美食来重塑三都县形象，将大大提高水族地区旅游吸引力和知名度。

4. 推出特色美食旅游项目及美食旅游路线

三都县现存旅游路线分东、南两线，东线以自然景观、人文景观旅游为主，南线以水族民俗风情旅游为主。开发特色美食旅游项目与美食旅游路线应首选南线，因南线为三都县水族中心地带，水族村寨较大且集中，水族端节、卯节等节日较为典型，美食旅游便于展开，并且能与旅游开发较好的荔波县大、小七孔等景区遥相呼应，形成乡村为主体的区域旅游。以南线公路两旁的水族村寨、马坡、卯坡等人文山水田园风光为依托，开发水族风情乡村原生态美食旅游，让游客在探索神秘而古朴的水族风情的同时，享受一次别具一格的美食旅游经历。可推出制作鱼包韭菜、游端、品尝和制作九阡酒等特色美食旅游项目。

5. 开发特色美食旅游商品

开发特色美食旅游商品，不仅能提高当地的旅游收入，旅游商品的流通在无形中还能起到宣传的作用，提高旅游地的知名度。如香醇可口的九阡酒、甘醇香甜的糯米酒等。在酒瓶的包装上绣上马尾绣，形成精美的、具有水族特色的美食旅游产品；鱼包韭菜、三色糯米饭等，可针对其不便于携带和保存的特点，将其用水族木雕、石刻、剪纸等形象的表现出来；

水族的酸汤可以开发成别具一格的酸汤饮料等。

6. 深入挖掘水族饮食旅游资源的文化内涵

任何旅游资源都有相应的兴衰周期，要想让旅游资源经久不衰，就必须不断的赋予旅游资源相应的文化内涵，并加以创新。要开发特色的美食旅游就要深挖美食所蕴涵的文化内涵，并且要不断创新，给传统美食赋予新的、符合游客需求的表现形式，使游客在旅游中有所收获。所以在开发水族的美食旅游时应深入水族社会，整理、征集饮食文化的传说、典故。传说、典故是饮食文化的突出表现，如鱼包韭菜，相传是水族祖先在迁徙过程中用九种菜和鱼合制而成的一种妙方良药，使水族人民成功的战胜各种疾病。但随着岁月的流逝，水族人民用九种菜和鱼虾制成的药方失传了。为了表达对前辈的敬仰和怀念之情，水族人民便用韭菜代替失传了的九种菜名，沿袭成了今天的"鱼包韭菜"[6]。虽然如今的"鱼包韭菜"早已失去了用来治病的意义，但保留下来的祝愿大家身体健康、生活幸福的美好心愿，仍然是我们现代人的追求，旅游者在享受"鱼包韭菜"时必定有所收获。

总之，水族地区的自然旅游资源和人文旅游资源较为丰富，但迄今为止，水族地区的旅游业发展依然缓慢，很多的旅游行为都是由政府主导的，市场经济效益低下。随着周边地区旅游业的快速发展。水族地区的旅游业更显得颓败不堪，特别是以自然旅游资源为主体的旅游景点，由于其旅游资源与周边地区的旅游资源相似性较大，加之宣传力度的不足和交通可进入性差等因素，很多景区现在几乎已经荒废。而美食旅游是融体验式、休闲式、参与式等为一体的一种新型的旅游模式，受到越来越多人的喜欢和重视。随着《舌尖上的中国》等综艺节目开播，大大地提高了人们对美食的追求和渴望。水族地区美食资源丰富，饮食文化独特。挖掘、整合水族地区的美食旅游资源，将其开发成具有鲜明特色的旅游项目，并作为振兴水族地区旅游业的新的切入点，对促进水族地区的旅游业和社会经济的发展，改变其滞后的经济发展现状具有重要的现实意义。

参考文献：

[1] 章采烈. 中国美食特色旅游[M]. 北京：对外经济贸易大学出版社，1997，22-23.

[2] 迟景才. 旅游经济探索[M]. 广东：广东旅游出版社，1998：77-79.

[3] 王雪莲，吴忠军，钟杨. 美食旅游市场需求分析—以桂林世界美食博览园为例[J]. 乐山师范学院学报，2007（5）：90-91.

[4] 《水族简史》编写组. 水族简史（修订版）[M]. 北京：民族出版社，2008.04.

[5] 潘朝霖. 水族鱼图腾析[J]. 广西民族研究，2001，（03）：65-69.

[6] 佚名. 鱼包韭菜：水族"端节"佳肴[J]. 贵州民族宗教，2009，（6）：44.

贞丰县布依族民俗旅游开发探析

刘 敏

（黔南民族师范学院旅游研究中心，贵州 都匀 558000）

摘要： 民俗旅游是增长最快的旅游项目之一，充分利用区域内的民俗旅游资源成为区域旅游开发的重要途径。本文通过文献调查和实地考察，对贞丰县布依族民俗旅游资源的开发现状和存在问题进行分析，探讨贞丰县布依族民俗旅游资源的深度开发策略。

关键词： 贞丰县；布依族；民俗旅游；开发策略

民俗作为一种民间传承文化，是民族传统文化得以世代延续的的根脉，它一直延伸到当地社会的方方面面。利用民俗文化与主流文化的异质性来吸引旅游者，成为近年来许多地区旅游开发不可或缺的一部分。贞丰县少数民族旅游资源丰富，具备开展民俗旅游的先天优势。开发利用贞丰县丰富独特的民俗旅游资源，可以提升贞丰县旅游产业的竞争力。近年来，贞丰县实施了"布依文化旅游带动战略"，把旅游业作为全县的支柱产业来培育和发展。但是，贞丰县的少数民族民俗旅游开发依然处在初级阶段，对资源的开发利用还存在诸多问题，如何充分合理地对其进行开发和利用，促进区域经济的发展，是急需研究的一个重要课题。本文以旅游地理学、民俗学的相关理论为指导，采用理论和实践相结合的方法，分析贞丰县布依族民俗旅游资源的特点、开发现状，力求为贞丰县布依族民俗旅游的深度开发提供一定的科学依据和思路。

一、民俗文化与旅游的关系

民俗旅游是指人们离开惯常住地，到异地去体验当地民俗的文化旅游行程。目前民俗旅游的内容主要包括生活文化、婚姻家庭和礼仪文化、口头传承文化、民间歌舞娱乐文化、节日文化、信仰文化等。民俗文化作为一个地区、一个民族悠久历史文化发展的结晶，蕴含着极其丰富的社会内容。地方民俗特色是旅游资源的灵魂，具有独特性与不可替代性。因此，民俗是旅游产业发展的重要资源，把握并利用好这一优势资源是提高区域旅游品位的关键。民俗旅游是一种高层次的文化旅游，是当今旅游的时尚，具有广阔的市场前景。而且，它也会对发展和文化传承保护产生相应的影响。同时，民俗旅游作为一种各区域间普遍性的社会交往活动，还可以促进各地区文化交流。

二、贞丰县布依族民俗旅游资源

贞丰县位于黔西南布依族苗族自治州东部，东隔北盘江、清水江与镇宁、望谟两县相望，南与册亨、安龙两县接壤，西与兴仁县毗邻，北与关岭县仅一水之隔。自古以来贞丰素有"小贵阳"之美誉，秦属夜郎之地，汉属同亭两郡，唐属明州，清初设永丰州。清嘉庆皇帝赐"忠贞丰茂"匾额，取匾额中"贞丰"二字改为贞丰州，1913 年改为贞丰。贞丰县是一个多民族聚居的地区。居住着汉、苗、布依、仡佬、回、瑶等 25 个民族，整个贞丰县有人口 34.42 万人，其中少数民族人口 16.3 万，占全县总人口的 48%。[2]

（二）贞丰县主要布依族民俗旅游资源简析

1. 摩教与摩经文化

布依《摩经》是布依族所信仰的"摩教"的经典，分为《殡亡经》和《解邦经》，作为布依族的民族文化经典，仍具有独特鲜明的个性，内容丰富充实。在发展的过程中，摩经吸取了汉文化、佛教文化和道教文化的一些因素，但并未因引进外来文化而改变自己的面目。布依摩教大约产生于旧石器晚期，摩经则与其同步。在相当长的历史长河中，摩经一直以口耳传承的方式传承，唐宋以后，开始有汉字偏旁部首按六书造字法创制的方块布依字音记录摩经。布依《摩经》布依语称"selmol"，是布依族集体创作、改编和传承，并配合宗教仪式进行演唱的一种原始性的宗教文学，是布依族民族宗教——"摩教"的经典，是布依族民间信仰文化的重大集成，通过不同途径影响着布依族人民的思想道德、生活习惯和社会生活，在布依文化中居于十分重要的地位，具有广泛的群众性和民间传承性。《摩经》作为布依族诗歌的典范，故事性强，戏剧性较浓，大胆夸张，想象奇妙，有浓郁的抒情性。布依摩经韵律美、节奏美。在贞丰县珉谷镇的纳核村，至今流传着的摩经长诗，多为整齐的五言句式或七言句式韵文体，文学手法多样，音韵铿锵，节奏感强，涉及布依信仰、政治、历史、文化、经济、哲学、伦理、民族关系等，被称为布依族的百科全书。贞丰县北盘江镇岜浩村的《殡亡经》卷数最多，共计 15 卷。它们是：《祭棺经》、《入冥经》、《出冥经》、《歌经》（共 13 节），《祭幡经》、《挂幡经》、《祭祀经》、《长寿经》、《下场经》（共 24 节）、《上棺旁经》、《孝子祭经》、《嘱咐经》、《赎谷魂经》、《赎头经》。一般杂经主要有《请龙歌》、《接龙经》、《六月六祭祠》、《访已经》、《退仙经》等等，每一种驱邪祛病祈福的仪式都有相应经文，可谓卷帙浩繁。摩经反映了布依族缤纷多彩的民俗文化。[4]

2. 铜鼓十二调

贞丰县布依族铜鼓十二调主要分布在龙场镇对门山村。据有关专家、学者多年来研究、考证，布依族是当今贵州使用"灵山型"铜鼓最普遍的一种少数民族。明清以来，贵州方志中记述"仲家"（今布依族）使用的铜鼓比比皆是。"仲家"在明清时期，喜欢在铜鼓上刻字，托明（孔明）所造，藉以抬高身价。近年来根据最新资料表明，贞丰县龙场镇对门山村布依族使用的这一面铜鼓竟是贵州少数民族中唯一的属两广类型的灵山型鼓，两面铜鼓有雌雄之分，有上千年历史，其铜鼓十二调为贞丰布依族所独有。长期从事布依族铜鼓研究的贵州师范大学讲师、中国古代铜鼓研究会会员、贵州省民族民间文化保护促进会副秘书长蒋英观看对门山村的铜鼓后说："该铜鼓属唐末灵山型铜鼓中的晚期作品，是贵州发现的铜鼓中最古老的一种，可以说是打击乐的源头之一。"贞丰县龙场对门山保存的雌雄铜鼓，雌铜鼓高 35.5 厘米，面径 55 厘米，足径 57 厘米，重 23 公斤，是粤式铜鼓中最小的。鼓身为三段式、胸、腰、足界线分明。鼓面双弦分晕、共四晕，晕间无纹。鼓心光体十二芒，鼓面最外圈有四组蛙足痕。鼓面伸于胸外、无垂帘。鼓身亦为双弦分段，足部有四种双弦纹耳为细辫扁耳。从鼓体的大小及纹饰已消退的情况来看，这面鼓可能产生于唐代。雄铜鼓通高 27 厘米，面径 47 厘米，足径 49 厘米，重 16 公斤，鼓身为三段式，胸、足、腰界线分明，鼓面双弦分晕，共四晕，晕间有纹并有象形图案。鼓面为宫、商、角三音，鼓圈为徵、羽两音，组成了民族五音调，调子有快板、慢快板，快板击而高亢，慢板悠扬如歌，其音色纯美，音质雄浑、厚重。

布依族至今还保留着节日、丧葬使用铜鼓这一传统习俗。敲击铜鼓真是"铜鼓之声，怒而击则武，忧而击则悲，喜而击则乐。其意变，其声则变之"。铜鼓十二则内容有两种说法："第一，古代打仗时进攻、收兵的信号；第二，农业生产十二个月中季节变化的记载"。由贞丰申报的"布依铜鼓十二折"于2006年6月已被列入国家级非物质文化遗产保护名录。

3. 布依八音

据史料记载，早在北宋时期，八音就流入南盘江一带布依族聚居地区，元代，八音加入了民俗、喜庆内容的演唱。清代，"八音以弹唱为营业之一种，所唱生、旦、净、丑戏曲，不化妆……"中华人民共和国成立后，经调查认定，八音为曲艺形式，为布依族的说唱艺术，定名为"布依八音"，又称为"布依八音坐唱"或"布依小打音乐"。最初是因吹奏弹唱时常用牛角胡、竹筒琴、直箫、月琴、三弦、芒锣、葫芦、短笛等8种乐器而得名，是一种纯的乐器演奏。随着历史的发展，布依八音乐队演出人员在原曲调中加入说词和唱词，还增加了勒尤、木叶等布依族乐器进行伴奏，逐步使布依八音由传统乐器演奏发展成为一种曲艺说唱形式流传下来。

代表性的曲目有《布依婚俗》、《贺喜堂》、《迎客调》、《敬酒调》、《拜堂调》等，内容主要取材于布依民间口头文学、民间音乐，表现出布依人民对生活的热爱、对丰收的向往、对爱情的追求、对丑恶的鞭挞。其曲调婉转，优美悦耳，犹如一曲天籁之音。2002年，"布依八音"队赴南京参加全国国家级风景区民族文艺展演，从150家参演单位中脱颖而出，获第一名，捧回"最佳创意金牌"；2005年，在贵州省"杜鹃杯"曲艺大赛中，获一等奖；在"多彩贵州"歌唱大赛中，获铜奖。2006年，兴义"布依第一家"八音队赴北京中央电视台参加"全国民族歌舞盛典"，为时半月，获中外好评。"布依八音"已载入国家《中国民族曲艺》史册。[5]

4. 布依族花灯戏

布依族花灯戏是在汉族民间小调的基础上发展起来的，后来又吸收了广西壮族的彩调艺术，流行于部分布依族地区，以黔南独山花灯最著名。花灯戏一般在节日喜庆场合演出，有用汉语唱的，也有用布依语唱的。生旦净丑彩绘脸谱，文巾彩装，紧锣密鼓，兼有二胡、笛子伴奏，曲调很多。花灯戏题材多取自汉族民间传说故事，有的将劳动、爱情、生活习俗加上情节编成，多为反映忠君爱民、妻贤子孝、国泰民安、惩恶扬善之类的内容。传统剧目有《借亲配》、《金铃记》、《金猫和宝瓢》、《梁山伯与祝英台》、《王祥卧冰》、《王三打鸟》、《玉堂春》、《金刚大王》、《八仙过海》、《蒋三下南京》等。新创作的剧目有《妇女矿工排》、《金鸡常鸣》、《典型人家》、《恭贺新禧》、《哥笑了》等。近年来，也有根据布依族传说故事编成的花灯戏，贞丰县花灯戏以挽澜乡最为出名，因此挽澜乡也被称为"花灯之乡"。

5. 布依族三月三、六月六

布依族"三月三"，即农历三月初三，是贞丰县布依族人民的民族传统祭祀节日。传说在古时候，有一年三月初三这一天，掌管着农业生产的"山王神"出生了，随着就把各种蚊蝇、蝗虫、蚂蚱等害虫放了出来，当年庄稼受灾，人畜患病。后来，每到三月初三，布依族村寨都要举行"扫寨赶鬼"、"祭祀山神"等活动，才保证了人畜平安、五谷丰登。年复一年，便形成了内涵丰富的布依族传统节日。布依族的"三月三"祭山活动，早在清朝乾隆年间《南龙志·地理志》就有记载："……每年三月三宰牛祭山，各聚分肉，男妇筛酒，食花糯米饭，……三、四两日，各寨不通往来，误者罚之。"2009年贞丰布依族三月三被贵州省人民政府公布为第三批省级非物质文化遗产名录项目。2010年贞丰布依族"三月三"被国家文化部公布为第三批国家级非物质文化遗产名录项目。

"六月六"是贞丰布依族的传统节日,在节日来到之前,每家每户都要争取早日结束夏季生产,以便安心过节,如果雨水来得迟,插秧还未结束,节日可推迟到六月十六、六月二十六等逢六之日,但必须以"关秧门"即插秧上坎为先决条件。布依族过六月六节日,不但要供祭水稻种植始祖盘古及自家的列祖列宗,还要祭礼寨神。六月初六的前日,祭寨神的准备活动就已开始,村寨里组织祭神的是寨老,另外还有十来个当事的青壮年,按规定组合成组,每年轮流当事。当事者在节日来到之前,走村串户收集各家捐的粮款,捐的粮食用以聚餐食用,捐的款主要是用以购猪买鸡祭神。节日的前一天,还要请摩公敲锣念咒扫寨驱鬼。

"六月六"期间,正值农事稍闲,除了祭山神、田间之外,布依青年男女还借助过节这样的大好良机进行对歌、"浪哨"交往活动,这也是过六月六的主要活动之一。在布依族婚俗中,同姓人同村人视为同胞兄弟姐妹,一般不对歌、不"浪哨"、不通婚,不同姓氏的同辈人则以表哥、表姐相称,方可对歌、浪哨、通婚。六月六节成了布依男女青年谈情说爱、择偶论嫁的一个良好吉日,给年轻人带来无限的快乐。节日当天,年青男女身穿节日盛装,盘着头帕,拿着花包,三五成群相约聚集到寨子外的风景秀丽而幽静的"花园"里,用木叶吹奏动听的"木叶调":"一张木叶尖又尖,摘张木叶衔嘴边;木叶好比红丝线,牵来情哥走花园"。召唤邻村的男青年前来相会,通过甩花包、吹木叶、吹箫笛、弹月琴、拉二胡、对唱竹筒情歌、对山歌等形式,选择自己的意中人,进行"浪哨"活动。"浪哨"在布依语中专指男女青年的谈情说爱活动,是自由恋爱的基础。

(二)贞丰县布依族民俗旅游资源分类

民俗是包罗万象并且不断发展变化的。民俗依据不同的划分标准可以有很多种划分方法,本文以目前国内最流行的划分方法即南京大学张捷教授的六分法为依据,将民俗划分为信仰民俗、社会民俗、生活民俗、经济民俗、民间传说、游艺民俗六大类。为了更辩证科学地研究贞丰县民俗旅游资源,依据上述分类体系,从民俗文化和旅游资源开发的角度并考虑到现实状况,可将民俗旅游资源划分为 5 个主要类别、11 个亚类、42 个基本类型,详见表 1。

表 1　贞丰县布依族民俗旅游资源分类表

主类	亚类	基本类型	贞丰县主要表现
观赏型民俗旅游资源	信仰民俗	1. 宗教活动	摩教摩经文化
	社会民俗	1. 社会组织制度;2. 生活礼仪及交往习俗;3. 社会生活习俗;4. 民间职业和工艺;5. 手势、体态语言、表情	寨老制度、浪哨、布依手工艺品、三月三、六月六等布依族族节日
	生活民俗	1. 日常生活起居;2. 服饰;3. 婚嫁;4. 民居;5. 民间医术;6. 生死习俗	布依族服饰、靛蓝工艺、蜡染技艺、布依茶文化、布依酒文化、布依饮食文化、丧葬仪式、解邦仪式、布依医药文化、干栏式建筑、吊脚楼、布依族刺绣、布依婚俗、祭山、扫寨、砍嘎
	经济民俗	1. 经济生产;2. 交易;3. 消费生活	古法造纸、土布交易
	游艺民俗	1. 竞技运动;2. 智力游戏;3. 节庆舞会;4. 童嬉;5. 消闲娱乐;6. 民间歌舞;7. 杂技曲艺	舞狮舞龙、打秋斗草、拔肩舞、杂技、铜鼓十二调、勒尤、小打、音乐丰收舞、板凳舞、芦笙舞等民间歌舞

主类	亚类	基本类型	贞丰县主要表现
参与型民俗旅游资源	游艺民俗	1. 竞技运动；2. 智力游戏；3. 节庆舞会；4. 赌胜博戏；5. 消闲娱乐；6. 民间歌舞	舞狮舞龙、打秋斗草、拔肩舞、杂技武术
体验型民俗旅游资源	生活民俗	1. 饮食	贞丰粽子、贞丰油糯米饭、贞丰五花糯米饭、花江狗肉、布依八大碗
深层型民俗旅游资源	信仰民俗	1. 天地山川；2. 植物界；3. 动物界；4. 人类；5. 巫术、占卜	各村寨神山、各村寨神树神石
	社会民族	1. 生活礼仪及习俗；2. 社会生活习俗；3. 历法、斋戒、禁忌	寨老制度、浪哨、布依手工艺品
辅助型民俗旅游资源	信仰民俗	1. 超自然事物	布依族民间传说和神话故事
	民间传说	1. 民间故事、民间传说；2. 歌谣；3. 俗语	布依族民间传说和神话故事

（三）贞丰县布依族民俗旅游的主要特征

国家旅游规划专家、世界著名旅游专家戴斯蒙·希瑞尔对贞丰旅游资源、品位给予高度的评价。[5] 如前所述，贞丰县布依族民俗旅游资源主要表现出以下主要特征：

（1）民族节日丰富多彩。贞丰县境内的布依族传统节日有二十多个，集会地点一百多个。比较著名的有布依族"三月三"、"六月六"和"了年"。

（2）民族歌舞绚丽多姿。贞丰是布依歌舞艺术的海洋，各类舞蹈歌曲多达几十种。歌有大调、小调、长歌、飞歌、古歌等；舞蹈有丰收舞、板凳舞、芦笙舞等。这些歌舞生动活泼，独具魅力，是中国民间文华花园中的奇葩。

（3）民族建筑特色鲜明。贞丰县境内的布依族传统建筑风格迥异，各有千秋，清新自然。

（4）民间工艺美术精湛，如小屯乡的白棉纸、靛蓝、挑花、刺绣、勒浪、勒尤等。

（5）知名度产品组合较好。贞丰县布依族民俗源远流长，从2005年起，初步建立了贞丰县非物质文化遗产四级名录体系。国家级（3项）包括布依族铜鼓十二调、皮纸制作技艺、布依族勒尤。省级（10项）包括布依族铜鼓十二调、皮纸制作技艺、布依族勒尤、布依族"六月六"、布依族服饰、布依族丧葬礼俗、布依族摩经、布依族靛染工艺、窑上古法制陶、布依族婚俗音乐。州级（19项）包括族铜鼓十二调、皮纸制作技艺、布依族勒尤、布依族"六月六"、布依族服饰、布依族丧葬礼俗、布依族摩经、布依族靛染工艺、窑上古法制陶、布依族婚俗音乐、布依族谷温、布依族棍术、布依族"三月三"、布依族鸟笼制作技艺、布依族勒浪演奏与制作按艺、布依族乌龙、布依族音琴、布依族婚嫁歌。县级（52项）布依族节日风俗等。

三、贞丰县布依族民俗旅游开发存在的问题

目前，贞丰已开发和正在开发的旅游产品有：《纺织舞》、布依族"六月六"、布依婚俗、祭山、扫寨、砍嘎、布依族吊脚楼等，旅游商品有布依族服饰、布依族五色糯米饭、布依族鸟笼、布依族刺绣、布依族铜鼓、勒尤等。形成了三岔湖畔的纳孔布依族风情村寨和双乳峰

布依族风情广场等布依族民族风情集中展示点。

布依族文化旅游产品开发深度不够，未能形成良好的品牌效益。主要存在几个方面的不足：一是挖掘力度不足。虽然有关部门对全县的民族民间文化遗产进行了普查，但覆盖面不广，一些历史久远的布依叙事古歌、布依戏曲、传说故事、风俗习惯还未普查到。二是把民族民间文化旅游资源转变为旅游产品尚缺乏经验。三是有了产品但难打造出精品。四是产品的制作、推销还处于自发、分散、无序状态。五是布依文化旅游产品推介缺乏力度近年来，贞丰出版了《金都艺苑》、《圣地贞丰》、《盘江风韵》、《布依金城贞丰》等旅游宣传书刊，创办了《北盘江》双月刊，举办了多届"六月六"布依族风情节，极力宣传推介贞丰旅游资源，使贞丰的知名度、美誉度不断提高，但贞丰的游客每年的增长率不高，留宿的客人不足 30%，有的景观游人知之不多。究其原因，主要是在旅游产品宣传推介上力度不大，产品缺乏影响力。

四、贞丰县布依族民俗旅游资源开发的对策

（一）全面发掘布依文化，提升旅游产品品位

提高旅游产品文化含量可以有效吸引消费者，促进产品销售，使旅游产品文化品位提升，提高市场占有率。[6]因此要充分利用以摩教为主的宗教资源、文物遗址，增加建筑、雕塑、壁画、讲座等内容，扩大活动空间，使更多的人参与健康文明的宗教活动，促进社会和谐。塑造贞丰县摩教旅游的特色，从结构、乐器、内容、表现上进行整合和提升，编排曲目，与著名景区如三岔湖升级名胜风景区，双乳峰、北盘江大峡谷等景区联合，定期演出。要充分利用布依族民俗风情这一资源，挖掘和修复具有布依族特色的民居建筑，整理布依族歌舞，保护布依族传统民族节日等，提高人文旅游的品位。

（二）要注重旅游人才的培养

虽然旅游业的发展极大地推动了旅游教育的发展，但仍存在旅游人才建设与行业发展建设不适应、旅游人才培养滞后于市场需求等突出问题。[7]加强旅游人才的培养已成为旅游业的当务之急。目前贞丰县急需布依族民俗文化研究和传承、布依族民俗旅游产品制作与营销等多方面的人才。一是要注重与各旅游院校的交流和合作。二是要开展旅游技能培训教育，在培养途径模式方面，要实行特色办学。培养途径模式是指人才培养过程中为完成特定培养目标或教学目标所采取的培养形式和创造的教学环境的总和。是以培养适合生产、建设管理、服务第一线的应用型人才为主要目的的教育模式，是旅游人才培养最有效、最基本的途径。加强实训室和校内外实习基地建设，是旅游教育办学特色的关键，也是贞丰县布依族民俗旅游急需的。

（三）加大宣传力度

要坚持有的放矢、供需对应。多开发有市场需求的项目，成立专门的专家部门对旅游客源市场进行有效的开发。通过电视、广播、网络等多种媒体对民俗风情进行宣传和推广，还可以借助一些展览和博览会把相关的信息展现给大众。贞丰在布依民俗旅游的宣传、推广方面积累了一定的经验。例如：多次组织召开旅游产业研讨会，参加各种各样的旅游博览会和

交易会，创办旅游期刊，这些都从不同的侧面对贞丰布依民俗旅游进行了有效的宣传，以后还需要继续不断加强。

（四）注重布依族民俗旅游商品开发

游客除了对各种有地方特色的民俗感兴趣以外，购买有特色的旅游商品也是他们旅游的重要需求之一。所以民俗旅游商品同样有广阔的市场，也是旅游的重要环节，对旅游创收发挥着举足轻重的作用。各种有民族特色的器具、衣饰、民间食品、民间工艺品等均可以作为商品开发。贞丰的布依族民俗旅游商品丰富多彩，具有浓厚的民族色彩和乡土色彩，有很大的发展空间和深厚的文化底蕴。开发的过程中必须坚持特色原则和有文化内涵原则，切忌雷同化和庸俗化。

一、布依农家乐的开发。这也是贞丰县各景区缺少的一个重要旅游项目。游客到景区后，住农家屋、吃农家饭、干农家活等，通过品味农家生活而寻找乐趣。这种旅游产品对一个少数民族地区的乡村旅游来说是非常重要的，因此应该在景区内建立几家农家乐来增强景区的吸引力，增加景区的经济收入。这样既能解决游客的住宿问题又能够让游客亲自品味布依农家。二、对布依族特色物品的开发。现在的大多数游客，他们到了每一个景区都想购买当地的旅游纪念品。所以贞丰景区应该在景区内建立具有浓郁布依族风情的购物中心，主要是为了出售自己开发的布依特色产品，如：布依族的五色花饭、布依族的小背篓等。此外还可以将布依族的婚礼、葬礼的过程以及当地的民歌录制成光碟来出售，让游客进一步了解布依族独特的文化，这不仅可以为游客增加一份纪念品，还可以给景区带来可观的经济收入。

（五）走可持续发展的道路

民俗旅游资源开发到一定深度和广度，就有可能出现违背可持续发展的问题。由于旅游业的迅猛发展，人们忽略了旅游资源的可持续性，同时受利益动机驱使，将旅游业简单化为数量型增长和外延的扩大再生产，结果造成许多旅游资源的不合理开发和过度利用。[8]过度开发使民俗旅游资源会造成许多民族文化资源遭受严重破坏，从某种意义上说，过度的旅游开是以牺牲民族文化特征换取部分人的经济利益，脱离传统民俗旅游，出现舞台化、商品化。[9]因此贞丰县布依族民俗旅游要想走上可持续发展的道路，要做好以下几个方面的工作：一是要处理好民俗文化资源开发的经济效益问题。不能过分追求经济效益而忽视了民俗旅游的文化价值。二是要保持布依族民俗原汁原味。民俗风情反映了本土本地的民风、民情、历史、生活，具有区域性和古朴性。在开发民俗风情旅游资源时，我们应当尽量展现当地的历史和现状特色，在内容、格调、造型、色彩上都要有浓郁的古朴性、泥土味，给人以亲切、真实、淳朴、乡土、异地异彩和怀古思今的心理感受，要把握好原汁原味，讲究正宗。不能因为旅游的过度开发而失去原味。此外，民俗旅游商品的开发也要注意原汁原味的问题，要在把握好正宗的前提下，多层次、多渠道地进行开发。大力发展具有纪念性、工艺性和实用性的民族特色旅游商品，食品、服饰和工艺品是开发重点，传统产品要巩固，新产品要大量开发。可在建设当地原汁原味民俗风情旅游区的同时，努力在附近发展商贸步行街。三是要处理好利用、保护和发展的关系问题。在开发和利用布依族民俗文化这项旅游资源时，既要做到物尽其用，充分利用，发掘潜力，让有限的物质资源发挥出最大的文化经济效益，又要用发展的眼光、可持续的眼光来对待布依族民俗文化资源，要在保护的前提下利用，在利用中注意保护，不能只图眼前的短期的经济利益，而掠夺性地对民俗文化资源加以破坏甚至毁灭。在开发民俗文化资源时，一方面要尽量真实地反映民俗文化，对于不同时期的民俗尽量给予时间说明；另一方面要向当地居民宣传教育，在经济发展、文化交流的同时，更应保护好自己的文化传统，只有民族的才是世界的，失却自己的布依族民俗文化特色，也就基本失去了旅游生命力，不可能实现可持续发展。要提倡环保旅游、绿色旅游，只有这样，贞丰县布依族民俗文化资源才能享之不尽，用之不绝。

五、结　语

总之，要在贞丰丰富多彩的布依族民俗旅游资源上，不断的解放思想，实事求是，对贞丰县布依族民俗旅游资源进行合理的开发和利用。注意处理旅游资源开发和民俗文化传承之间的关系，将传统文化在现代化进程的土壤中继续发展，通过旅游文化深层次结合，使文化和旅游相互融合，进行全方位的打造和发展，为贞丰县旅游业添上浓墨重彩的一笔。

参考文献：

[1]　王立高. 大力开发布依族文化旅游资源 加快贞丰旅游经济跨越式发展[J]. 贵州信息与未来，2010，（2）：19-22.

[2]　贞丰县史志征集编纂委员会. 贞丰县志. 贵阳：贵州人民出版社，1994.

[3]　周国茂. 摩教与摩文化. 贵阳：贵州人民出版社，1995.

[4]　张捷. 区域民俗文化旅游资源的类型及旅游业价值研究. 人文地理，1997，（3）：21.

[5]　王华镇. 中国民族奇艺——布依奇艺[M]. 贵阳：贵州出版社，1996.

[6]　许新晓，卢雁妮，邓伯祥. 打造"布依金都"旅游品牌[N]. 黔西南日报. 2005-07-11.http：//www.gz.xinhuanet.com/zfpd/2005-07/11/content_4613933.htm

[7]　何兰兰. 旅游产品文化含量与文化品位提高问题探讨[a]. 技术与市场，2012，（4）.

[8]　史丹萍. 旅游人才现状及国际型旅游人才培养[A]. 河南广播电视大学学报，2006，（2）.

[9]　高玉玲，孙静. 民俗旅游产品与可持续发展[A]. 全国商情（经济理论研究），2008，（14）.

[10]　彭艳，游红军. 民俗旅游可持续性发展的思考[A]. 商场现代化，2009，（05）.

浅析三都县水族赛马文化的现状与发展

周远力

（黔南民族师范学院 旅游研究中心，贵州　都匀　558000）

摘要：运用文献资料法、实地调查法、访谈法等研究方法，通过对贵州三都县水族"端节"赛马活动进行实地调查研究，将传统的水族民间赛马与以政府为主导的赛马活动进行比较分析论述，以此来探讨三都县水族赛马文化的现状与发展。

关键词：三都县；水族；赛马文化；发展

San du County aquatic animals is analyzed the present situation of the horse culture and development

ZHOU Yuan-li

Abstract：By applying the method of literature，field survey method，interview method，such as research methods，Sandu County aquatic animals in Guizhou "nodes" horse racing activities on-the-spot investigation and study，through the traditional aquarium folk racing and the government-led comparison analysis of the horse racing，horse racing culture to explore Sandu County aquatic animals of the present situation and the development.

Key words：Sandu County，Aquatic animals，The horse racing culture，development

一、引　言

三都水族自治县（以下简称"三都县"）是目前我国唯一的水族自治县，位于贵州省黔南布依族苗族自治州东南部，东面与榕江县、雷山县相邻；南面与荔波县、独山县相接；西面、北面靠近都匀市和丹寨县。东西宽 56 km，南北长 78 km，土地面积 2 400 km²。全县共有 21 个乡镇、270 个行政村和 4 个村民小组 2 413 个社会居民，据 2010 年第六次人口普查，三都县现有总人口为 357 127 人，其中水族 235 269 人，占全县总人口的 65.9%，全国 60% 以上的水族人口居住在三都县。水族人民在这片美丽的土地上世代相传，绘出了一幅水族人民大家庭的美丽画卷。水族历史悠久，文化丰富，节日繁多且各具特色，其中世界历时最长的古老节日——水族"端节"便是丰富多彩的水族文化特色的体现。

三都县的水书、端节与马尾绣三个传统民族文化于 2006 年 6 月被国务院列为国家级非物质文化遗产名录。其中的水族端节主要内容包括宗族内部祭祀和端坡赛马，而端坡赛马则是水族人民欢庆佳节的高潮，也是水族人民庆祝"端节"最重要的方式之一。水族端节被列入非物质文化遗产名录，不仅是国家对民族传统文化的保护与传承，更是对传统水族赛马文化价值的一种认可，同时也对促进民间赛马文化的发展起到了积极的促进作用。水族端节赛马也正以它独特的民族特色被越来越多的人所熟知，因此本文以三都水族自治县为重点研究对象，通过文献资料法：利用网络、图书馆、民族文化馆等途径查阅、收集了相关资料，并对资料进行整理与分类；实地调查法：2014 年 9 月至 10 月到三都县城及民族地区村寨进行实地调查，着重调查三都县水族端节发展状况及赛马文化现存状态，与文化职能部门管理人员、当地村民赛老、走访三都县赛马场工作人员了解西部赛马城赛事筹备与实施情况；专家访谈法：2014年10月9号至11号，通过前期的访谈与调查，对赛马文化作了初步了解，邀请了专家学者（白尧）进行访谈，并记录了专家学者的意见与建议，对赛马文化有了更深的了解。并在此基础上探讨如何传承和发展三都县赛马文化，这对促进民族地区经济与文化同步发展具有重要的现实意义。

二、三都水族赛马活动的渊源

（一）三都水族端节概况

水族人民称端节为"借端"或"借瓜"。"借"在水语中是"吃"的意思；"端"则含有"开端"、"岁首"之意，在水族人家有"祭祀祖先"、"共庆丰年"的内涵[1]。水族端节按水书水历推算，过节日期从水历除夕到水历新年二月，是稻作植物成熟和小季播种的时节，这延续了传统水族人民欢庆丰收、过新年的民族风情。水族端节是水族人民怀念祖先、祈求下一年顺利丰收的重大节日。根据古书的记载，刚开始端节只是单纯的水族内部的祭祀活动，是为了怀念祖先，赞颂他们的丰功伟绩的，水族人民便约定在同一时间举行祭祀活动，因而最初的端节只过一批；后来因为水族居民的增加与分散导致集中过节不便，所以就按宗族关系与地区将原来的一批分成九批；随着人口的不断变化，目前的水族端节总共分成七批，各地区便根据传统依次过端节，现在从第一批开始到第九批结束之间相距五十多天。因此水族端节不仅仅是水族最盛大、最具特色的传统节日，同时也因庆祝期间长而被誉为世界上最长的节日。根据水族庆祝端节的过程来看，从整体上端节仪式主要为祭祀祖先、吃端、赛马三大部分。祭祀则是根据传统，水家人在水历的除夕和初一两天忌荤腥，并在自家堂屋内设席祭祖。祭桌上有糯米、鱼包韭菜、瓜果（鱼水族中不属于荤菜）等素菜，祭桌的周围还有铜鼓、五谷（表示丰收）、斗篷和农具来怀念先祖的勤劳美德。游端则是在初一上午，水家人在家中祭祀完祖先后，宗族中的长者就会庄严的请出铜鼓，并敲响铜鼓，族内的人在听到铜鼓声后，便会将早已准备好的美酒佳肴（主要是鱼包韭菜和糯米饭）端到寨子中央一起品尝，大家还会评选出谁家做的鱼最好吃，谁家酿的酒最好喝。除了全寨互品美食的游端外，端坡赛马则是端节的最高潮，这是水族男女老少都参与的活动，每到亥日（相当于汉族春节大年初一），水族人民吃过年饭后便相约从各村寨赶到端坡，端坡上人山人海，热闹非凡。

（二）水族"端节"赛马活动由来

水族端节赛马活动与水族的起源、生活、祭祖有着密切的联系。在三都地区关于水族端节赛马的由来流传着许多的传说故事，通过笔者的实地调查，在民间流传比较普遍的有四个：（1）传说水族部落中有一个山寨大王，此人长期养尊处优，懒得连门都不出，久而久之，由于他长期没有进行身体锻炼，身子病得很厉害。有一年的端节，他兴致一来，让家丁扶他上马，缓缓登上了后山坡，骑出了一身汗，让他身心舒畅，精神振作，在他坚持一段日子后，身体就慢慢地好了起来；于是到了第二年的端节，寨王让村民们都要"骑以登高"，说是登年坡就能消灾减疾、人畜兴旺，给寨子带来吉祥。从此以后水族便有了端节赛马的民族活动。（2）据传在秦汉以前水族人是居住在今贵州黔南一带，到北宋末期，由于民族的压迫与生活的需求，从而迁到现今的广西环江一带。当时兄弟三人为求生计各奔东西，大哥逆红水江而上，三弟顺清水江而下，老二渡红水江到广西南丹，来到现今的贵州荔波佳荣、三都三洞一带。三兄弟定居以后，每年到了稻谷黄了的时候，彼此走访，庆贺丰收。由于当时交通不便，只能以马代步才赢得时间，早早团聚，久而久之就延续下来，形成了如今的赛马活动。（3）"端节"赛马的另一个渊源与水族人民祭祀祖先有关，水族丧葬习俗是要给死者设祭堂（水语称"开空"），除了设歌堂以歌赞美祖先的恩德和跳芦笙舞以表达对祖先的怀念以外，为了让死者的亡灵得以安息和返乡看望亲人，还要杀一匹壮马为亡灵者（男性）代步[2]。水族人民就利用比赛的方式将几匹好马在一起比试，最后挑选出一匹最好的马给去世的人，久而久之这一民族习俗逐渐的发展成为每年水族端节必不可少的重要内容。（4）水族人民除了有着坚强、勇敢、勇猛的民族性格，还具备了高超的骑马技术和训马方法，并且还认为只有在马背上才能体现出作为水族男子的成熟，因此在端节到来时除了在本族内比赛，还要去其他端坡上赛马，这样世世代代的沿袭也就形成了一年一度的"端坡"赛马。

从上述民间传说和祭祖仪式中可了解到，水族人民的"端节"民间赛马活动在很早以前就非常盛行。除此之外，经过笔者实地走访和调查后得知，水族赛马是与本民族生活环境、居住地理、风俗习惯等息息相关的。在云贵高原上聚居的水族人出行最好的选择就是一匹强壮的马匹。众多的马匹蜂拥而至，酒后便爬上马背一决高下，久而久之便形成了赛马文化；最后，在农闲时，同宗族各村各寨的水家人喜欢聚集在一起，带上自家的马匹相互较量一番。这些因素使得马成为水族人民在日常生活中的一员，久而久之端节赛马文化就得以长久的延续下来。

三、三都水族赛马活动的民族特色

（一）浓郁的民族风情

水族是一个迁徙而来的民族，水族人民具有勇猛、刚强、好胜的民族性格。因受地理环境和交通条件的限制，三都县水族赛马形成了别具一格的西南民间风格，包含着浓郁的民族地方特色，并在一定社会条件下水族赛马将历史性、传统性相交融，其形式、内容和特点淳朴自然，有着古老、神奇、浓郁的民族风情[3]。由于三都县水族人民是根据族姓分批依次过端节，因此每个水寨（大部分依族姓为聚居）都有属于自己的"端坡"，据统计仅三都县就有大大小小的端坡 32 个。三都县水族民间赛马都是在端坡进行的，每年到了"端节"这一天，水族人民男女老少纷纷来到"端坡"上，端坡上人山人海，欢呼声、笑声、铜鼓声、马蹄声连成一片，热闹非凡。这一天水族的青年男女来到端坡上寻找他们最甜蜜的爱情，女青年精心打扮穿上盛装来到端坡上观看比赛，男青年也着上新装参加盛会。从社交的角度看，水族"端节"赛马为水族青年男女提供了一个正规的相聚场所，端节歌中唱道："哥骑马去会姑娘，女梳妆去看情郎。"[4]

端坡赛马是水族人民庆祝端节的高潮部分，在赛马比赛开始之前要先举行庄重的开道仪式。首先请水族德高望重的长者主祭亲自主持祭祀（水语叫"与梭"）仪式并念祝福和欢迎四面八方来参赛的贺词。一般会在赛道起点的正中央摆放一张大长桌，桌上放一碗插着三炷香的熟糯米饭、一挂熟猪肉、三条鱼包韭菜、三杯糯米酒和三副碗筷。祭祀者用筷子头在三杯酒中各蘸一点酒，然后分别在桌面上（水族人在平时吃饭前都会这样）各点一下，并将鱼尾和一些猪肉撒放在桌面上表示对水族先祖的敬意。接着，长老口中念念有词，一是祈求神灵保佑端坡赛马活动顺利；二是保佑水族人民来年风调雨顺、五谷丰登、人丁兴旺。最后，他会邀请身边的其他主要组织者端起酒杯，大喊一声"秀"（水语，干杯的意思）然后将酒一饮而尽，接着长者纵身跳上自己的马，跑到赛道拔掉插在马道中央的竹标并绕赛道跑一圈，如此一来宣告祭祀仪式结束了，参赛的其他选手也骑上自己的马绕着赛道慢跑，其目的是让自己的马匹正式与观众见面，赛前的热身活动结束后便正式开始比赛，此时马道旁的观众向两边后退到安全的地方观看比赛。

（二）独特的赛马方式

水族的民族活动与本民族的生产生活紧密联系，赛马不仅源自于生活，同时也受当地地形的影响。"天无三日晴，地无三里平"形象生动的描述了贵州的地貌，在这种地方赛马就只能选择在陡峭的山坡上进行，这就使得端节赛马场独具特色。水族的民间赛马道并非与其他赛马场一样的宽阔平坦，而是一条狭窄的赛道。由于端节赛马必须在山坡上进行，因此水族人便挑选出最适宜的山坡作为固定的赛马场地，并称之为"端坡"或"马坡"。通常会将端坡上道面比较平整的地方作为赛道的起点（3~4米），当赛道过了40~60米后道面不仅会逐渐变窄，道面的坡度还会逐渐升高，有些斜坡的坡度甚至到30°以上。每个端坡赛道的长短根据端坡的地形而定，赛道的长度通常为150~400米。水族传统民间赛马文化独特之处还在于极具特色的赛马方式：第一、骑手在每一轮的比赛中都必须在赛道上进行两圈或三圈以上的速度跑马，如果马或骑手体力弱，通常在跑了一圈之后便会被其他的骑手远远甩在后面，有的骑术差的骑手甚至会被自己的马甩下马背；因此只有马和骑手体力强、骑术好才能克服重重的困难顺利到达终点。因此水族端坡赛马比的是速度与耐力等综合素质。第二、由于水族地区是季节性气候，气候温和，水族骑手身材都矮小精悍、体轻，同时为了减轻马的负担，骑手基本上都是轻装上阵，基本不佩戴马鞍和脚套，仅凭借着平时训练的经验、精湛的骑术和与马之间的配合默契进行比赛。这一习俗比的是意志、能力、骑术、顽强拼搏精神。第三、在比赛时很多骑手不用马鞭，而是用口哨声催马，经过训练的马听到哨声就跑得更快了，这不仅可以展示马匹的耐力和速度能力，同时还能炫耀自己养马的技术。第四、民间的赛马道是依地形而决定的，因而非常狭窄，有些地方甚至只能容纳一两匹马同时通过，所以当选手在经过这些狭窄的赛道时，不仅要保护自己不被其他的选手挤下马，同时也要想使用什么安全的冲撞方式把其他的选手挤下马，并以最快的速度通过窄道，最先到达赛道的终点，因而很多当地的水族人也将端坡赛马称之为"挤马"。端坡上赛马在总体上是一场比耐力、比骑术、比综合素质的体育项目；同时也在赛马道上挤出友谊，挤出欢笑；在爬坡道赛出精湛骑术，赛出优秀骑手和优良赛马。水家人认为只有赛马道的狭窄、坡度和赛马过程中的"挤马"才能体现出水家人高超的骑术，也才能选拔出优良的赛马。

四、三都水族赛马活动的变化

（一）"全国赛马节"形成

三都水族端节是目前我国时间最长的民族节日，期间举办的赛马活动是水族人民欢庆佳节的高潮。三都人民特别的喜爱赛马，在水族各村寨都有自己的"端坡"，据统计全县各村寨在端坡举办的赛马多达 140 多场，但端坡上的赛马规模小而且比较零散，在组织上更多地以自然村寨为单位，他们都渴望有一个比较正规的赛马比赛，因此，三都水族人民将这一愿望向政府反映，政府基于满足人民群众文化需求、推动少数民族优秀传统文化与社会全面协调发展的考虑，将人民群众这一愿望向贵州省政府反映，由贵州省少数民族体育协会向中国少数民族体育协会提交申请，经过多方的努力，中国少数民族体育协会为更好地传承和弘扬这一优秀的少数民族传统体育项目，经过研究，同意贵州省少数民族体育协会的申报，并因水族赛马活动频繁、群众基础雄厚、参赛人数多、参赛规模大授予三都水族自治县"中国赛马之乡"称号。

现今水族端节成为水族民族特色标志，在旅游热的影响下，端节的一系列传统活动成为政府针对水族旅游开发的一个突破口，三都水族端节赛马作为我国一项传统的民族体育项目，三都县人民政府给予了高度重视。1985 年 1 月县民委、体委在县城举办"民族团结月"女子赛马运动会。1988 年三都县体委成立赛马协会[5]，在端节期间派人员亲临"端坡"进行赛马技术裁判指导工作，并决定除端坡赛马外，每年举办一次盛大的赛马运动会。除了"过端"之时各个分批"过端"的赛马之外，2010 年 12 月 24，由贵州省民委、省体育局、黔南州人民政府主办，三都水族自治县人民政府承办的首届 2010 中国贵州 （ 三都 ）赛马邀请赛在三都自治县西部赛马城隆重开幕。来自贵州省各地（州、市）、各县（市、区）及省外特邀单位等省内外 21 支代表队参加比赛并形成了在其后每年三都县三洞乡过端的时候都举办贵州（三都）全国赛马邀请赛的惯例。不仅水族选手在赛场上竞技，也吸引了不少其他地区和国家的选手参赛，其中包括来自北京华兴马业俱乐部、浙江平湖九龙山代表队、北京国发马术俱乐部的诸多名马参加，提高了水族赛马的知名度。随着比赛的开办，政府加大了投资力度，修建了"三都中国西部赛马城"，规模宏大，可容纳上万名观众观看比赛，为比赛提供了良好的外部条件。政府还利用端节的赛马活动来吸引投资和游客，祭祀、赛马等传统活动原只在乡村特定的时间举行，如今动态地搬迁到县城，不仅让更多的人了解到传统的民族文化，也使传统水族端节民间赛马以科学化和规范化的发展模式得到更好的传承与发展，同时通过这一方式在其他民族了解水族赛马文化的同时水族人民也了解其他民族的传统文化。其他少数民族赛马文化的融入，丰富了水族端节赛马文化的内涵，促进了水族端节赛马事业的健康发展。这样不仅使水族的民族文化得以传承，而且推动了水族民族文化走向世界。

（二）竞技性增强、娱乐性减弱

三都县举办的赛马活动越来越具有明显的竞争性。按民间传说，端节赛马活动最初是为祭祀祖先、欢庆丰收而开展的，因此传统的端节民间赛马竞争意识不强烈，赛马的目的多是为了娱乐。他们着重于表演精湛骑术、体现勇敢精神、展示马匹的耐力和速度以及爬坡的能力，以此炫耀自己养马的技术[6]。而今在三都赛马城里的赛马活动，随着时间的推移以及人们生活方式、思维方式的转变，传统的赛马方式慢慢地融入了竞技的因素，使得竞技性越来越增强。据笔者调查访问发现，形成此现象的主要原因是：（1）水族青少年在学校教育中所接受的现代竞技体育项目，如篮球、足球等，使得竞技成为主要的运动方式。（2）政府的参与和介入，为使赛马吸引更多的人来参赛和观看，政府投入大量的资金，如修建场地、维护与管理、制定比赛规则、颁发奖金奖状等，使得传统的赛马方式竞技化。

除此之外，三都水族自治县人民政府承办的赛马活动的娱乐性逐渐减弱，现今在赛马场上已很难看到原有的端坡窄道惊险刺激的挤马项目，笔者调查的所有端节赛马比赛，均是有奖赛马，获得好成绩的选手都会得到丰厚的奖金，因此很多的水族人为了在比赛时能取得好成绩，他们在农闲时就会训练马匹、提升自己的赛马技术和培养与马之间配合的默契。传统的端坡赛马活动逐渐地由原来的相亲娱乐转变为以夺取名次和奖金为主的竞技性赛马。

（三）全民参与、积极性高

民族的认同感不仅可以提升民族个体之间的相互联系、相互合作、相互帮助、相互融合；还可以增强民族凝聚力，促进民族整体健康有序的发展。它是民族凝聚力的前提与表现，民族强大的凝聚力来源于民族的认同感[7]。水族"端节"赛马的全民参与性正是这种认同感的具体表现。民间赛马参与的群众广泛，各村寨在初一早晨在家祭祖后，男女老少都要穿上新衣，妇女更是精心打扮，相约来到端坡。而在赛马城里举行的赛马比赛要精心筹备，在比赛的前几天，赛马委员会在县城人流密集的地方张贴海报，通知比赛的时间、地点及竞赛的项目，参赛人员扩展到贵州省各地（州、市）、各县（市、区）及省外特邀代表队。到比赛当天，邻近乡镇的男女老少都穿着崭新的衣服，纷纷来到赛马城，有些较远的地方天还没亮就赶来，有的骑着马来，有的走路赶来，赛马场里人山人海，比赛时赛马城里，欢呼声，马蹄声，热闹非凡。这不仅增强了水族人民的交际能力，增强了民族的凝聚力，同时也传承着水族的传统民族文化[8]。

（四）组织形式科学化

传统的水族端节民间赛马是水族人众所周知的一项传统民族活动，因而也就不需要组织者来进行组织协调，顶多由本族的老人来主持，而全国赛马邀请赛则是由政府主导，属于一种政治、经济、旅游活动。从活动的组织筹备到宣传、推广等一系列工作都是由政府来安排进行，这与传统的水族民间赛马的开展是大不相同的，政府承担了大量基础设施建设，并且在活动筹备期间所遇到的资金、人员等问题都由政府解决。现在由政府主导赛马活动的组织形式逐渐走向规范化与科学化，最初水族的民间赛马是以娱乐为主，没有很强的竞技性，因为那时的赛马没有成型的比赛形式，大伙都骑着自家的马比马速、比骑技，在精神上寻求满足。然而随着社会经济的快速发展，水族人民的生活、精神文化水平都得到了提高与丰富，水族端节传统民间赛马也相对应地以科学化与规范化的形式逐渐地开展，由贵州省少数民族体育协会主办，三都水族自治县人民政府承办，贵州省少数民族体育协会协办共同组成赛马委员会，共商赛马事宜。资金方面由赛马委员会筹集资金，而筹集的钱就是用来承担赛马相关的一切费用，其中大部分作为奖金颁发给获胜的选手。除此之外，赛马组委员会还将负责赛马的所有准备工作，其中包括竞赛日程的安排、维持现场秩序、仲裁委员会的确定等。

（五）比赛方式规范化

三都水族端节的民间赛马的不限年龄，喜爱赛马的只要有一匹马就可以参与，在笔者观看的水族端坡传统赛马比赛中，均没有采用计时方法，也没有正规的裁判小组，都是以先到赛道终点者为胜，假如出现同组中的马匹同一时间到达终点，那么这几匹马就必须重新在赛道上一较高下。而县政府举办的赛马有严格的参赛标准和竞赛办法，并由 4 个裁判长和 8 位计时员共同组成裁判组，采用计时办法录取名次。在比赛时参赛选手超过 8 人（不含 8 人）时，采取抽签分组、分道比赛的办法实行多次淘汰赛，最终按成绩排列名次。每个单赛项目将进行预赛和决赛。参赛马匹在赛前抽签决定各班马号和闸位。如果比赛的成绩相同，以运动员的体重和鞍具重量决定先后，重量较重的取胜，无需再重新比赛。赛马过程中，马匹和骑手都不能更换，如果骑手在半道从马背上摔下后，跑到终点是不给名次的。在观众台上的观众从不为某一匹马或某一骑师加油，而是为赛道上所有马匹和骑手呐喊，因为端节赛马是水族全民共同的节日。

五、三都水族赛马的传承与保护

（一）发展旅游经济，增强民族意识

三都县本身经济相对落后，越来越多的水族人走出家门，走向外面的世界。他们没有接受过良好的教育，无法认识到水族文化的优秀与魅力，他们只是盲目地跟从现代文化，从而导致大量民族传统"汉化"。逢年过节水族人民回到家乡，带来的不仅是外乡的财富，还有外乡的文化，在经济的作用下迷茫的水族人民自然地认为能给他们带来福利的就是优秀的文化。从此很多人举家迁出三都，空巢老人、留守妇女、留守儿童等问题随之而来。人文化的载体，人员的流失也使得许多传统的民族文化意识越来越浅薄，如今在赛马场上普遍出现"一人多马"的现象，骑师会骑着不同的马参加比赛，据调查，这主要是因为专业的骑师少，无法实现一人一马，因而这不仅是文化的丢失、民族财富的丢失更是人才的丢失。而真正能留住他们的是经济，通过利用民族传统节日，组织大型的少数民族传统民族文化创新与表演，同时进行各种具有民间风情的少数民族体育比赛，让游客积极参与的同时增加当地水族同胞的经济收入，让水族同胞在旅游中受益，使越来越多的水族人才回到家乡，保护好民族文化的载体才能使优秀的水族传统文化得以保存和发展。

（二）加大资金的投入

随着三都县经济的发展，当地人们的生活水平也不断在提高，人们对精神文化的需求也越来越高，无论是对赛马场完善还是对优良马种的引进都需要资金的投入，因此要让赛马这一活动得到健康的发展，就必须加大资金的投入，增加赛马比赛的名次及奖金，让参赛者不仅在赛马中享受到了快乐，还得到丰厚的奖金，这样才能使赛马爱好者产生更浓的兴趣，从而促进更多的水族同胞参与进来。过去，赛马因为没有得到政府支持，所需的资金都是水族民众自发地捐献，现在通过政府和爱马人士的支持资金已达上百万元之多，如三都县全国赛马邀请赛所设奖金在 2010 为 8.64 万，2012 年为 2.6 万，2013 年为 20 万，到 2014 年就高达 24 万元，这就为赛马活动注入了很大的推动力。同时每年三都县的赛马活动都吸引了许多有钱的观众和省内外马术俱乐部，他们都会来寻找优秀的赛马和骑手，如果你家养了一匹好马，能每次都拿到名次的话，那么你一年中就不用去做其他的农活了。但是随着比赛奖金增加，参赛的人员就会越来越多，竞争自然也就越来越激烈；好马济济、骑手如云，这就不单单只是比马的速度和体力，骑手同时还必须具备精湛的骑马技术和与马配合的默契度，因此部分

对养马有着丰富经验的水家人就专门地饲养赛马和训练赛马技术来迎接比赛。

（三）鼓励水族青少年参与

在调查过程中发现，三都水族赛马活动的参与者越来越趋于老龄化，如在2014年三都县举办的"国际赛马节"的观众大部分为中年或老年，青少年的身影很少，由此可以看出，赛马文化在青少年的心中正在逐渐消失，其主要原因是因为社会经济的发展使得网络信息在水族民间传播，加之交通设施逐渐完善，不仅使水族人民的生产生活环境得到改善，同时也丰富了水族人民的精神文化。而篮球、排球、羽毛球、田径等现代体育运动项目通过这些方式在水族地区出现，并在水族青少年的生活中迅速普及，使水族的"端节"赛马对水族青少年越来越失去了吸引力。因而只有把民族传统文化教育与学校教育结合在一起，将民族文化引进教学中，使青少年意识到民族文化的价值，让他们了解民族与文化的整体性，才能使优秀的民族文化得以传承和发展。

（四）提高赛马质量

赛马是一项考验勇气与技术的运动，扎实的技术与良好的发挥是取得好成绩的关键。赛马技术主要依靠日复一日的积累，赛手以及赛马训练的科学性，成为提高成绩的关键因素。目前三都县赛马训练还保持着原始的训练方法，没有进行科学的、有计划的训练。每个赛手想要获得好的成绩必须从养好马开始，一匹好马往往一生伴随赛手，所以赛手要全程照顾马匹。有了好马就得多参加比赛，只有在比赛中才能总结出比赛经验，要不断地与优秀的马匹进行比赛，让赛手以及马匹学习优秀赛手的比赛经验。赛马要想吸引观众就要有看点，想要让赛马具有影响力那就得有重量级的赛马参加。一方面可以邀请优秀赛马参加，但是这不是长久之计，只有提升本土选手成绩，才能真正地获得观众的眼球以及提升赛事的影响力。有优秀的马匹，还必须要有健全的赛马场设施，只有完善了设施才能办好每一届赛事，同时也才有举办有影响力的赛事的机会。

（五）确定合理的赛马发展价值取向

水族赛马是人民经过长期的生产生活和历史文化淀积而形成的民族财富。它与水族人民的生产劳动、民族文化、民族性格、社会发展紧密融合在一起。在民族经济不断发展的过程中，许多传统民族文化都不同程度地受到了冲击甚至被淘汰。特别是在经济飞速发展的今天，许多传统民族文化也受到了不同程度的冲击，有些项目失去了本民族的特点；有些项目慢慢被现代元素同化，甚至逐渐走向消亡。三都水族赛马活动要确定合理的发展价值取向，不仅要沿袭赛马的民族特色，还应该注意传承水族赛马的社会功能。据笔者调查，为了保证在西部赛马城里举办的国际赛马比赛顺利进行，政府修建了标准化的赛道。良好的赛马环境虽说有利于骑手发挥出较高的水平，但是在朝着国际化标准发展的同时应该看到，这些比赛环境的变化使得水族赛马失去了其独特的民族韵味，更像是一场可以在任何地方出现的比赛，而非"水族赛马"。水族赛马之所以区别于其他民族和地区的赛马比赛，就是因为其自身的民族特色和独特的赛马方式。在赛马城里的赛马比赛没有了"挤马"的刺激，没有了从观众惊呼声中飞驰而过的兴奋。在发展水族赛马文化的同时，更应该注重水族赛马本身的文化内涵与财富。只有在保持水族赛马文化内涵不被侵蚀的前提下，水族赛马才能真正的发展壮大。

六、结　语

三都县水族赛马文化具有浓郁的民族特色，在市场经济飞速发展的今天，很多民族传统文化渐渐被侵蚀，甚至逐渐走向消亡。三都水族传统端节赛马文化应当确立正确的价值取向，在传承与发展时不仅要保持该地区传统文化的民族特色，还要充分挖掘其社会化功能的一面，因此在开发民族传统节日时，一定要正确利用本民族的民族特色，结合本身及周边的文化环境，确定正确的文化定位，把独特的水族传统节日风情向世人展示出来，才能提高民族传统节日自身的吸引力。随着民族传统节日旅游产品的不断提高和转型，越来越多的游客不仅要求其旅游活动要有独特的文化品位，而且还希望身临其境的参与到民族传统节日中来，因此，继承并发展三都水族赛马活动，将水族赛马作为民族工作的重要内容，对加强民族凝聚力、促进经济发展有着十分重要的现实意义，同时"国际赛马节"的举办，不仅将三都水族赛马活动广泛推向世界，还有助于增进我国与世界各国的友好交往。

参考文献：

[1]　何积全. 水族民俗探幽[M]. 成都：四川民族出版社，1992.

[21]　梁传诚. 三都水族"端节"民间赛马述评[J]. 黔南民族师学院报，2002，22（3）：7-40.

[3]　顾晓艳. 水族传统体育文化概述[J]. 体育科学，2004，24（11）：62-64.

[4]　顾晓艳. 传统体育文化在水族山寨中的生存状态—水族"端节"赛马活动的变迁[J]. 中国体育科技，2006，42（5）：38-40.

[5]　杨正文. 鼓藏节仪式与苗族社会组织[J]. 西南民族学院学报（哲学社会科学版），2000，5（13）：6-15.

[6]　刘之侠，石国义. 水族文化研究[M]. 贵阳：贵州人民出版社，1999.

[7]　李静. 民族心理学研究[M]. 北京：民族出版社，2005.

[8]　顾晓艳，徐辉. 论水族传统体育的文化特征[J]. 体育学刊，2006，13（6）：60-62.

独山县水岩乡高寨村茶文化探析

台 慧

（黔南州图书馆 贵州省 都匀市 558000）

摘要： 贵州省独山县水岩乡高寨村盛产优茶，历史悠久，茶文化类型丰富，特色明显。把高寨茶文化与旅游联系起来，是高寨茶文化有效延续的重要途径。

关键词： 独山高寨；茶文化；类型；旅游发展

"月已阑珊，上下莹澈，茶居灯火的微茫，小河月影的皱皱，水气的飘拂，夜潮的拍岸，一座座小小茶居在醉意中，一切都和心像相融合。"这轻渺飘尘的神韵，便是茶。中国文化博大精深，自古以来都有其独特的韵味，茶文化就是其中之一，她不仅是一种茶艺更是一种茶道。高寨茶在清朝已有记载，至今有300多年茶文化沉淀。蒋世艳在《浅谈贵州发展茶文化的重要性》中提到，茶文化是茶产业开发的翅膀，茶产业是茶文化的依托和载体。可见，茶文化对引导茶叶消费、拓展茶叶市场、拉动茶叶生产有着至关重要的作用[1]。本文通过实地考察，搜集资料、调查访问等方式，从各方面阐述了高寨经过历年沉淀而形成的茶文化，力图使高寨茶文化弘扬下去。

一、高寨自然地理环境

高寨是贵州省独山县水岩乡的一个山村，位于县城东南部，背靠山叉坡、大基山两座高山，茶树分布在向东倾斜的海拔 800 米左右的斜坡上，四面有王屯河环绕，支流从茶山两侧流过，常年云雾弥漫，植被条件好，过去茶山周围是大杉木林，茶树生于林间。现在杉木林较稀少，但香椿树特多。这里山高谷深，土多田少，除江寨沿河有少量田坝外，其余都是云缠雾绕的高山区。这里平均海拔 659 米，年均气温 17.4 ℃，年均降水量 1 048 毫米。得天独厚的生态环境，有利于茶树的生长发育和茶香的形成。

首先，茶树生长在高山多雾的环境中，一是由于光线受到雾汽的影响，使得红橙黄绿蓝靛紫七种可见光的红黄光得到加强，从而使茶树芽叶中的氨基酸、叶绿素和水分含量明显增加；二是由于高寨的绿化环境好，茶树接受光照时间短，强度低，漫射光多，这样有利于茶叶中含氮化合物，诸如叶绿素、含氮量和氨基酸含量的增加；三是由于高寨常有茫茫的云雾，空气和土壤的湿度得以提高，从而使茶树芽叶光合作用形成的糖类化合物缩合困难，纤维素不易形成，茶树新梢可在较长时期内保持鲜嫩而不易粗老。这种情况对茶叶的色泽、香气、滋味、嫩度的提高，特别是对绿茶品质的改善十分有利。

其次是高寨的土壤质地疏松、结构良好，而且土壤有机质含量丰富，pH 值属中酸性，茶树所需的各种营养成分齐全，从生长在这种土壤的茶树上采摘下来的新梢，有效成分特别丰富，加工而成的茶叶当然是香高味浓。

再次是高寨的气温对改善茶叶的内质有利。一般说来，海拔每升高 100 米，气温大致降低 0.5 ℃。而温度决定着茶树中酶的活性。现代科学分析表明，茶树新梢中茶多酚和几茶素的含量随着海拔高度的升高及气温的降低而减少，从而使茶叶的浓涩味减轻；而茶叶中氨基酸和芳香物质的含量却随着海拔升高气温的降低而增加，这就为茶叶滋味的鲜爽甘醇提供了物质基础。茶叶中的芳香物质在加工过程中会发生复杂的化学变化，产生某些鲜花的芬芳香气，如苯乙醇能形成玫瑰香，茉莉酮能形成茉莉香，沉香醇能形成玉兰香，苯丙醇能形成水仙香等。

以常年云雾缭绕命名的茶很多，如江西的庐山云雾茶，浙江的华顶云雾茶，湖北的熊洞云雾茶，安徽的高峰云雾茶，江苏的花果山云雾茶，湖南的南岳云雾茶，贵定云雾山茶等。这些都是由独特的自然地理环境所形成。

二、高寨茶的生产和销售历史

高寨茶与都匀毛尖茶、贵定云雾茶，过去通称"鱼钩茶"或"细毛尖茶"，为黔南三大名茶，也是贵州历史上的一种名茶。

（一）古代时期

据清代《一统志》载："茶出独山州，九名九姓，苗其族，以茶为主业。"[4]又据《独山县志》（公元1916年脱稿）载："高树、苦丁、甜茶皆野生，俱不敌园茶，园茶中以高砦（砦即寨的异体字——引者注）产者称最。"[2]由此可见，高寨茶历史悠久，早已驰名。据了解，高寨早期只有一两户苗族居住，后被一个蒙姓土司所占，清代光绪年间开釆矿，四川、江西的汉人来当矿工，高寨发展为汉族聚居的村寨。民国初期高寨茶就很有名，高寨人以茶换米，1斤清明前的茶换1斗6升白米，1斤清明后的茶换米1斗。[2]茶农可以秋天借米，来年春天还茶；也可以春天给茶，秋天要米。高寨人走亲访友也以茶为礼品。说明高寨茶品质优良，早在清代光绪年间茶叶就作为商品用来交换，从交换的条件可以看出高寨茶的珍贵。

（二）近代时期

民国三年（1914年）由县知事王华裔创修，艾应芳编纂的《独山县志》上有这样的叙述："茶，种者为园茶，清明时初次采叶，细而味厚，过此二次三次所采则渐逊……园茶中以高寨产者称最优。[3]"

民国《都匀县志稿》记载："茶，四乡多产之，产水箐山者尤佳，有密林防护也。输销边粤各县，远近争购，惜产少耳。"到民国后期，茶叶更有一定规模，据解放前的中央农业科学研究所和湄潭茶叶实验场调查，年产200担以上的县全省有17个，其中黔南有都匀、独山、贵定、瓮安4县[4]，独山的水岩乡高寨村成为主要的茶叶生产区。

民国时期独山的高寨茶就向外销售，民国三十四年（1945年），外销商品茶就达到5.25吨[5]。作为贡茶的独山高寨茶却没有得到好的发展，每年的产量不高，向外销售的商品茶就相对较少，茶的发展受到阻碍。

但是独山的茶文化却得到了发展，民国时期，独山苏群黎的陪都茶社，是独山饮食业理事长苏群黎创办的[5]。

（三）1949年至今

新中国成立以后，独山的茶叶生产得到一定发展，生产的卷曲形、扁形及针形高档名茶和大宗烘青、炒青绿茶，产品具有形美、色绿、香郁、味醇等特点，其中卷曲形高档毛尖茶以其条索紧细卷曲、毫毛显露、色泽绿润、香持久、滋味甘醇鲜爽、耐冲泡等特点著称。"高寨毛尖"、"沟山毛尖"、"牟尼河雪芽"为我县茶叶三大品牌。独山高寨茶与都匀毛尖、贵定云雾茶齐名为黔南三大名茶。

现在独山紫泉宾馆附近，还保存有一副古杂联云："挑得刚水酿五粮溢香不尽，汲来紫泉烹新绿其味无穷"，由此可见独山茶的品质优良[5]。

1956 年高寨有茶树 7 620 棵，茶园占 58 亩，年产茶叶约 300 公斤，亩产仅 5 公斤左右。后来落实生产责任制，茶园分到户，每户 1~5 亩。最高年产量 600 公斤，平均每亩也仅 10 公斤。多年来重粮轻茶，茶粮间作，重采，轻管，不施肥，不整枝，不更新，以致老年茶树干枯，产量剧降[5]。

为了提高独山县茶叶的产量，1961 年 4 月 3 日，中共中央发布《关于收购重要经济作物实行粮食奖售的指示》，独山县到 1974 年实行奖售的品种有：茶叶（其中级内茶每担奖售粮食 50 市斤，化肥 30 市斤；边茶、级外茶每担奖售粮食 20 市斤，化肥 25 市斤）[5]。

现在，越来越多的企业注重茶产业的投资与开发，如独山县影山茶业发展有限公司和松江贡茶合作社等。[5]当地群众现阶段采摘的春茶分为"明前茶"和"雨前茶"两种，明前茶嫩、雨前茶香。每年谷雨过后，随着气温升高，芽叶生长加快，将进入大众茶采摘阶段，建群村的"明前茶"和"雨前茶"按品质不等每斤可卖到 500~1 500 元不等，全乡千余亩茶园，可实现产值 600 余万元。[7]

三、高寨茶树品种

（一）原　茶

原茶是高寨当地的土茶，原茶的优良品质来自优良的地方品种，属灌木型中叶种。树姿开展，叶色深绿，叶肉厚而柔软，嫩芽叶色泽嫩黄，茸毛中等，深绿油黑，十分美观；内质香味清爽，回味甘甜，略有蜂蜜香；耐冲泡，汤色淡黄清澈，叶底黄亮，发芽早、产量高，是适制高级绿茶的好原料。原茶树发展较快，经过两三年时间就会长成一株大茶树。以下是在 1980 至 1984 年贵州省茶科所的检测中，黔南本地茶树的茶叶内质的对比（表 1）。[8]

表 1　黔南本地部分茶树一芽一叶内质分析

茶叶样品名称	水浸出物/%	咖啡因/%	茶多酚/%	几茶素/%	氨基酸/%
都匀毛尖茶	37.5	6.5	30.8	239.38	361.72
贵定云雾茶	41.51	3.2	35.31	227.03	219.05
独山县高寨茶	43.87	2.4	33.8	162.11	999.23
长顺茶	49.16	2.4	32.11	81.14	247.796 5

原茶所含的氨基酸为 999.23%，是黔南本地部分茶树所含氨基酸最高的一类茶树，氨基酸具有增强人体免疫力，抵御外界侵害，排肝毒、肾毒；提高记忆力、益智、松弛紧张情绪，使人平静、心情舒畅，促进大脑功能和神经生长、抗肿瘤、舒缓和解除心理压力等功效。

原茶所含茶多酚为 33.8%，含量也是很高的，茶多酚是形成茶叶色香味的主要成分之一，也是茶叶中有保健功能的主要成分之一。茶多酚等活性物质具有解毒和抗辐射作用，被健康及医学界誉为"辐射克星"。

通过表1对高寨原茶茶叶所含成分的分析，得知高寨茶茶叶品质优良，是每个喜爱喝茶者的最佳选择，只是宣传力度不够，知名度不高，这方面都有待加强。

（二）福鼎大白茶

2003年高寨开始引进外来茶树，福鼎大白茶就是在此时引进的。福鼎大白茶树高1.5～2米，幅宽1.6～2米，树势半开张，为小乔木型。分枝较密，节间尚长。树皮灰色，整株茶茶叶呈泛白色。叶椭圆形，先端渐尖并略下垂，基部稍钝，叶缘略向上。叶色黄绿、具光泽。侧脉明显，锯齿较整齐。此茶长势旺盛，抗逆性强，耐旱亦耐寒，虽在－4～－3℃或更低亦不受冻。繁殖力强，压条、扦插发根容易，成活率高达95%以上。产量比当地原茶产量低，可制成红茶、绿茶、白茶品质均佳。刚发的新芽白毫特多，大部分人都喜欢喝此茶。

四、高寨茶叶传统加工技艺

（一）高寨茶叶采摘工具

高寨茶叶采摘时装置茶叶的东西很讲究。主要是用竹子编好的竹背篼、竹腰篓、竹筐、竹簸箕、竹篮子、竹板、藤篼等，不能用盆、塑料袋子、麻布袋或其他密封器具。用透风器具盛放茶叶，使茶叶更新鲜，味道更好。采摘高寨茶时用特殊的手形和手姿，用拇指和食指两指之间的肉夹住芽叶根部向上提拉，不可用指甲掐断留下痕印。

高寨每年只采一道春茶，一般分为三个等次：头等是毛尖（意思就是只有一个芽），二等是一心一叶，三等就是粗茶（头等是三至四叶，最高只能采摘到六叶）。

（二）高寨茶叶加工工具

高寨茶叶加工时所用到的工具主要有：涮锅把（是用小巴毛草编织的，颜色是绿色，且散发着清香），竹筷子，大铁锅（锅口直径大概1.2米），竹簸箕，大灶，木柴，夹子（竹子编制的），白布（焖香）。

（三）高寨茶叶传统加工技艺

每天早上茶农出去采摘茶叶，到中午吃饭时就拿到加工地进行加工，接着又出去采摘茶叶，到晚上时，又把下午采摘的茶叶进行加工，茶叶不会隔夜之后或者其他什么时候才加工。就像花椒一样，如果想要花椒保留采摘时的青绿，香味更好，那么就要等早上露水被晒干后进行采摘，中午进行暴晒，太阳越烈越好。像这样的花椒颜色鲜艳，口感更佳。生花椒不要被雨淋湿，不能隔夜之后才拿去晒，不能用密闭容器盛放，否则，绿的花椒就会变成黑色的花椒，口感相对下降。

高寨茶叶主要加工技艺流程是：高温杀青、三炒三揉、焖香。首先把大铁锅洗干净，用柴生火加温，当铁锅温度上升至最佳（150℃左右），将适量茶青倒入锅内，用涮锅把和筷子迅速翻炒（温度过高，不宜用手进行加工，以免烫伤），当杀青适度后就可以起锅，然后用簸箕盛放，用双手顺时针进行揉捻，力度适当。把炒过茶叶的铁锅清洗后再把刚揉捻好的茶叶到进铁锅里，进行第二次翻炒，中火，温度100℃左右，翻炒数次后，用手感受茶叶的柔软度，眼睛看色泽是否变得鲜嫩。然后把茶叶再次起锅盛放在簸箕中，目的是整形，整形要有力度，力度少整形不到位，力度大就容易把茶叶损坏。一般加工的茶农都是靠感觉进行工作，但他们在进行揉捻、整形时力度都很到位。把大铁锅洗干净后又把茶叶放进锅里，进行第三次小炒，这时温度50℃~60℃。主要目的是焙干，一边焙干一边整形。最后一个步骤就是把茶叶盛放在簸箕中放凉，然后用白布覆盖焖香。如果其中有破损的茶叶，就要用竹子编好的夹子取出黄色的茶叶，不能用手以免损坏其他茶叶。做完这些加工工作后就进行包装。高寨老桩茶保质期十八个月，贮存条件：低温、防潮、防异味。我们每次在进行翻炒茶叶时都要把大铁锅清洗干净，且手不能碰到有关铁的东西，防止手变紫，指甲变黑。在进行焙干时想要泡出来的茶是红色的，就要用大火，中等火泡出来的是绿茶，小火是黄偏白的茶，红茶闻是香的，喝是苦的；绿茶闻是香的，喝是甜的；黄偏白的茶喝起来比较淡。大泥土泡出来的茶水上层飘着一层油依，茶水是有点黑青色，沙土泡的茶水口感清爽，喝起来舒服。泡茶水时一定要用开水，不涨的开水喝了容易拉肚子。

五、高寨茶风俗

（一）茶与婚丧

在高寨的婚嫁习俗中，男方家的酒席是三天，女方家的也是三天，但女方家要比男方家提前一天，女方家第一天来的客人是很亲的亲戚和家族里的人，当地的方言叫做"客来的那晚"，第二天叫做"正客"，意思是附近的亲戚和村上的人来吃酒。第二天是女方家最热闹的一天，也是男方家酒席开始的一天，当男方家去接亲时，会有很多用红纸做好的封筒，分别是：司饭（封筒里面装钱），姨妹礼（封筒里面装钱），外家礼（装钱），伯叔礼（装钱），陪媒（装钱），司酒（装钱），发花（装钱），梳妆（装钱），司茶（装钱和茶叶），司烟（装钱），待客（装钱），各府均安（希望男方家和女方家都平平安安，生活美满，封筒里面装茶叶，糯米，不装钱），视车（男方家接亲的车队到达女方家时，会有人来守护婚车，封筒里面一般装三十六元钱），发花（女方家发花，由男方家领亲婆接花，以前做大酒领，是女家花敬，男家聘敬），支宾（意思是发亲，封筒里面装一块六、

一块二、三块六，以前是三角六、一角二等），易履（由女方家兄弟姐妹帮忙把鞋子，口袋拎到车上，然后把封筒里面装的钱拿给他们），开伞（由新娘的哥哥或弟弟开伞，封筒里面一般装三百六十块钱），筷竿（蚊帐、帐竿），祝神（由巫婆在女方家念，到时候巫婆可得到两斤肉，两瓶酒，两块粑，糯饭或者红糕），掌判（有两个封筒，陪伴男方家领亲的人），典礼（女方家数礼），司厨（要把司厨的封筒拿给女方家的厨房，男方家的接亲人才可以吃饭），设席（女方家摆设筵席多少），扶鸾（有两个封筒，意思是有两个人扶着新娘上婚车，一人扶一边，以前是上轿），提凤（男方家去接亲时会拿一只雄鸡去，回来后，女方家也会把一只雌鸡放在鸡笼里，以示陪伴），司帕（现在已经没有了，以前是四方形的手帕，上面绣着鸳鸯，一般是八张手帕）。以上28个封筒是男方家去接亲时要用的东西，当男方家接亲队伍到女方家后，会有一群人拿着一根上面用红纸缠着的竹子在村外面等着，男方家接亲队伍下车后就会被拦住，并且双方开始唱歌，你一句我一句，当男方家认输后，就会拿红包给拿栏杆的人，红包一般是三十六块钱。男方家去接亲的队伍一定要会唱歌和能喝酒。接近两点时，女方家

就开始发亲，首先是三大碗白酒，意思是敬天、敬地、敬祖神，然后接着就是六大碗白酒，意思是六六大顺，接下来就更多酒了，如果男方家接亲的人酒量不好，会很容易被灌醉。最后就是喝茶，首先也是三大碗高寨茶（意思跟喝白酒一样），然后是六大碗，接下来连续倒茶水，喝醉酒的接亲队伍也需要喝茶，喝茶能解酒。如果你不把酒和茶一口喝完，就说明你看不起女方家，不尊重女方家，这样会引起不必要的麻烦。等所有的封筒都送完后，女方家鸣炮，男方家就开始搬运女方家给女儿的嫁妆。聪明的人在搬运嫁妆时会把女方家藏在被子里、柜子里以及其他嫁妆中的包裹拿走，包裹里面装的是红鸡蛋、花生、葵花子、枣子、核桃、茶叶等（高寨嫁姑娘时会把茶叶、糯米撒在要送给女儿的嫁妆上，如盆子、茶杯、盘子等，还要用袋子装好很多东西藏在被子里，希望女儿早生贵子，生活幸福美满）。领亲婆用唱歌的方式跟女方家道别，感谢女方家把女儿嫁给我们，为我们养育她成长。之后接亲队伍就开始离开女方家前往男方家了。这是男方家酒席开始的第一天。当到达男方家后，男方家已经把八仙桌放在堂屋中间，上面摆放三杯酒、三杯茶、水果、葵花、花生等，两家亲戚（男方家领亲婆和女方家送亲婆）在门口又唱又跳，等唱完、跳完后就开始进家门，男方家敬茶敬酒。等这些礼节做完后，女方家人就到新娘房间铺床，把所有的床单全部铺在床上，被子全部放在床单上。然后把一个东西递给新娘，这个东西是用手巾包好的，里面装有茶叶、两个红鸡蛋、四颗核桃、一些糯米，这个东西只能给新郎新娘吃，其他人不能吃也不能碰。到晚上后就开始妆郎（由男方外家买的一套衣服，从上到下，里到外），这就是男方家的第一天酒席。当男方家到第二天酒席（方言"正客"）时，女方家已经是第三天了（方言是"三招"），男方家的第二天要进行的活动是拜堂（方言是"拜招"），拜堂主要流程：新郎新娘上前跪拜三鞠躬（给老祖宗磕头）；新郎新娘上前跪拜三鞠躬（给父母磕头）；新郎新娘上前跪拜三鞠躬（给外公外婆、舅舅舅妈磕头）；新郎新娘上前跪拜三鞠躬（给姑姑、小姨、叔叔、阿姨磕头）；新郎新娘上前跪拜三鞠躬（给父老乡亲、亲朋好友磕头），接着新郎新娘夫妻对拜三鞠躬，最后就是新郎端茶端酒，新娘敬茶敬酒给坐在神龛的长辈，并一一介绍，且双手给长辈送上被子或者床单、鞋垫或者鞋子，以示感激。然后就发喜糖和香烟。就这样拜堂完毕。第三天就是新娘回门，新娘回门会带一篮子的糯饭，由一男一女陪伴。这就是高寨茶风俗中的一种，经过多年传承，现在茶文化越积累越浓郁，正等待我们慢慢去挖掘。

在办丧事的时候，高寨也会用到茶叶，主要用于祭祖、祭天、敬长辈，祭祀结束后就把茶水倒在供桌旁。当家里办丧事时，主人家会请法师（方言称"地理先生"）过来施行法术，然后给他安排坟墓，找一个好的地理位置。法师会用糯米掺着黄粉在刚挖一半的地上写很多字，然后用茶叶洒在字上面，希望棺材里的人在另一个世界不愁吃不愁穿，过着美好的生活，之后就是下棺材。

（二）茶与祭祀

高寨的年三十开财门敬茶。用茶、糖果、钱、米等供奉在神龛上，当铜鼓声响在自家门口时，说明财神爷已经来了，我们要打开大门迎接他们进来，一番唱歌、跳舞后，主人家会双手敬茶给来开财门的人，并把桌上供奉的东西全部送给他们，希望来年钱财滚滚，万事如意。除了在年三十用茶，他们还习惯在大年初三（烧纸）、大年十五、四月八、清明等时候拿煮好的茶水供奉祖先，让祖先保佑全家人身体健康，全家团圆。

（三）茶与建筑

高寨地势高，常年云雾缭绕，他们的建筑都是木质结构，且类似于黔东南的吊脚楼，下层喂养牲畜、放农具，上层住人，再上层储放粮食等。且也由于高寨地势稍陡峭，平地很少，没有晒东西的院坝没有，所以他们的建筑又别具风格，一般是在二楼堂屋正前方搭一个支架，下面是几棵很大的树木支起，二楼上面再铺些木板就可以晾晒东西。搭建木架最主要的原因还是跟茶叶有关，以前茶叶加工没这么讲究，人们采摘的茶叶一般都是自己家里喝的，或者送给亲朋好友。刚采摘的茶叶没来得及加工就晾晒在用竹子编好的筛垫（方言）上，筛垫就放在树木搭起的支架上面，因为很透风，茶叶就不容易损坏，且还可以防虫。如果放在地上的话不透风，不卫生，会导致茶叶口感变差。

六、高寨茶食茶疗

高寨新茶并非越新越好，喝法不当易伤肠胃，由于新茶刚采摘回来，存放时间短，含有较多的未经氧化的多酚类、醛类及醇类等物质，这些物质对健康人群并没有多少影响，但对胃肠功能差尤其本身就有慢性胃肠道炎症的人来说，这些物质就会刺激胃肠黏膜，从而更容易诱发胃病。因此新茶不宜多喝，存放不足半个月的新茶更不要喝。

高寨茶所含的氨基酸和茶多酚较多，经常喝可以增强人体免疫力，抵御外界侵害，排肝毒、肾毒；提高记忆力、益智、松弛紧张情绪，使人平静、心情舒畅，促进大脑功能和神经生长、抗肿瘤、舒缓和解除心理压力等。

喝茶的时间最好在饭后，因为空腹饮茶会伤身体，尤其对于不常饮茶的人来说，会抑制胃液分泌，妨碍消化，严重的还会引起心悸、头痛等"茶醉"现象。另外，晚上喝茶时要少放茶叶，不要将茶泡得过浓。需要注意的是，一定不要饮用隔夜茶。另外，一般夏季温度较高，茶水不宜超过 12 小时。也不能用保温杯泡茶，避免营养成分流失。

在高寨生活的人都很喜欢喝当地的茶，用当地的水泡出来的茶味道别具一番，去田里地里干活时都会带上煮好的茶水，累时喝上一口，瞬间所有的苦与累都消失了。正因为他们喝茶很讲究，所以当地高龄的老人很多。

七、茶方言、茶传说故事

在高寨聚居的人现在多数是汉族，但是也有水族、布依族，在布依族人的生活中，他们对茶各方面的称呼不同，茶被称为"杂"，茶水被称为"燃杂"，倒茶称为"凝杂"，喝茶水称为"软燃杂"，摘茶称为"奥杂"，卖茶称为"盖杂"，买茶称为"兹杂"等等。

在独山至今都还流传着一句话："吃饭还没（米）"，这是与茶有关的一个故事。在很久以前，当地人民的生活艰苦，吃饭是大问题，因此高寨人以茶换米，1 斤清明前的茶换 1 斗 6 升白米，1 斤清明后的茶换 1 斗米。茶农可以秋天借米，来年春天还茶；也可以春天给茶，秋天要米。人们见面打招呼就会问："你还茶了没（当地讲话"没"字的读音是"米"，主要是以前没有米饭吃，经常是饱一顿饿一顿，他们把"米"字经常挂在嘴边，希望肚子不那么饿，有点"画饼充饥"的感觉）"，这样，久而久之这句话就缩短成"你还了没（米）"。后来有白米吃了，人们见面打招呼已经有所改变，但还是没有忘记以前是怎么生活，所以后来见面打招呼改成"吃饭还没（米）"。

八、茶文学与文物古迹

清朝时期的独山文人莫友芝以茶为题写了不少关于茶的诗、词和对联。其中就有集联：藕味初能消酒渴，诗清都为饮茶多；自扫竹根培老节，愿携茶具作清欢；自扫竹根培老节，漫烧石鼎试新茶；茗炉尽日烧松子，竹径迁床避笋芽。毛泽东同志还作了《独山高寨茶》[5]来赞美独山高寨茶的品质优良，同时也有独山杂联："挑得刚水酿五粮溢香不尽，汲来紫泉烹新绿其味无穷"等作品来展现高寨茶的味美[5]。

九、茶与名人

在民国三十五年（1946 年），贵州省政府责令独山县政府购上等高寨茶数十斤，专转赠美国罗斯福总统。[5]国家主席毛泽东同志还作了一首诗来赞美独山高寨茶的品质优良。

这些名人诗词体现出独山茶叶的历史悠久、品质优良和泡茶程序十分讲究，可谓是茶中珍品，独山茶叶受到政府的重视和名人的青睐。

十、茶与花灯

阳春三月，清明前后，高寨前后村子的妇女提篮背篓上山或在田圃周围，边唱山歌边采茶，悠然自得。在闲暇时间唱歌跳舞，把采茶时的动作揉进舞蹈里，自己编排了花灯，花灯中的采茶调艺术风格独特。如《采茶调》唱道：讲吃茶，就说吃茶，歇凉山妹定根芽，对门坡一笼茶，茶叶脚下有一家，他家生出三姨妹，好像三支花，大尼出来眨粑眼，二尼出来眼眨粑，三尼出来好点点，赖括赖跑像苦瓜。讲吃茶，就说吃茶，歇凉山妹定根芽，对门坡一片山，团转栽从木，中间拿栽茶，三月清明摘头道，二道摘到四月八，拿可锅上焙，倒放簸箕揉一揉，拿可太阳晒，晒成收来家，插水锅中涨，锅中现莲花，道谢你干妹子，望你这回得家米得家。这曲采茶调是人们在闲暇生活时用来娱乐，解闷的。

在高寨还流传出许多与茶有关的花灯词。

新采茶：（合）二月采茶茶呀发芽呵，哥妹呀二人上呀茶山呀，（男）哥采多来妹采少呀，妹妹哟衣哟，（女）哎！（男）随多意少转回家，（合）转呀回家呀哪哪合的海哟。

新采茶：三月采茶茶叶青，采茶树下绣手巾哪，两头绣个插呀花朵呀，中间绣个采茶人哪，哟呀哟衣哟合呃，哟呀哟衣哟合呃，中间绣个采茶人。

炒茶调：我们来烧火呀，你们来炒茶呀，你们炒好我们搓呀，都是老行家哪衣吱哟，哎呀衣吱哟都是老行家哪衣吱哟。

敬茶调：哥哥好贤惠呀，妹妹敬茶来呀，妹妹衣双手递茶杯呀，哥哥你接下呀。

接茶调：左手接妹茶呀，急忙把礼还呀哪吱衣合嗨哟，兄妹呀再把话来谈呀，兄妹再把话来谈得儿哟呵衣得儿哟呵哟呀哟哟西梭呀衣呀合吱嗨合嗨衣呀哪合嗨兄妹再把话来谈呀哪吱衣合嗨哟。

谢茶调：妹呀送呀茶呀来呀多呀谢妹呀，多谢我的有情姣呀哪吱衣合嗨哟，吃着妹的茶呀，香着花胡椒呀，雪花哪的衣吱飘呀哪吱衣合嗨呀得儿嗨呀嗨呀嗨合衣呀衣呀合吱嗨呀合嗨衣呀哪合嗨香着我的花胡椒呀哪吱衣合嗨哟。

较为经典的花灯词有：《送茶调》：左手接妹茶，右手把杯还，兄妹二人上茶山[10]。《采春茶》：十盘果子九盘花，小小姑娘采春茶。《敬茶调》：妹妹你好贤惠，双手递茶杯[11]。表达了高寨人民对茶的喜爱，花灯歌词还唱出了茶与他们的日常生活息息相关。

十一、传承和发展高寨茶文化的建议

（一）实施品牌战略

随着中国加入世界贸易组织及中国—东盟自由贸易区的建立，茶产业迎来了难得的发展机遇。要把握好机遇，迎接挑战，必须在产业化经营中突出品牌战略。当今世界商品消费已进入品牌消费阶段，品牌是制胜之本。因此要加大培育力度，做好茶产业基地产品保护申报工作，精心打造品牌，高标准、严要求，树立茶产业的良好形象。同时，要充分利用名牌的优势，调整营销策略，进一步拓展市场，不断扩大出口额，争取多方投资，发展茶产业，把茶产业做强做大。

（二）弘扬茶文化

茶文化作为一种旅游资源，其开发符合当今旅游市场需求变化的潮流。茶文化本身是一种十分高雅的文化产品。作为旅游资源，其高层次性是很明显的。这种消费追求的是最大限度的精神满足和愉悦。茶又是健康饮品，具有较高的药用价值，是游客在旅游途中的最佳选择。因此，茶文化旅游资源的开发将牵引旅游业的发展更上一个档次。

高寨茶叶历史悠久，以茶做文章，弘扬茶文化，必将提高高寨茶叶业的知名度。可以通过组织茶叶企业到国内外大中城市参加茶艺表演和茶叶产品展销会，并以举办"茶文化旅游节"等活动来扩大影响，促进茶产业的发展。

高寨茶文化内涵十分丰富，茶文化旅游形式多样，如可推出茶乡寻根访祖游、茶文化学习考察游、茶民俗风情游、茶保健游、茶乡生态游、茶节庆游、茶艺表演欣赏游、名优茶采尝游等其他形式的茶文化旅游。在做好市场细分的基础上，根据游客需求和偏好，不断调整和组合出令旅游者满意的旅游线路和产品。如青少年旅游者渴望冒险，追求刺激，求知欲强，可针对他们推出以山水生态游为主题的茶乡夏令营活动，高寨是名副其实的高，在当地有个响水洞和楼梯寨，喜欢登山和冒险的青少年选择来这里是不会后悔的；对中老年旅游者，则应以休闲度假保健为主，为他们创造机会，体会茶文化所追求的淡泊心志、情景和谐的意境，让身心得到彻底放松；针对假日休闲旅游的兴起以及人们对新茶的喜爱，可选择距离适当的产茶区，组织以"新茶采、尝、购"为主要内容的一日、二日游等。在培育新资源方面，可以将茶文化、茶旅游与茶产业有机结合，进行科学规划设计，开发新型旅游产品，由政府引导和协助一两家现有条件较好的茶馆，朝着精致和艺术化的方向发展，使旅游与茶文化良性互动，实现双赢。

十二、小　结

明、清时期，茶叶在农副业生产中占有一定地位[2]，从清代开始高寨成为独山重要的茶叶生产区，民国以后，茶叶生产具有一定规模，茶叶产量也得到提高。高寨具有原茶的原始群体。高寨茶曾作为贡茶上贡朝廷，高寨茶还是黔南三大名茶之一。民国时期高寨茶还向外销售，但是茶叶产量一直不高。

自古就有好水泡好茶的道理，高寨不仅出好茶，还有好水。所以古代许多名人为品尝到好茶，特意跑到高寨饮茶，还留下了许多诗词，从名人诗词我们可以知道高寨茶叶种植历史悠久，茶叶品质优良，还知道古人对泡茶所用的水十分讲究。可见，高寨茶可谓是茶中珍品，受到政府的重视和名人的青睐。

高寨茶历史悠久，并且形成了很多茶风俗。茶贯穿于人们的生活中，在生活中扮演重要角色，不管在婚丧、祭祀，还是在其他方面都发挥着重要的功能，同时也出现了很多与茶有关的民歌，歌词反映出了他们的生活环境。经过长年累积，形成了独特的茶文化。

高寨由于过去多年的重粮轻茶、茶粮间作、重采轻管、不施肥、不整枝、不更新，以致老年茶树干枯、产量剧降，而且茶的品质也不高。高寨的茶叶生产相对落后，要想发展高寨茶叶，需要结合其独特的采茶和制茶工艺，创造出高寨独特的茶叶品种，打造高寨茶叶品牌。对高寨茶叶重新加工、包装和出售，打造出高寨茶叶的特色品牌，增加高寨茶的知名度。可以把茶与旅游挂钩，吸引游客和喜爱喝茶的人到高寨游玩。高寨茶具有丰富的茶文化，可以通过发挥茶文化的先天优势，推广高寨良种，加强科学管理，改进制茶技术，使高寨茶重新焕发青春。

参考文献：

[1] 蒋世艳. 浅谈贵州发展茶文化的重要性[J]. 西部大开发，2010，（5）.

[2] 黔南布依族苗族自治州史志编纂委员会. 黔南布依族苗族自治州志[M]. 第十五卷·农业志. 1998.1：190-197

[3] 王华裔创修，艾应芳编纂. 独山县志[M]. 第二十八卷. 贵州省图书馆，1965.

[4] 都匀市地方志编辑委员会. 都匀市志[M]. 贵阳：贵州人民出版社，1999，152-1164.

[5] 独山县地方志编纂委员会. 独山县志[M]. 贵阳：贵州人民出版社，1996，1-1072.

[6] 独山新闻中心. 省茶叶专家为高寨贡茶把脉，花灯之乡 [EB/OL].独山网，[2011-04-04]，www.dushan.gov.cn/Item.aspx?id=19118

[7] 独山新闻中心. 水岩乡"高寨贡茶"春茶开采，花灯之乡 [EB/OL]. 独山网，[2012.04.02]，www.dushan.gov.cn/Item.aspx?id=25445.

[8] 黔南布依族苗族自治州史志编纂委员会. 黔南布依族苗族自治州志（下）[M]. 贵州人民出版社，1998：188-197，472-473.

[9] 罗庆芳. 走进高寨贡茶山[J]. 农业考古，2012：133-135.

[10] 贵州省群众艺术馆编. 贵州花灯三百首[Z]，1980.

[11] 周隆渊. 独山花灯[Z]. 黔南文学艺术研究室，1983，79-379.

【乡村旅游与现代科技】

探讨 GIS 在非物质文化遗产保护中的应用

——以都匀毛尖茶传统手工制作技艺为例

张文磊，杨　芳

（黔南民族师范学院旅游研究中心，贵州　都匀　558000）

摘要：非物质文化遗产保护是国际关注的热点问题，同时也是复杂和多因素影响的问题。GIS 即地理信息系统，有较强的空间数据处理的能力，对数据和信息存储、管理和分析的能力。本文以都匀毛尖茶传统手工制作技艺为例，通过研究分析非物质文化遗产的特征建立其空间数据库模型，探讨 GIS 在非物质文化遗产保护中的作用与价值，以期对非物质文化遗产保护提供新思路和新方法。

关键词：GIS 的应用；都匀毛尖茶；非物质文化遗产

非物质文化遗产是人类社会历史实践过程中所创造的物质财富与精神财富中经过时间历练、人类选择而留存下来的精华，非物质文化遗产保护是国际关注的热点问题。地理信息系统（GIS）等新技术的出现，为文化现象、文化景观、文化载体和文化表达等多要素综合、定量化研究提供了新的思路和方法。

都匀毛尖茶的传统手工制作技艺是当地的布依族、苗族、水族等少数民族在长期的生活中不断总结和创造出来的，带有鲜明的地域文化特色，在全国同类名茶中独树一帜，是一份极其宝贵的历史遗产。但是，由于传统手工制作生产技术难度大，习艺周期长，加上现代机械生产普及等因素的影响，传统制茶者的生产积极性低落。地方政府虽然积极保护，但由于各种条件限制，使这项特色技艺难以为继，濒临失传。如何有效保护都匀毛尖茶的传统手工制作技艺，是一项亟待解决的问题。

一、都匀毛尖茶传统手工制作技艺濒危状况

由于都匀毛尖茶传统生产技术难度大，习艺周期长，年轻人多不愿学，导致这项技艺传承青黄不接，后继乏人，濒临失传。

由于都匀毛尖茶市场需求的增大和经济效益的诱惑，1963 年都匀茶场购进成套绿茶加工机具，开始机制绿茶。现代化机械生产正在不断取代传统的加工方式，这使得都匀毛尖茶的传统手工加工技艺者的生存空间越来越小。

由于都匀毛尖茶的茶青质量高，国内一些企业大量收购，用作生产其他地区名茶的原料，导致茶青价格攀高，农户宁可卖茶青，也不愿自己制作，严重影响了传统制茶者的生产积极性，也使得最具特色的都匀毛尖茶传统加工技艺难以为继。

二、利用 GIS 技术进行都匀毛尖茶传统手工制作技艺保护的主要措施

（一）利用 GIS 技术建立都匀毛尖茶生产空间分布数据库

图 1   都匀毛尖茶核心产茶地分布示意图

历史悠久的都匀毛尖茶传统手工制作技艺，流传于贵州省黔南布依族苗族自治州州府都匀市。历史上，都匀毛尖茶传统手工制作在都匀市境内的分布范围非常广泛。在现代都匀市现辖的 5 个街道、10 个镇、5 个乡、3 个民族乡中，小围寨办事处、沙包堡办事处、杨柳街镇、甘塘镇、洛帮镇、坝固镇、大坪镇、王司镇、墨冲镇、平浪镇、凯口镇、江洲镇、奉合水族乡、阳和水族乡、基场水族乡、良亩乡、河阳乡、沙寨乡、石龙乡、摆忙乡等街道和乡镇的少数村民仍然在使用传统手工方式制作都匀毛尖茶。

应用 GIS 技术对都匀毛尖茶生产的空间分布及区域差异进行定性和定量分析，构建都匀毛尖茶生产的空间分布数据库，将有助于该非物质文化遗产的地理定位，有助于文化中心地带的定位与文化边缘地带的划分。

（二）利用 GIS 技术建立都匀毛尖茶生产地理环境数据库

都匀全市总面积 2 274 km^2，总人口 50 万，有布依、苗、水、瑶等 33 个少数民族，占总人口的 67.08%。320 和 321 国道、207 省道、厦蓉高速公路、贵新高速公路、黔桂铁路以及正在建设的贵广快速铁路穿境而过，便捷的交通，为都匀毛尖茶产业的发展提供了良好的条件。

都匀市地处贵州高原东南斜坡的苗岭山脉南侧。地貌以中低山为主，岩石性质主要是磷酸盐岩石和石英砂岩。地势起伏，西高东低，北高南低。平均海拔 1 000 米，海拔最高点为 1 961 米的斗篷山，最低点为 540 米的小河沟，相对高差 1421 米。以苗岭山脉为分水岭，岭北为长江流域，岭南为珠江流域。

都匀市地理纬度较低，海拔高，为亚热带高原山地季风湿润气候。四季分明，冬无严寒，夏无酷暑，降雨丰沛，雨热同季，湿度较大（常年日雨量>0.10 毫米的日数达 188 天以上），日照偏少（1 159 小时/年，日照百分率为 26.00%），立体气候明显。常常云雾笼罩，阴雨绵绵，漫射光丰富。都匀市的土壤大部分为酸性或偏酸性，土层深厚，疏松湿润，内含大量的铁质、磷酸盐、锌、硒等能提高茶叶品质的物质。

这种独特的自然环境条件，不仅十分有利于茶树的生长，还使得茶叶内质也非常优异。都匀毛尖茶茶树品种具有发芽早、出芽叶茸毛多、肥厚柔嫩、持嫩性强、内含物丰富等特性，为都匀毛尖茶成为历史贡茶和名茶奠定了坚实的基础。

应用 GIS 技术，对都匀毛尖茶生产的地理区域自然及人文环境进行因素分析和特征提取，找出与茶叶生产相关性最强的若干因素，分别进行关联存储，做最优化计算分析，找出都匀毛尖茶生产的最佳自然及人文环境，将对都匀毛尖茶生产的传承保护与扩大再生产有积极促进作用。

（三）利用 GIS 技术建立都匀毛尖茶生产技艺数据库

都匀毛尖茶的生产技艺是当地的布依族、苗族、水族等少数民族在长期的生活中不断总结和创造出来的，带有鲜明的地域文化特色。其主要内容包括六个大的步骤：一、采摘；二、选茶青；三、摊凉；四、入锅加工；五、选干茶；六、收青。其中每一步骤又各有讲究，例如入锅加工又可分为杀青、揉捻、搓团提豪、翻炒、干燥等方法。都匀毛尖茶生产技艺流程复杂、细腻，这种制作技艺并没有明确的文字记载，全凭艺人的眼神、听觉、嗅觉、手感和经验，全靠老艺人言传身教、世代相传，在全国名茶中独树一帜，2007 年被评为贵州省非物质文化遗产。

但是，这种复杂的纯手工技艺和艺人口口相传的模式也给该非物质文化的传承保护带来了不小的挑战。而利用 GIS 技术建立都匀毛尖茶的生产技艺视频、音频、文字资料库，并建立生产技艺各环节的制作标准与量化操作规范，制定标准操作流程，则是保护和传承该非物质文化的必经之路。都匀毛尖茶传统手工制作技艺传承人族谱也是都匀毛尖茶生产技艺数据库不可或缺的内容。建立都匀毛尖茶生产技艺标准也是抵御机器制茶挤压传统手工制茶空间的有效途径，还可探索机器、手工联合制茶方法的新思路。

（四）利用 WEB-GIS 技术建立都匀毛尖茶生产流通全过程的动态追踪

造成都匀毛尖茶传统手工制作技艺濒危的一项重要原因是都匀毛尖茶的茶青质量高，国内一些企业大量收购，用作生产其他地区名茶的原料，导致茶青价格攀高，农户宁可卖茶青，也不愿自己制作，严重影响了传统制茶者的生产积极性，也使得最具特色的都匀毛尖茶传统加工技艺难以为继。

利用 WEB-GIS 即网络地理信息系统技术，建立都匀毛尖茶生产流通全过程的动态追踪机制是解决该问题的可行之路。

首先，可分析茶青的流入流出地，分析二者之间吸引茶青流动的要素，分析两地间的绝对优势与相对优势，找出都匀市与流入地之间吸引力差距，并从相对优势方面尽可能弥补，缩小差距，突出特色。

其次，可以利用动态追踪系统分析茶青流入地对茶青的加工、利用模式，找出与都匀毛尖茶传统手工制作技艺的不同和优势之处，为都匀毛尖茶手工制作技艺的创新提供可借鉴思路。

再次，利用 WEB-GIS，可将都匀毛尖茶的生产销售全部环节实现网络化，利用互联网思维对都匀毛尖茶的生态环境、生长、加工、销售、物流全过程进行网上推广、网上追踪，实现订单产业，控制生产成本与风险；并用网络订单直播、订单录像的方式，宣传都匀毛尖茶传统手工制作技艺，强调非物质文化遗产特色。

三、结论与讨论

利用 GIS 技术构建都匀毛尖茶的分布范围、生态环境数据库，建立都匀毛尖茶生产技艺数据库及标准规范，利用 WEB-GIS 技术对都匀毛尖茶生产流通全过程进行动态追踪，是解决都匀毛尖茶传统手工制作技艺濒危状况的可行方法和思路。

对非物质文化遗产的保护并不是一成不变的因循守旧，而是在传承中不断创新与开拓，才能实现对非物质文化遗产真正的永久传承。GIS 有较强的空间数据处理的能力，对数据和信息存储、管理和分析的能力，它对非物质文化遗产保护的价值和作用还值得我们更深一步探讨。

参考文献：

[1] 路爽. 非物质文化景观格局的地学图谱研究体系：理论与实践[D]. 河北师范大学, 2010.

[2] 张琳, 张薇, 于海霞. 信息技术在非物质文化遗产保护中的构建[J]. 边疆经济与文化, 2013,（4）: 158-159.

[3] 李继峰. 非物质文化景观时空描述模型理论与实践[D]. 河北师范大学, 2011.

[4] 马帅. 燕赵非物质文化信息系统设计及景观分析[D]. 河北师范大学, 2011.

虚拟现实技术在乡村旅游发展中的应用研究

刘道海

（黔南民族师范学院美术系，旅游研究中心，贵州 都匀 558000）

摘要： 虚拟现实技术作为一门基于计算机图形可视化，同时又跨多学科多领域的高新技术，近些年来发展迅速。目前在军事、科技、医疗、教育、工业生产等领域中得到了广泛的运用。本文主要根据虚拟现实技术的特点，阐述在乡村旅游中运用虚拟现实技术的优势，进而提出虚拟现实技术在乡村旅游的运用方法。

关键词： 虚拟现实；乡村旅游；动态展示；方法

Application and Research of Virtual Reality Technology in rural tourism

LIU Dao-hai

（Department of Fine Arts，Qiannan Normal College for Nationalities，Duyun 558000，Guizhou）

Abstract： Virtual reality technology is a new and high technology which based on computer graphics visualization has developed rapidly in recent years.At present，the application of Virtual reality technology is widespread in the fields of military science，medicine，education，industry and so on.According to the characteristics of virtual reality，this paper expounds the advantages of virtual reality technology in rural tourism，and then puts forward the application method of virtual reality technology in rural tourism.

Key words： Virtual reality；Rural tourism；Dynamic display；Method

乡村旅游是一种以野外乡村为环境，以无人为干扰、无生态破坏、游居和野行为特色的旅游形式，这种旅游形式不但促进了乡村经济发展，还唤醒了原居民对生态环境的保护意识，是帮助贫困群众脱贫致富的重要渠道。但是到目前为止，乡村旅游相较于其他旅游方式发展还不全面，推广还不够深入。在乡村旅游中运用虚拟现实技术，可以为旅行者提供跨越地理条件限制、突破时间界限的全新体验方式，为乡村旅游的开发、推广和宣传插上信息化可视化翅膀。虚拟现实技术在乡村旅游的运用，对推动乡村旅游的发展有着重要意义。

一、虚拟现实技术与乡村旅游

（一）虚拟现实的定义

虚拟现实技术（Virtual Reality 简称 VR）是 20 世纪末发展起来的一门涉及众多学科的高新技术。它集计算机技术、传感与测量技术、仿真技术、微电子技术于一体。而理想中的虚拟现实技术是利用这些方面的技术，通过计算机创建一种虚拟环境，通过视觉、听觉、触觉、味觉、嗅觉等作用使用户产生和现实中一样的感觉，这样用户就会产生身临其境的感觉并可实现用户与该环境直接进行交互[1]。

（二）乡村旅游的定义

乡村养生旅游是指城市旅游者以追求身心健康为主要动机，利用优质的乡村自然生态、特色养生民俗和长寿群体来达到延年益寿、康体、塑形保养的一种涉及文化的专项休闲度假活动[2]。

（三）虚拟现实技术在乡村旅游中运用的优势

1. 可以生动形象地展示景点的风光特点

虚拟现实技术通过生动逼真地模拟乡村旅游景点的环境特点、风土人情、历史文化，可以满足对乡村旅游感兴趣但没有亲身旅游的潜在客户观光、游览、增长知识的需求。同时该技术的数字化特点，有利于通过互联网等渠道对乡村旅游景点进行大力宣传，扩大影响力的同时也降低了景点宣传和推广的成本[3]。

2. 对已经消失或濒临消失的文物古迹进行保护性开发

一些历史文物和建筑遗址因保护不力而毁坏和消失或者濒临消失，加之当地政府投入的资金有限不能一一维护和复原。根据图片或者当地人的描述，利用虚拟现实技术，在投入很低的情况下对这些历史文物和建筑遗址还原和再现。

3. 为当地带来现实的经济效益

虚拟现实技术还可以在乡村旅游景点的虚拟导游、导航地图、酒店预订等方面进行运用，为乡村旅游带来现实的经济收入。虚拟现实的沉浸感、交互性和预想性等特点给旅游者带来了感觉、触觉和视觉等感觉通道的逼真体验，获得身临其境的感受。这种有偿的虚拟感受也是乡村旅游景区获得经济来源的重要方式[4]。

二、虚拟现实技术在乡村旅游中的运用方式

虚拟现实技术在乡村旅游中的运用指的是建立在现实旅游景观基础上，利用虚拟现实技术，通过逼真地模拟现实景物，创造出一个超越现实感受的三维虚拟世界，旅游者足不出户，就可以在构建的乡村旅游虚拟现实系统中欣赏美景、感受当地文化。图1就是一家景区的三维虚拟旅游系统。

图 1　虚拟旅游系统

根据其特点，虚拟现实技术在旅游中的应用方式有以下几种。

（一）虚拟现有的乡村旅游景点

虚拟现实技术通过建模、贴图、渲染、烘焙等流程，真实地再现当地的气候特点、山川风貌，建立乡村旅游的虚拟现实系统。通过该虚拟旅游系统，旅游者可以很形象逼真地看到各个旅游景观，给游客带来身临其境的感觉。这种应用方式是针对现有景观的虚拟旅游。这种应用方式起到了旅游宣传、扩大景区的影响力、吸引旅游者的作用。虚拟旅游系统还能够在很大程度上满足那些对乡村旅游有兴趣但没有到过该旅游景点或是没有能力到该旅游景点的游客欣赏风光、感受历史文化的需求。

（二）虚拟预想的乡村旅游景点

虚拟现实技术既可以模拟现有的实物景观，也可以逼真地虚拟出尚未完成的处在预想阶段的景点。针对这一特点，虚拟现实技术把还处于规划建设当中的景点集成到虚拟旅游系统中，人们通过该系统可以身临其境般地欣赏这些尚不存在的景观，在景观建成之前起到预先宣传、吸引游客、满意度调查的作用，根据虚拟旅游系统中游客的反馈，进一步修改或重建那些设计不合理、游客满意度不高的景区规划。

（三）再现消失或者传说中的文化遗址

由于历史的原因，有些乡村中的景点或古迹已经损坏消失，再现这些已经消失的景点和古迹，可以满足游客的好奇心，同时也可以帮助游客了解当地历史知识，增长见识，给游客们怀旧心理以某种程度上的抚慰[5]。例如消失的楼兰古城，根据文献、传说、历史记载，通过虚拟现实技术构建出逼真的山川地貌、街道建筑、人物服饰，再复合以人文景观信息，通过虚拟现实技术使得历史中的楼兰古城的人文景观和自然风景得以以另一种方式而保存，从而使后人能够通过虚拟旅游的方式重新游览这一奇异旅游景观，体验鼎盛一时的古楼兰文化的风貌。

三、总　结

虚拟现实技术作为一种先进的、应用领域广的、最具实用性的高新技术之一，它的介入已经大大地促进了相关产业的发展，乡村旅游作为有别于传统旅游的新型旅游方式，各方面的发展尚处于起步阶段。将最先进的虚拟现实技术应用到乡村旅游中，同样也会对乡村旅游的发展起到巨大的推动作用。

参考文献：

[1]　百度百科. 虚拟现实技术. http：//baike.baidu.com/link?url

[2]　韦浩阳. 乡村生态养生度假旅游模式的研究——巴马盘阳河乡村旅游开发模式探索[J]. 经济与管理，2008，（6）：25-29.

[3]　李峻峰. 虚拟现实技术与虚拟校园的研究与实践——以潍坊学院虚拟校园建设为例[J]. 工程图学学报. 2011（03）：62-68.

[4]　燕梅. 三维虚拟技术在旅游业中的应用和发展研究[J]. 农业落落信息，2014，（12）：72-74.

[5]　徐兴敏. 虚拟现实技术在虚拟旅游中的应用[J]. 潍坊学院学报，2014，（02）：56-58.

【乡村旅游可持续发展】

黔西南州乡村旅游发展的环境效应与可持续发展

蔡 铭，贺 秋

（黔南民族师范学院旅游研究中心，贵州　都匀　558000）

摘要：随着全国乡村旅游的蓬勃发展，黔西南州的乡村旅游也快速发展起来，乡村旅游的发展在创造经济效益的同时乡村自然生态环境却遭到了极大的破坏。本文探讨了黔西南州乡村旅游发展过程中对环境带来的影响，提出了黔西南州乡村旅游可持续发展的对策，希望给黔西南州乡村旅游发展与环境保护提供参考，使黔西南州乡村旅游走上可持续发展的道路。

关键词：黔西南州；乡村旅游；环境效应；可持续发展

QianXiNanZhou environmental effect and the sustainable development of rural tourism development

Cai Ming, He Qiu

（Qiannan Normal College for Nationalities Department of history and culture，GuiZhou DouYun 558000）

Abstract：Along with the vigorous development of the national tourism，QianXiNanZhou rural tourism development rapidly，but the development of rural tourism in rural to create economic benefits at the same time natural ecological environment has suffered great damage.This paper QianXiNanZhou rural tourism development in the process of environmental impact of thee discussion，as well as to the QianXiNanZhou analysis the countermeasures for the sustainable development of rural tourism，so as to realize coordinated QianXiNanZhou rural tourism development and environmental protection，make QianXiNanZhou rural tourism on the path of sustainable development.

Key words：QianXiNanZhou；Rural tourism；Environmental effects；The sustainable development

一、引　言

乡村旅游是以远离城市的乡野地区为目的地、以乡村特有的人文和自然资源为吸引物、以城镇居民为主要目标市场，通过满足旅游者休闲、求知和回归自然等需求而获取经济和社会效益的一种旅游方式[1]。在乡村旅游发展中，自然生态环境既是乡村旅游发展的重要基础也是重要吸引物。乡村旅游与乡村自然生态环境既相互依存又相互制约。一方面自然生态环境是发展乡村旅游的基础及物质载体，没有自然生态环境，乡村旅游的发展就无从谈起，而乡村旅游不发展就难以实现乡村自然生态环境的经济和社会双重效益；另一方面，乡村旅游的发展对自然环境有正反两方面的影响，即发展乡村旅游对自然生态环境既有保护作用又有破坏作用。因此，只有协调好环境保护与旅游开发之间的关系，加强和提升乡村自然生态环境的正面效应，消除或减弱其负面效应，才能实现乡村旅游的可持续发展。

二、黔西南州乡村旅游发展概况

黔西南州境地处珠江上游黔、滇、桂三省区结合部，境内交通便捷，初步形成了集公路、铁路、水运、航空为一体的综合交通运输网。黔西南州是世界锥状喀斯特地貌的典型代表，喀斯特地貌发育典型成熟，山水、人文、乡情民俗高度结合，旅游资源极为丰富。近年来，黔西南州结合《贵州乡村旅游规划（2006-2020）》，发展以市场为导向，依托黔西南州内布依族、苗族、彝族等少数民族物质与非物质文化资源、乡村自然生态环境资源，以村寨为基础，建设类型丰富层次多样，以点带面、辐射全州的民族文化与乡村旅游产品体系[2]。如依托万峰林、马岭河峡谷、兴义国家地质公园等的资源优势，带动周边村寨开展的集布依族文化体验、乡村田园风光、喀斯特风景、休闲度假为一体的复合型乡村旅游产品；以顶效绿化村、贵州醇酒厂奇香园等为依托的休闲度假乡村旅游产品；以及发展安龙招提、贞丰三岔河、北盘江峡谷等为主的乡村旅游产品。实现黔西南州乡村旅游的快速发展。

三、黔西南州乡村旅游发展的环境效应

（一）黔西南州乡村旅游发展对环境的正面效应

（1）黔西南州乡村旅游的发展要依靠原有的自然环境，因而对乡村自然环境能起到一定的保护作用。乡村旅游的发展离不开原有的自然生态环境，自然生态环境是乡村旅游的重要吸引物。游客到乡村进行旅游，就是希望能远离城市的喧嚣、放松身心、体验乡村原始的生活方式，回归自然。因而，自然生态环境在乡村旅游中起着至关重要的作用。黔西南州要想发展好乡村旅游业，就必须保护好乡村原有的自然生态环境不受破坏，并在此基础上不断改善。

（2）开展乡村旅游有利于村民环保意识的增强。自然生态环境是乡村旅游生态环境的核心层次，是乡村旅游吸引源的最直接表现形式[3]。要想乡村旅游得到发展，就必须有效保护乡村旅游资源及生态环境。不仅如此，发展乡村旅游还可有效解决农村劳动力剩余、就业难、家庭贫困等问题，对加快农村产业结构优化、增加村民收入、提高农民的生活水平、推进新农村建设有重大作用。作为利益相关者的乡村居民，自然会高度重视乡村旅游资源和自然生态环境的保护，这就在无意识中提高了乡村村民的环保意识。

（3）乡村旅游资源的开发能有效改善地区居民对环境的破坏行为。旅游资源只有开发出来才能最大限度地实现其经济效益、社会效益、环境效益，才能尽可能多的吸引旅游者。黔西南州地处贵州西南地区，经济不发达，现在大多还是依靠种地或外出打工来获取微薄的经济收入。农民的视野还是局限在自家的一亩三分地上，环境保护意识薄弱，受小农经济的影响人们总是以破坏环境为代价来换取微薄的经济效益。如毁林开荒、围湖造田、乱砍滥伐等破坏自然环境的行为层出不穷。黔西南州土地贫瘠、石漠化严重、森林覆盖率低，特别是晴隆、望谟、贞丰、安龙等地区石漠化极为严重。黔西南州石漠化总面积5 029平方公里，占全州土地面积的29%，是贵州省石漠化分布最集中、面积最大、程度最高的地区。尽管如此，人们仍一味的毁林开荒，如此导致黔西南州自然生态环境的破坏越来越严重。而乡村旅游的发展，转移了农村部分劳动力，让人们从繁重的农事耕种中解放出来投入到第三产业中去。这不仅带动了农村经济发展、增加了农民收入，使村民能在旅游发展中受益，也让乡村村民

充分认识到了环境保护的重要性，从而自觉自愿的去保护自己赖以生存的环境，并积极植花种树、退耕还林还湖。如在万峰湖景区，在当地政府部门的带动下，周边各村寨村民自觉参与对万峰湖周围及湖区的保护和治理，有效改善了原先对自然环境的破坏，使乡村旅游得以持续快速发展。

（二）黔西南州乡村旅游发展对环境的负面效应

（1）资源开发规划不完善而导致生态环境破坏。黔西南州虽然在2012年印发了《黔西南州"十二五"旅游业发展专项规划》，但因涉及面较广，对乡村旅游的发展没有进行细化的分析规划，只是在大方向上给出了可发展乡村旅游的地方。没有一个专门针对乡村旅游发展的专项规划，这就导致人们在发展乡村旅游时片面追求经济效益而忽视了社会效益、环境效应。在乡村大肆建设与当地环境不相协调的建筑物，极力模仿城市酒店、宾馆、饭店、娱乐项目等设备设施建设，完全失去了原有的乡村性。而游客到乡村进行旅游，则是希望体验一种全新的、与城市生活全然不同的乡村生活方式，希望能够"住农家屋、吃农家饭、干农家活、享农家乐"，而不是与城市趋同的生活方式。这样没有规划的开发建设，长此以往，不仅会严重破坏乡村原有的自然环境风貌，还会丧失乡村原有的魅力以及对游客的吸引力，甚至会造成乡村生态环境的破坏，影响乡村旅游的可持续性。

（2）乡村环境承载力的超范围经营。依托了乡村原生态环境和乡村性资源的乡村旅游属于环境敏感性资源，很容易因乡村旅游的过快发展而遭到破坏[4]。而旅游时间的相对集中和不考虑环境承载力的超范围经营最容易引发乡村生态环境的破坏。受自由可支配收入、闲暇时间、交通条件等因素的影响，我国旅游主要集中在"十一"、春节这两大黄金周，其次就是每周的双休日以及法定节假日，这就导致了旅游者在时间上和空间上的大量聚集。乡村自然生态环境较脆弱，特别是黔西南州石漠化较为严重的地区，环境的再生能力弱，再加上不加控制的人流涌入，致使草坪被践踏、花草树木被破坏，河流被污染，兴义万峰湖景区，由于游人的不断增多以及沿湖城镇工业、生活污水不经处理的随意排放，使得景区湖水水质恶化，污染严重，直接影响了乡村自然生态系统的平衡，导致环境功能的衰退。损坏了乡村旅游发展的长远利益，使其得不偿失。

（3）随意堆积、排放废弃物造成环境破坏。乡村旅游要发展自然会带来大量的人流、物流，而人流、物流的增加会造成各种固体垃圾、废气、污水等污染物的增多。黔西南州经济相对不发达、科学技术水平低，乡村基础设备设施落后、不齐全。如垃圾的处理、回收利用，厕所以及排污排水系统等基础设施不完善，不能及时处理这些废弃物。长期如此，便会严重污染水体、土壤、植被和大气环境。因此，必须加强清洁生产，做好各项污染物的科学处理。但清洁生产和科学处理各种污染物需要投入大量的人力、物力、财力，从而增加了开展乡村旅游的经营成本。在经济利益的驱使下，旅游经营企业不愿出资对各种污染进行处理，反而大力开发乡村旅游，置乡村自然生态环境于不顾，唯利是图，把经济利益建立在破坏乡村生态环境的基础上。随意倾倒、排、堆放未经处理的废弃物，危及乡村旅游的可持续发展。

（4）游客不同程度的道德弱化而造成的环境破坏。旅游者外出旅游，就是希望能够放松身心、远离原先生活工作环境带来的郁闷、压抑，释放心灵，追新求异，享受超越常规的生活环境和状态。由于自然和人文环境的暂时性突变,人们原有的对共同行为准则和规范的积极反应和遵循的状态也会随之改变,甚至产生道德盲区[5]。行为举止就不受或很少受原先生活和工作中的道德与长期形成的禁忌、规范的束缚,在旅游活动中就会不同程度的产生随心所欲、懒惰、放任自流等心理倾向。乱扔垃圾、践踏草坪、采摘花枝等现象就会随之出现。这不利于乡村自然生态系统的保护,更不利于乡村旅游的可持续发展。

四、黔西南州乡村旅游可持续发展对策

(一)加强环境保护意识,规范资源开发

黔西南州要实现乡村旅游的可持续发展,首先必须要实现乡村旅游环境的可持续性。开展乡村旅游的载体及物质基础是自然生态环境,发展乡村旅游的第一要务是保护好乡村自然生态环境。因而,黔西南州在发展乡村旅游的过程中,要树立起尊重自然、保护和爱护我们的生存环境的环境保护理念。这就需要加强对乡村居民、旅游企业经营者及旅游者在环境保护方面的宣传教育。旅游行政管理部门应长期负起进行这种教育活动的责任。政府环境部门、旅游管理部门、社会环保组织要加强宣传环境保护的重要性,如在主要道路树宣传牌或制作环境保护宣传片、宣传广告等,大力宣传旅游与生态环境保护之间的互惠互利关系,可以提高公众的环保意识;加强对景区内村民环境保护方面的教育,给游客发放环保宣传小册子、纪念卡、明信片,在景区内立提示牌等,使公众认识到保护生态环境是乡村旅游业可持续发展的前提。通过宣传教育,使各利益相关者充分认识到各种不文明旅游行为对旅游环境各景观造成污染和破坏的严重后果,使其能够在情感上爱护自然环境,在行为上保护自然环境。

乡村旅游开发规划和环境保护规划对控制大气污染、噪音污染和保护植被环境尤为重要[6]。因此,政府部门在进行乡村旅游资源开发之前,要做好各个方面的规划工作。做好环评认证,合理评估乡村旅游环境的承载力,做到"先规划、后开发,不规划、不开发"。只有做好乡村自然生态环境和乡村旅游协调发展规划,才能避免因无序开发而带来的生态环境破坏,实现乡村旅游的可持续发展。

(二)培养乡村旅游专业人才,进行科学合理有序的经营管理

一个行业的竞争,归根到底是人才的竞争。作为第三产业的旅游业更是如此。旅游行业重在服务,服务的无形性、生产与消费的同步性等特性,注定了游客在进行旅游活动之前不能事先体验旅游服务质量的高低好坏,只能在事后进行评估。黔西南州要做大做强乡村旅游业,必须加强对旅游服务人员的培训,使其具备高质量的服务技能与服务技巧,进而提供各种优质、高效、个性化的服务。如对乡村旅游从业人员重点开展烹饪技术、餐饮住宿服务、接待导游讲解服务等业务培训。组织乡村旅游从业人员学习当地民俗习惯、风土人情以及乡村旅游管理等知识,逐步把乡村旅游从业人员培养成为思想道德文化素质、业务素质较高具有现代经营管理、掌握优质服务技能和专业营销知识的新型农村实用人才。

(三)协调好各利益相关者的利益分配问题

在进行乡村旅游开发中,忽视村寨居民的意愿和利益容易导致地方管理部门与村民之间

的矛盾，危及旅游环境的保护和治理。如在黔西南州发展乡村旅游的村寨，大部分进行旅游经营活动的饭店、旅馆等的经营者是从城里去的。较当地居民来说，他们有较强的经营管理能力、较高的服务技能以及厚实的营运成本。当地居民虽然也可依靠自家的土地、房屋开展旅游经营活动，但因资金不足或没有经营管理经验而缺乏竞争力。而且大多数村民依然只能靠给别人打工获取收入，这与开展乡村旅游带来的巨大利润相比是微不足道的。长此以往，收入差距会越来越大，容易造成村民心理失衡，甚至出现破坏景区内景观、同旅游者发生争执等不良行为，所有这些都不利于社会稳定，导致游客不敢或不愿到当地进行旅游，从而打击地方发展乡村旅游的积极性。因此，平衡各利益主体间的利益分配，努力建立各利益相关者共同参与机制，让有能力的村民参与旅游经营管理，对出让土地或房屋的村民参与企业分红，使其经济利益与企业经营挂钩，形成一荣俱荣、一损俱损的局面。才能使乡村旅游得到更好的发展，这也是实现乡村旅游可持续发展的关键。

（四）因地制宜，循序渐进的发展乡村旅游

依据黔西南州的经济发展水平、环境资源状况来发展乡村旅游。在乡村原有的自然资源、人文旅游资源的基础上逐步建立和完善基础设备设施、旅游服务设施，提高可进入性，扩大经营规模，开发多种乡村旅游产品，增加游客停留时间，规范旅游行业管理和整顿乡村旅游市场秩序，建立旅游诚信体系，积极推进行业自律，循序渐进的发展乡村旅游。

（五）完善政府对乡村旅游发展的规划及相应的法规制度

黔西南州发展乡村旅游，需要政府部门的大力支持，科学的制定乡村旅游发展专项规划。细化分析乡村旅游的模式、类型、规模、基础设备设施、客房、道路交通等方面情况，每一方面都应制定相应的实施标准，做到乡村旅游的规范开发。同时，要有相应的法律法规相匹配，对乡村旅游从业人员进行监督管理，使其规范经营。只有这样，才能更好地保护旅游环境和旅游者的利益，维护乡村旅游的长远利益。

（六）增强可持续发展意识，促进乡村旅游的自然生态环境建设

黔西南州发展乡村旅游要注重乡村旅游从业人员、旅游者可持续发展意识的培养。通过宣传教育、公开讲座、集中培训等方式，提高旅游从业人员的环境资源的保护意识和可持续发展意识，增强游客者的自律性、自觉性。从思想、理论、服务等各个方面增强人们的可持续发展意识。

良好的自然生态环境是乡村旅游存在与发展的根本。如果破坏和污染了自然生态环境，那么乡村旅游就会失去吸引力。因此，要注重乡村生态环境的保护和改善，发展旅游循环经济，才能实现生态的可持续发展，才能使游客把身心融入田园，感受自然淳朴的乡土气息。如在发展乡村旅游过程中对环境卫生的管理，可实施公共区域和农家经营户区域分头管理的方式，在公共区域实施集体出资、专人负责保洁[7]；修建沼气池对有机物进行发酵，沼气可作为清洁能源使用；建垃圾处理厂，对各种垃圾做分类回收处理，实现乡村旅游的可持续发展，促进乡村旅游的自然生态环境建设。

五、结　语

　　乡村旅游是我国旅游业发展的一个新亮点，是促进城市和农村和谐发展的纽带。黔西南州的乡村旅游更是成为全州旅游发展的重中之重，是全州经济一个新的增长点。然而在其发展过程中，产生了不容忽视的环境问题。如不加以重视，必将影响黔西南州乡村旅游的可持续发展。因此，采取切实可行的措施，保护好乡村旅游资源和乡村自然生态环境，提高人们的环境保护意识，协调好乡村生态环境保护与当地经济利益间的关系，是实现乡村旅游可持续发展的关键所在。

参考文献：

[1]　崔凤军. 实现乡村旅游可持续发展需要把握的七个关系[J]. 资源与环境，2006，（6）：202.

[2]　黔西南州"十二五"旅游发展专项规划[R]. 2012，1.

[3]　熊晓红. 乡村旅游生态环境双重效益及其正确响应[J]. 技术经济与管理研究，2012，（12）.

[4]　何伟. 基于环境保护理念的乡村旅游可持续发展研究[J]. 长春理工大学学报，2011，6（10）：57.

[5]　何伟. 基于环境保护理念的乡村旅游可持续发展研究[J]. 长春理工大学学报，2011，6（10）：57.

[6]　徐文兵等. 乡村旅游生态环境保护措施及综合对策[J]. 福建林业科技，2010，37（3）：146.

[7]　余华，林妙花. 论和谐乡村旅游的可持续发展[J]. 赤峰学院学报（自然科学版），2011，12（27）.

乡村旅游产业发展的长效机制研究

——以正安县"九道水旅游景区"为例

冯耘，王平，冯延

（黔南民族师范学院旅游研究中心，贵州 都匀 558000）

摘要： 当前，"大力发展乡村旅游"已然成为全国各地实现经济发展、区域产业结构升级与转型的主要途径。但是，如何在与国家级旅游景点相比并不突出的地域资源中发现特色，构建旅游品牌，有效地结合休闲与游览，使产业实现可升级和可持续的发展，是亟待解决的问题。本文以遵义市正安县"九道水旅游景区"的开发为研究基点，从产业的区域整合、市场与产品定位、生态承载力与发展的影响因素等角度，探讨当前乡村旅游产业发展的经验和存在的问题。

关键词： 乡村旅游、规划、发展现状、区域整合、正安县、九道水景区

一、引 言

"乡村旅游"是以乡村自然环境、生产活动、民俗事项为内容，为周边城市居民提供休闲旅游服务的集群产业。乡村旅游业为农村区域经济文化的发展提供了契机，解决了乡村经济发展的难题，丰富了农村的文化生活与交流，推动了农村环境和基础设施建设改善，加快了"城乡一体化"建设的进程。但是，在各地的乡村旅游产业开展过程中也出现了诸多问题，如整体规划不合理、产品与服务质量低、设施建设侵占耕地和林地、破坏污染生态环境、无序开发和盲目建设、区域内恶性竞争、收入分配不公平引发社会治安问题等。同时，在文化方面，也存在盲目追求经济效益的商业化导致地域传统文化、民俗艺术形态变质消亡的问题。贵州的喀斯特地质生态环境和文化遗产都存在种类繁多、珍贵却又极其脆弱的特点，这就要求我们要更加积极主动的应对和解决发展中出现的问题。

二、区域整合视角下的山区乡村旅游规划

（一）景区总体设计规划

旅游规划就是对区域旅游产业发展的未来状态的科学设计与构想，突出自然生态，强调文化传承，抑或是生态与文化并举，对景区来说必然要有明确的定位。同时，乡村旅游的本质是农村为周边城市提供的景观或休闲产品，自然和乡土特色是其产品的消费价值所在，其品牌、市场、服务和效益的定位都应该是不影响、不破坏农村原有的生态和文化，以互利互惠的方式达成长效发展。

区域经济学家埃德加·胡佛将区域定义为"对描写、分析、管理、规划或制定政策有用的一个地区统一体"。[①] 以一个地理或政治规划区域为范围，对旅游产业的发展方向、项目策划、空间布局、旅游产品、旅游路线等都要依据该区域乡村旅游资源的分类和评价进行规划，在区域空间内进行点、线、面的区分与整合，以网络化的关系形态构建产业的区域空间结构，

---

① 崔功豪，魏清泉，刘科伟．区域分析与区域规划（第二版）[M]．北京：高等教育出版社．2006：1

实现产业的协同和全面发展。调查显示，在进行乡镇和村落规划时，各级政府对基础设施的投入与建设多是依据居民人口数量进行配置，同时，基础设施建设的规模、等级也以乡村的人口规模规划。[①] 这样的基础设施，对于乡村旅游业的开展往往会造成困扰。而前期过度的投入又会造成资源的浪费和维护的压力。如道路与停车场、饮水和住宿的质量与安全、应急设施设备与人员配置等，这都要在区域内全盘的整合性的考虑，也要对周边地区的相关因素充分调查，建立联动与合作机制。[②] 尤其要避免孤立规划，仅考虑单个乡镇、单个村落的强化个体性，最初或许会取得一定的效益，但是，周围各村的争相效仿与竞争最终将使得整个区域的产业发展受到伤害，甚至引发治安问题。

正安县是典型的喀斯特山区地貌，有着丰富的山林、溶洞、河流、森林和矿产资源，从空间上来看具有立体性、分散性和多样性的特点。另一方面，这些自然因素也伴生着地质环境复杂、交通不便、基础设施条件差和建设投入大的困扰。九道水旅游景区的空间结构体系规划是"一心两轴七区"：一心，即桴焉集镇区；两轴，指303省道和通往四联天坑的乡道旅游空间联系轴；七区，指九道水森林公园游览区、阿尔卑斯风情小镇度假区、仡佬山寨山野民居休憩区、九天仙雾茶海花田游赏区、桴焉镇游客综合服务区、杜家湾美丽乡村生态农业观光区、四联金龙峡奇坑神瀑览胜区等七个各具特色的主题旅游景区。[③] 其分布平衡而紧凑，组成了一个方便开发的旅游资源富集区。这样的布局既考虑了景区景观的协同联动，也考虑了交通、商贸、环保等服务性内容的质量，将自然景观游与休闲游适度的结合，季节游与假日游相结合，集中与分流比配。近年来，贵州省范围内乡村游景区规划项目中，区域整合、总体规划的思路比较明确。

（二）自然与人文紧密结合的产业定位

从国际范围来看，乡村旅游产业已经有一百余年的发展历史。乡村旅游的产品定位或市场需求表现为自然与人文景观观光、休闲度假、自然与人文的观赏或考察三个方面，且呈现出复合、综合的特征。[④] 国外游客对中国乡村旅游产品的需求表现为对民族文化韵味浓郁类型的偏爱，而国内游客则处于自然风景观光游、休闲游、专题游全面发展的阶段。值得注意的是，乡村旅游在国内的发展历程尚短，尤其现阶段乡村旅游产品的需求和游客来源极不稳定，旅游地基础设施建设薄弱，服务质量良莠不齐，监控和管理法制不健全，等等。事实上，这些问题仅仅是能够用客观标准评价的一面，另外则是环境污染、传统文化传承破坏等隐性问题。

自然观光游与文化体验游紧密结合，所指并不仅仅是产品的简单复合，更应该是在自然风光景观的开发中彰显人文情怀，关照自然与人的和谐共存；在人文景观与活动的开发中极力保护和优化自然生态，彰显文化的本土与原生态；在服务内容规划和商品开发中关注生态资源与基础设施的承载力，兼顾现代性和乡土性、舒适性和挑战性；在开发理念上，既注重

① 杨军、高珊. 拒绝"擦边球"：对城市规划中出现旅游用地的一些思考[A]. 和谐城市规划：2007 中国城市规划年会论文集[C] 哈尔滨：黑龙江科学技术出版社. 2007：2490-2493.
② 杜瑞宏. 基于区域整合视角下的山区乡村旅游规划研究[硕士学位论文]. 武汉：华中科技大学，2013.
③ 参见：贵州景建规划设计有限公司《贵州省 100 个旅游景区---贵州九道水旅游景区建设发展规划》
④ 马彦琳. 环境旅游与文化旅游紧密结合——贵州省乡村旅游发展的前景和方向[C]. 旅游学刊，2005. 1：63-67.

服务质量的优化，也要注重品牌理念的主动引导。成熟合理的乡村旅游开发既要关注经济效益，也要注重村民自身生活的健康发展。脱离了"乡村本色"的乡村旅游，就等于失去了其存在与发展根基，而这样的现象并不少见。[①]

根据正安县政府旅游规划建设目标，九道水景区旅游建设发展规划分两期开发建设完成：第一期为 2013 年至 2017 年，第二期为 2018 年至 2022 年，总工期 10 年。一期开发项目的主要功能为观光、休闲、养生、度假、水上运动、康乐等。项目开发重点内容为交通、度假区、基础设施、景观和生态环境的整治、农副产业生产规划布局等。二期开发项目的主要旅游功能为自然景观与度假区分流优化、科考探险、康乐养生、农事与民俗活动体验等。景区建设的规划方案全面考虑了山水地质和森林生态景观、民族文化和历史古迹等资源现状，以自然观光和休闲度假为发展的接入点，以生态度假游和文化体验游为发展的远景。十年的建设工期，既能够保证工程建设的质量，也能够将自然生态的压力大大降低。

三、旅游者行为意向与居民参与意向的调查与定位

（一）旅游者的行为意向与需求

乡村旅游作为一种服务型消费活动，消费者的意向与需求是首先要考虑的问题。

研究者的调查统计显示：乡村旅游者中，独自出游的旅游者占 8.36%，与家人出游的旅游者占 26.15%，与朋友出游的旅游者占 54.44%，旅行团出游的旅游者占 2.96%，单位组织的旅游者占 5.39%，其他占 2.70%。[②]可以看出，乡村旅游的消费主体是附近的城市居民，以亲情游为主体，而乡村环境、乡土特色的饮食住宿、民风民俗活动以及与居民互动的生产活动是旅游者行为意向的主要因素。"乡村旅游目的地的乡土特色越鲜明，旅游者就越倾向于做出乡村旅游决策。"[③]本土化、原真性、传统化是乡村旅游价值期待。[④]游客的消费意向是享受乡村的生活，但在基本的卫生与健康、医疗救助、电信沟通方面的要求却与城市水准基本一致。这对于当前的农村基础设施与服务水准来说是不可能的，但在未来的发展规划中这些却是可以实现的，而且对于村民来说，这些方面与农村的发展并不矛盾。

但是，现实中的问题往往出现在这里。我们很少能够看到一个项目在开展之初能够进行深入的调研。大量的乡村旅游开发项目的规划就是在农村建设城市，发展商业，在景区建设中毁坏自然生态和民居遗迹，漠视本地民俗特色，通过低层次的新建和对其他地区旅游项目模仿，追求快速的经济效益回报，甚至拒绝对乡村生态和文化的深层次开发。在九道水旅游景区的开发规划中，我们也看到了同样的问题。本地区的资源与特产开发与乡村旅游需求指向的对接，缺乏科学的、深入的、全面的调研，对于周边城市的消费意向、消费力、消费者群体的评价并不明确。旅游产业的发展走过最初的观光体验高峰后，游客是否具有二次消费和多次消费的意向，期许是什么？这些问题都亟须深入研究。

① 丁宁、姜婷婷、马瑾. 旅游目的地经营与管理[M]. 沈阳：辽宁科技技术出版社，2006（4）：11-18

② 陈慧英. 旅游者乡村旅游决策影响：因素实证研究[D]. 湖北大学硕士学位论文，2013：41. 参见吴妍，杨国良，吴晓文. 成都市红砂村乡村旅游发展对农民增收的影响因素分析[J]. 四川师范大学学报(自然科学版)，2009，(3)：401-405.

③ 李华敏. 乡村旅游行为意向形成机制研究一基于计划行为理论的拓展[D]. 浙江大学博士学位论文，2013：144-146.

④ 杨慧. 民族旅游与族群认同、传统文化复兴及重建 [J]. 思想战线. 2003（1）：41-44.

（二）旅游区居民的参与意向

乡村旅游的兴起，一方面是随着城市化的进程，自然山水风光、生态景观、森林景观逐渐成为城市居民回归自然的情怀和休闲的目的地。另一方面如乡村生产生活、乡村饮食、民居、民俗活动、历史古迹等文化生活和景观，为一定区域内的游客提供名胜景点之外的丰富和多样化的旅游与休闲内容。我国乡村旅游的经营方式最初是以村或农户为基础，随着旅游业的发展而逐步多元化，总体来说有个体户经营、集体经营、外来经营户经营、合资经营、外部资金经营五种类型。从运营方式来看，有居民个体分散式经营、公司化经营、公司与社区集体合营、公司与居民个体合营四类。无论哪一种运营方式，本地居民的参与都是不可或缺的。以往将居民整体搬迁，以实现公司化运作的开发方式，无论从景区自身的发展、本地居民的致富和地区经济的发展来说都存在诸多弊端，[①] 而造成这些问题的主要原因就是将本地社区和居民排除在景区开发之外。

此外，对于贵州地区来说，喀斯特地质环境的脆弱性对本地居民的心理意识影响极大。喀斯特峡谷区土壤瘠薄且分布零星，地形破碎、封闭性强、交通不便、可进入性差，经济文化落后，外界的社会经济文化对其影响较小。[②] 大型的旅游开发建设、大量的游客进入，本地居民对于旅游业的价值认定与期许、服务意向和服务能力、对本土文化和生活的再认定、旅游淡季的经营与生活能力、对于基础设施的价值认知，这些问题对于乡村旅游的发展来说是极其重要的。从"九道水旅游风景区"开发现状来看，农家乐、家庭旅馆、民俗活动等旅游项目尚未能顺利展开。项目开发严重的依赖专项公司，未能发动或吸纳本地居民参与到项目中来，因而使得当地旅游开发进展缓慢。

四、资源设施承载力与可持续发展

旅游开发是一种经济行为，市场竞争和效益的最大化追求是不可回避的事实。但乡村旅游是以乡村周边自然生态环境和乡村生活基础设施为基础，生态资源和生活设施都有其承载和发展的上限，同样，经济效益也有相应的上限。乡村旅游作为城市周边游的主要对象，做大、做强、大力宣传这一类的发展规划理念是不科学的。任何旅游项目的规划都要考虑其本身的容量和承载力，超负荷的建设和运行都将损害产业项目的长远发展。在进行乡村旅游规划之初，对于自然生态资源的分类评价、线路设计、旅游项目策划、基础设施投建，都要从本地实际的普查调研出发。

承载力的调查包括旅游环境承载力、设施承载力和社会心理承载力等方面。世界旅游组织（World Tourism Organization）1978-1979 年度的"世界旅游组织六个地区旅游规划和区域开发的报告"中明确地提出了"旅游环境容量概念"，1982-1983 年又提出了"度假地饱和或超过承载容量的风险"研究报告。[③] 在世界范围内，美国、日本以及西方发达国家在旅游开发的过程中，甚至每年的景区质量评估中都要对承载力进行调查。国内则是因为近年来大型景区多次出现游客超负荷承载而引发安全或治安事件，政府管理部门以及研究机构才开始关

① 郑群明、钟林生. 参与式乡村旅游开发模式探讨[J]. 旅游学刊，2004（4）：33-37.
② 容丽、熊康宁. 喀斯特峡谷区民族心理意识的模糊综合评价：以贵州花江峡谷地区为例[C]. 经济地理，2005（1）：76.
③ 崔凤军. 旅游环境承载力理论及其实践意义[J]. 地理科学进展，1998（1）：17.

注这一问题。

历史上，多山多水少战争的地理与人文因素，形成了贵州民族众多、文化形态丰富的特色。而多类低产的农副产品，温和湿润的气候，又形成了农村饮食与文化活动的多样性。丰富多样却极为脆弱，这就使得贵州范围内的乡村旅游更要以资源保护为核心，在保护的基础上谋求效益的最大化，要避免粗放的、模仿性的规划与开发，提倡精品化、轻量化、文化性的开发。"九道水旅游风景区"开发项目的中心是九道水森林公园，因此，森林生态和水体的保护是重中之重。将景区发展定位在文化的高层次开发而不是规模的大型开发，明确景区的承载力，在保护和优化中发展，这是当地旅游业发展的长效机制。

五、区域旅游产业发展的影响因素与对策

（一）区域旅游产业发展的影响因素

影响旅游者乡村旅游决策的因素有八个：正向推荐、市场推广、价格水平、乡土特色、环境氛围、安全卫生、交通便利及乡村认知。[①] 调查数据显示其影响程度按先后顺序分别为：市场推广（0.714）、乡土特色（0.681）、交通便利（0.463）、正向推荐（0.324）、环境氛围（0.317）、安全卫生（0.295）、乡村认知（0.194）、价格水平（0.025）。[②] 调查数据显示，对于旅游者来说，对于正安县"九道水旅游风景区"的旅游意向主要是乡村休闲游性质，"市场推广"和"乡土特色"是旅游需求与决策的主要因素，也是景区发展中最需要关注的问题。与2001年前后的调查数据相比较，"乡土特色"、"环境氛围"与"安全卫生"三项影响作用数值大幅提高，"市场推广"和"正向推荐"的数值皆有所降低。"交通因素"虽然依然重要，但随着省内交通路线建设的进程其影响作用逐渐减低。

此外，上文我们已经指出，环境资源与基础设施承载力、居民参与与认可度、区域间的协同合作、与周边大型景区的合作，也都是制约景区发展的重要因素。

（二）区域旅游产业发展的建议与对策

就目前开发的情况来看，"九道水旅游风景区"只开发了一个较小的区域，尚不能给游客带来更多更丰富的旅游服务。森林公园、千顷茶园旅游景区刚刚起步，山、林、水、溶洞及地方特色、人、文历史等项目内容还没有综合联动进来。两条高速公路将于2015年年底建成通车，随着交通状况的改善，便可顺利接入川渝地区乡村旅游圈。

随着景区建设和接待能力的形成，景区的宣传就显得越来越重要。从上文的调查数据可以看到，"市场推广"是游客获知旅游地和实施决策的首要因素。此外，诸如构建区域一体化乡村旅游市场体系，构建旅游区域发展评价与考核系统，构建区域无障碍交通体系；构建区域无缝隙旅游服务体系；塑造区域乡村旅游整体品牌形象；搭建区域整合信息网络平台等。在这些方面，"九道水旅游风景区"的开发与建设刚刚起步，还有大量的工作要做，而对于那

---

① 陈慧英. 旅游者乡村旅游决策影响：因素实证研究[D]. 湖北大学硕士学位论文，2013：67.

② 本调查数据是依据陈慧英.《旅游者乡村旅游决策影响：因素实证研究》一文所提出的调查问卷方案获得。调查主体为遵义市、贵阳市、都匀市市民，调查有效问卷人数374人。2001年陈慧英的调查数值为："传统心理倾向(0.987)、市场推广(0.852)、乡土特色(0.363)、正向推荐(0.329)、环境氛围(0.167)、安全卫生(0.159)和乡村认知(0.114)。价格水平负向影响旅游者的乡村旅游决策(3=0.037，P=0.458>0.05)在本研究中没有得到支持。"在其调查数据中我们将"传统心理倾向"调整为"交通便利"。

些在其他区域开发中遇到的问题，地方政府和开发部门也有必要通过引入专业机构、高校或者研究部门开展学术专项普查调研，理性的、科学的实施或调整每一阶段开发工作。

六、结　论

县级区域性的观光和休闲旅游，究其本质依然是服务于周边城市居民的，带有明显的乡村旅游性质。对于这一类旅游项目的开发，开发者往往忽略其旅游的容量和承载力，以专项公司或引入外部资金与企业运作而不能实现区域性资源整合，无视市场和消费群体的意向与需求，单方面以企业的标准的运行理念建设与运营，致使地方自然与文化生态资源破坏，景区生态和旅游业的可持续发展、民俗文化的传承与保护等问题日益凸显。

笔者认为，在乡村旅游开发过程中，地方政府应当理性地认识自然资源、文化资源对于地方经济文化发展的重要性，乡村旅游的开发一方面是乡村作为一个区域，其经济、社会和环境与旅游产业要能够长期的、和谐的发展；另一方面则是乡村旅游是一种集群类产业，它包含了自然资源和人文资源的开发、生产生活与民俗活动及饮食特产的开发，还附带着实现国家扶贫与开发的政治意图。这所有的开发举措表面的形式是商业化和商品化，而深层的、本质性的开发则是资源的优化和可持续发展因素的确立。乡村旅游的经济效益因其资源容量而具有明确的上限，因此，盲目的扩大发展规模或极力追求经济效益的开发与经营都是不可取的。

参考文献：

[1]　张新. 区域旅游合作理论与实践[M]. 武汉：武汉出版社，2008.

[2]　邹统钎. 乡村旅游理论·案例[M]. 天津：南开大学出版社，2008.

[3]　梁雪松. 区域旅游合作开发战略研究——以丝绸之路区域为例[M]. 北京：科学出版社，2009.

[4]　陈国阶，方一平，高延军. 中国山区发展报告——中国山区发展新动态与新探索[M]. 北京：商务印书馆，2010.

[5]　黄郁成，黄光文. 论农村旅游开发的资源凭借[J]. 旅游学刊，2003，（2）.

[6]　卢云亭. 两类乡村旅游地的分类模式及发展趋势[J]. 旅游学刊，2006，（4）.

[7]　李华敏. 乡村旅游行为意向形成机制研究——基于计划行为理论的拓展[D]. 浙江大学博士学位论文，2013.

[8]　陈慧英. 旅游者乡村旅游决策影响：因素实证研究[D]. 湖北大学硕士学位论文，2013.

发展贵州省乡村旅游助力新农村建设

吴颖林

（黔南民族师范学院政法经济系，贵州　都匀　558000）

摘要：贵州乡村旅游的发展，增加了农民收入、促进了农民就业、发展了农村经济、改善了乡村环境和基础设施、极大地推动了社会主义新农村建设。本文列举了几个贵州省发展乡村旅游的典型事例，通过这些事例，有力地说明了乡村旅游对于农村发展的重要意义。但是目前贵州省发展乡村旅游层次低、不规范、配套差、乡村旅游从业人员素质不高、生态环境保护与旅游开发相矛盾等问题还比较突出，还有许多问题有待解决和改进。如何挖掘更多潜力，使贵州的乡村旅游得到更好发展，助力新农村建设，带来互惠双赢的效果，还需要有更多的思考。

关键词：贵州省；乡村旅游；新农村

一、乡村旅游对农村经济发展的重要性

乡村旅游对农村经济的贡献，一方面给当地增加了财政收入，另一方面创造了就业机会，给当地衰弱的传统经济注入了新的活力，成为发展农村经济的有效手段。乡村旅游在旅游业中有着特殊地位，它搭起了城市与农村交往沟通的桥梁，促进了城乡之间的交流，深受城市居民和乡村居民的欢迎。乡村旅游，使很多贫困地区农民脱贫致富，同时也是一个整治村容村貌、提升民族文化底蕴、建设新农村的助推器。正因如此，现在全国各地都把乡村旅游作为经济发展的重要支撑点。截至 2012 年底，全国有 9 万个村开展休闲农业与乡村旅游活动，休闲农业与乡村旅游经营单位达 180 万家，其中农家乐超过 150 万家，规模以上园区超过 3.3 万家，年接待游客接近 8 亿人次，年营业收入超过 2 400 亿元。2013 年我国农家乐的数量有 170 多万家，乡村旅游的重点村有 10.6 万个，全年接待游客将近 10 亿人次，旅游收入达到 2 800 多亿元，直接受惠的农民有 3 000 多万。

二、发展贵州省乡村旅游对建设新农村的重要意义

贵州省旅游资源广泛分布于广大农村地区、贫困山区、少数民族地区，这些地区大都有自然生态良好、文化资源丰富的特点，把乡村旅游与扶贫开发结合起来，对于加快旅游业发展和脱贫致富具有重要意义。乡村旅游是贵州旅游产业的重要组成部分和特色产品，多年来，贵州一直把扶持乡村旅游发展作为扶贫的重要模式之一。为了到 2020 年基本消除绝对贫困现象，使乡村旅游扶贫真正成为富民、惠民的民生工程，政府也多次提出，要紧紧围绕"多彩贵州乡村游、抓好旅游促增收"主题，大力发展乡村旅游。旅游扶贫是开发式扶贫的一种创新方式，也是市场化程度很高的产业，具有乘数效应，每实现 1 人直接就业，可以带动 5 人间接就业；每增加 1 元收入，可以带动相关产业 7 ~ 10 元的收入。在贫困地区发展旅游业，农民可以通过劳务投入、旅游服务和直接就业增加收入。

早在 20 世纪 90 年代，贵州就在全国率先提出了"旅游扶贫"的发展思路，开发了形式多样的乡村旅游产品。乡村旅游是贵州在 2002 年提出的概念，早在 2002 年，贵州省委、省

政府在《关于加快旅游业发展的意见》中就明确提出"将旅游发展与农村经济结构调整、扶贫开发和生态保护结合起来，积极发展乡村旅游和观光农业"。贵州在这面旗帜下不断发展，如今已实现了乡村游年旅游收入过百亿的目标。近10年来，贵州开发的乡村旅游点和民族村寨有2 500多个，接待游客6 000多万人次，一大批民族村寨在省内外都有了较高的知名度。乡村旅游的发展，为贵州旅游产品结构调整和富民惠民发挥了重要作用。据贵州省旅游局统计，这两年贵州省乡村旅游接待游客人次、旅游收入都以两位数的速度在增长。对于贵州来说，30%多一点的城镇化率、92.5%的山地国土面积，自然地理条件的限制，使得贵州要发展其他产业都较为艰难。局限的现实条件使得我们发展经济需要更多依赖于乡村旅游业，这也是贵州富民强省的必然选择和必由之路。

三、贵州省发展乡村旅游助力新农村建设的典型代表

一位专家曾这样分析贵州乡村旅游发展前景：贫困地区由于自然、历史等诸方面原因，经济和文化都相对落后，也因此大多保存了原始、奇秀的自然景观和古朴的民族风情，依托这些，贵州乡村旅游扶贫大有可为。贵州的一些地方发展乡村旅游，带来了山乡巨变，极大地推动了当地的新农村建设。以下是一些典型代表。

（一）荔波风景名胜区

贵州省荔波县立足生态资源优势，大力探索乡村旅游扶贫开发的特色之路。依托大小七孔风景名胜区，荔波县的大小村寨开办农家乐，每年每户村民都能赚上几万元。借助世界自然遗产的名片，荔波县先后打造了洞塘万亩梅原、白岩泰美乡居、朝阳山水田园度假小镇等15个乡村景点，同时着力打造瑶山拉片千户瑶寨、水利水族大寨、佳荣大土苗寨等民俗体验品牌。目前，荔波县已结合一系列民生项目，举办餐饮、竹编工艺、"农家乐"等培训班，共培训农民10 000多人次，通过发展乡村酒店58家、农家乐239个、乡村旅游合作社12个，辐射带动3万多人脱贫。

30多岁的蒙安住在荔波县的大山深处，是地道的布依族人，大小七孔景区附近名气最大的农家乐隆福山庄就是他开办的。他说："2011年我把贷款全部还清了，2012年纯收入就有40万元，现在我们村有10多户农家乐，要是没有大力搞旅游开发的好政策，我们根本过不上今天的好日子。"住在瑶山乡的布依族人蒙利磊去城里打过工，用他自己的话说，回来是"嗅到了商机。"从荔波县城到大小七孔景区的路上，蒙利磊经营着一家规模较大的餐馆，一到旅游旺季，每天要接待50多桌客人，一年纯收入有30～50万元。在92%人口是少数民族的荔波县，越来越多的家庭因发展旅游而过上了现代生活。以前瑶山特别落后，八成以上的年轻人都出去打工。自从荔波结合民族村寨建设发展旅游后，不仅改善了基础设施建设，还促进了就业，越来越多外出打工的年轻人又回到了瑶山。

（二）娄山关

娄山关村位于遵义市汇川区北面，地处红色旅游景区娄山关脚下，距该区板桥镇1.5公里。尽管如此，以前全村1 000多户、3 000多人并未因此而变得富足，他们守着宝贵的资源，却过着贫穷的生活。随着贵州旅游逐渐走向世界，来娄山关的游客越来越多，每天从各地来的游客游完娄山关，都会在板桥镇的一些农家饭馆吃上一顿饭，这让有心的娄山关人找到了

发财的路子。2006年，板桥镇决定在娄山关村发展乡村旅游，一些大胆的村民将自己的房屋改成饭馆和旅馆，第一年就赚了几万元。看到良好的经济效益，村民们纷纷效仿，将房屋建在210国道边上，开起了乡村旅馆。这种趋势向整个板桥镇蔓延，形成了良好的辐射带动效应，乡村旅游接待点从2006年的43户发展到现在的娄山关第一庄、鲟龙水寨、世外苑、金钟人家度假山庄、古镇度假村等近400户，床位13 000余张，日接待避暑游客达15 000人次，民间旅游经济综合收入达5 000万元。板桥如今正大力发展旅游地产、商贸，规划建设3~5家四星级以上标准酒店和一批商务酒店。加快娄山印象、娄山关生态旅游综合项目开发建设，打造娄山关生态避暑及养生度假区，力争到2015年房地产开发面积达到50万平方米以上，星级酒店标准床位达到3 000张，乡村旅馆床位达到2万张以上，旅游综合接待能力2万人以上。

"靠山吃山，靠水吃水，守着'红土地'，就要做好红色文化旅游。"娄山关靠开农家乐脱贫致富的老板肖老二说。娄山关，如今已经被遵义市打造为黔北红色旅游重要景点，数百家大小各异的农家乐饭庄星罗棋布。每年成千上万的外地游客来到娄山关，瞻仰英烈事迹，体验红色文化，品味遵义美食，每逢节假日和周末，遵义市民又来到这里休闲、度假，"吃农家饭、干农家活、赏农家景、住农家院。"既放松了城里人的身心，也富裕了乡村百姓。

（三）西江苗寨

地处雷公山区的雷山县，是苗族的故乡。这里生态优美，民族风情多姿多彩，但多少年来人们却过着贫困的生活。近年来，雷山县立足自身资源，按照"中国苗族文化中心"目标全力打造乡村旅游大县，在注重保护原生态文化的前提下，大力发展乡村旅游。

位于该县境内的西江苗寨，一直以来传承着日出而作、日落而归的生活，每年种的稻谷和玉米勉强能糊口，曾经是贵州最偏僻贫困的乡村之一。以原生态乡村旅游产品为打造重点，西江苗寨一夜成名，从一个深处大山中的极贫村寨，成了广大游客心驰神往的地方，成长为乡村旅游势头强劲的富裕村。这里的农户也因此过上了好日子，每天客似云来，村民们尝尽了其中的甜头。"穷了大半辈子，我怎么也想不到，能过上这么好的生活。"西江苗寨农家乐老板李珍说。以前一家几口人挤在一间20平方米的房子里，日子过得很紧，有时候还会为了吃饭发愁。为了生计，夫妻俩常年在外打工。2009年，西江苗寨旅游越来越旺，李珍瞅准时机，自筹20万元，又贷款20万元，开了一家农家乐。开业后生意比想象的好了几十倍，每天都有不少游客光顾。不到半年，20万元的贷款还清了，还招了几十名服务员，现在一年的营业额可达30多万元。在西江苗寨1 285户农户中，有的开起了乡村酒店，有的开起了农家乐，有的做起了银饰加工，有的卖特产和纪念品。如今西江家家都过上了现代化的生活，安上了电话、买了电冰箱等家用电器，有的还开上了小轿车。

2014年，西江千户苗寨景区共接待游客272.56万人次，同比增长41.9%；旅游综合收入达21.36亿元，同比增长42.7%。以西江苗寨为代表，贵州众多贫困山区将乡村旅游作为经济增收的方向，并逐渐发展为当地经济的支柱产业。

（四）肇兴侗寨

长期以来，贫困地区的农民市场意识淡薄，认为搞旅游是富裕人的闲事。"农民搞旅游？

当初确实太难了。"提到过去搞乡村旅游的辛酸历程，黎平县一位干部摇摇头。2002年，黎平县提出了"旅游兴县"战略，肇兴侗寨成为了第一批实施的村寨之一，但村民们无动于衷。之后，县里引进贵州世纪风华旅游投资有限公司到肇兴侗寨进行旅游开发。在旅游开发中，政府负责规划管理及协调，企业投入资金实行市场运作，召集企业、群众共同协商，签订了政府、企业、群众三方公平合理的利益分配协议，形成了"政府主导、企业投资、群众参与"的乡村旅游开发模式。由企业投资，解决了政府在旅游开发上投资不足的问题。

这种利益分配方式将群众与企业捆在一起，给旅游开发注入了新活力，激发了各地各类投资者投资开发肇兴乡村旅游的热情，上海、福建等地的客商先后进驻肇兴。企业开发和外来投资者的涌入，带动了肇兴当地群众对乡村旅游业的投资和参与，提高了当地群众保护侗族文化旅游资源的积极性和自觉性。全国最大侗寨黎平县肇兴镇获得第四届全国文明村镇荣誉称号。通过旅游带动，这个侗寨群众现在人人有事干，个个有钱赚。

目前，肇兴侗寨现直接从事参与旅游经营和旅游服务的群众有308户1000多人，直接参与乡村旅游服务的人数和户数占全寨的40%以上。2014年三个黄金周，肇兴侗寨分别接待1.76万人次、3.4万人次、6.5万人次，同比分别增长43%、56%、68%。2014年，肇兴侗寨游客接待量已达30万人次，旅游综合收入约1.2亿元，人均纯收入为8 633元，比全县农民人均纯收入高出2 688元。肇兴侗寨的成功塑造，对乡村群众从事乡村旅游业起到了很好的示范带动作用。

（五）毕节百里杜鹃

毕节百里杜鹃景区在开发前农民人均收入只有1 700多元，到了2012年，通过发展乡村旅游就达到4 100元左右，增长了1.4倍。2015年花节期间，百里杜鹃共接待游客324.96万人次，同比增长29.75%，实现旅游综合收入19.33亿元，同比增长32.1%。

在毕节百里杜鹃金坡乡附源村，曾经因为种粮收入太低，宋慎海和大多数村民一样选择背井离乡外出打工。现在，宋慎海的农家乐收入每年在30万元左右。"从前和现在不敢比，一个在地下，一个在天上。如果不是村里搞旅游，就算再奋斗40年，也不可能有今天。"他感叹道。"出门泥巴路，回家泥满屋；摩托不进村，单车扛进屋。"曾经的附源村虽然民族文化底蕴深厚，环境优美，但由于交通闭塞，人们观念落后，守着"金山花海"过着穷日子。

转机出现在2007年。百里杜鹃党工委、管委会成立后，依托"满族第一村"这个文化品牌，将附源村作为重点进行打造，这个"满族第一村"终于找到了"满韵乡风、水墨附源"的角色定位，人均纯收入从2007年的1 800元增至现在的6 200元，从"边穷村寨"成为了远近闻名的"旅游新村"。走进附源村，满眼惊艳。公路两边，枇杷树将近3米高，400多户满族人家傍山而居，屋舍一改南方人家青瓦灰墙的婉约，红瓦、红柱、蓝檐的满族风格民居错落有致，古色古香的文化长廊格外耀眼，文体广场让人耳目一新。

在村委会办公楼里，村里干部们盘算了一笔细账：筹措资金170多万元修路，硬化院坝18 000平方米；争取资金12万元修建了垃圾填埋点1个；整合资金130多万元，修建了集农家书屋、会议室、娱乐室为一体的村综合办公楼1栋；投入资金300余万元修建村文化娱乐活动广场；争取财政资金800多万元，同时面向社会各界募捐帮扶资金200余万元，实施满族民居改造303户；协调资金25万元，解决了全村251户的人畜饮水问题；完成了全村农网改造工程，"广播电视村村通"全覆盖……

四、总　结

乡村旅游红火了，群众收入增加了，村子的模样也一天天在变化。在全省各地，新农村建设如火如荼，一栋栋各式各样崭新的民居令人眼前一亮，交通越来越便捷，基础设施越来越完善。生态农业观光游、民族风情游、酒文化游、茶园游……一个个独具特色的乡村旅游项目，不断吸引着来自全国各地的游客。"十一五"期间，全省共推出乡村旅游自然村寨3 000多个，培育经营实体6万余户，共有42万贫困人口通过乡村旅游实现脱贫或致富，积极探索走出了一条符合贵州实际的乡村旅游发展新路。2013年，贵州2 500多个乡村旅游点和民族村寨共接待游客9 800万人次，实现旅游收入430亿元。2014年，贵州乡村旅游收入550亿元，同比增长25.4%，占旅游总收入的18.9%；接待旅游人数1.29亿人次，同比增长22%，占全省接待总人数的40.2%，带动社会就业234万人，受益人数超过470万人。2014年全省共有517个村寨入选全国乡村旅游扶贫重点村，创建全国休闲农业与乡村旅游示范县（点）4个，全省农民人均纯收入中有15%左右来自于旅游收入。实现了经济效益、社会效益和环境效益三者的有机统一。根据当下发展趋势，到2015年，贵州将努力实现农民人均纯收入的20%、农村就业人员的20%和全省旅游总收入的20%来自乡村旅游的目标。"我们做旅游，不仅要保护一方山水、传承一方文化、促进一方发展，更重要的是致富一方百姓，让老百姓在家门口就业。"贵州省旅游局局长傅迎春说，"这就是贵州发展乡村旅游的总思路，也被业界称为'贵州模式'。"

乡村旅游，为百姓带来福祉，让贵州乡村更加亮丽。生活环境的改善、经济收入的增加，让世代生活在贵州乡村的百姓不用走出大山就能感受世界的精彩，就能享受富足的生活。以点带面，贵州旅游扶贫的范围越来越大，越来越多的贫困人口走上小康路，旅游致富的路子也越走越宽。但是目前贵州省发展乡村旅游层次低、不规范、配套差、乡村旅游从业人员素质不高、生态环境保护与旅游开发相矛盾等问题还比较突出，还有许多问题有待解决和改进。如何挖掘更多潜力，使贵州的乡村旅游得到更好发展，助力新农村建设，带来互惠双赢的效果，还需要我们有更多的思考。

参考文献：

[1]　杨眉，杨绍先.论贵州乡村旅游的发展[J].贵州大学学报（社会科学版），2012，9（5）.

[2]　熊俊.乡村旅游开辟贵州村寨致富路[N/OL].中国建设报，2013-03-22.

[3]　孙华平.乡村旅游与新农村建设的协同发展模式研究[J].生态经济（学术版），2013，（2）.

[4]　杨云.贵州"发力"特色乡村游 美了农村富了百姓.中国新闻网，EB/OL [2014-08-22]. http: //www.chinanews.com/df/2014/08-22/6520963.shtml

体育旅游产业集群培育的理论探析

张兴奇

（黔南民族师范学院旅游研究中心，贵州　都匀　558000）

摘要： 体育旅游产业集群是我国体育研究领域的主要研究对象之一，近年来已成热点话题，备受学者关注。本文主要采用文献资料、逻辑推理和演绎的研究方法，在全面梳理产业集群、旅游产业集群等相关概念的基础上，针对体育旅游产业集群的概念内涵、类型、意义进行深层次的学理剖析，最后提出体育旅游产业集群的培养与构建的对策。

关键词： 体育旅游产业集群；形成机理；培育与构建

一、问题的提出

1999 年朱镕基总理在《政府工作报告》中强调 "积极引导居民增加文化、娱乐、体育健身消费" 与 2001 年 "体育健身游" 旅游口号的提出，极力促进了我国体育旅游业的发展。迄今为止，国内许多学者针对体育旅游进行了大量的理论与实证研究，并取得了具有突破性意义的成果。但纵览国内文献资料，从产业集群理论的视角对其加以研究的还极为罕见。而近年来，产业集群理论一直是国内外经济学界研究的热门课题。产业集群理论之所以作为现代经济学的一个重要研究领域，其主要原因是，产业集群理论突破了传统产业经济学的分析方法，形成了独特的中观经济视角，把区域看作一个整体，注重区域发展、创新、竞争和区域网络等。产业集群理论诞生之初只是对制造业聚集现象进行命题探讨，而随着该理论的成熟，国内外学者逐渐将这一理论延伸到商业、农业和旅游业等领域进行应用性研究。

因此，在我国体育旅游开发实践中，如何科学地应用产业集群理论加以研究，以及如何较为全面、准确地把握体育旅游产业集群的内涵、类型、特征及其形成机理，是当今体育旅游学发展值得探讨的一个命题，这对提升区域体育旅游产业的竞争力具有很重要的理论与现实意义。本文从产业集群和旅游产业集群的基本理论入手，对上述体育旅游产业集群的基本理论做一些探讨。

二、体育旅游产业集群的概念

（一）关于产业集群理论

经济学界对产业集群的研究最早可追溯到亚当·斯密，其《国富论》体现了与产业集群有关的思想。但经济学史上第一个较为系统地阐述产业集群理论的经济学家是产业区位理论创立者马歇尔（1890），他从新古典经济学的角度，通过研究工业组织，表明了企业为追求外部规模经济而集群，并诠释了基于外部经济的企业在同一区位集中的现象[1]。工业区位理论的创立者韦伯（1929）最早提出聚集经济的概念[2]，之后，有许多学者对聚集经济作过专门研究，如利奇腾伯格（1960）、胡佛（1975）、亨德森（1984）等。20世纪90年代以后，产业集群的研究已成为地区或国家竞争力研究以及区域经济研究的重点。克鲁格曼（1991）提出了新空间经济理论，通过数学模型分析，证明了工业集聚将导致制造业中心区的形成，发展了聚集经济的观点[3]。波特的《国家竞争优势》（1990）及《集群与新竞争经济学》（1998）系统地提出了新竞争经济学的产业集群理论，认为产业集群的核心是其竞争力的形成和竞争优势的发挥。波特（2003）认为：服务业的产业集群和制造业情况一样，也有地理集群性[4]。当前，国外集群研究主要集中在产业集群的机理、技术创新、组织创新、社会资本、经济增长与产业集群的关系研究、基于产业集群的产业政策和实证研究等方面。我国对产业集群的研究始于20世纪90年代，国内第一个较为系统地研究集群的学者是北京大学的王缉慈教授。而大量的研究出现在2000年后，特别是2002年底由中国软科学协会主办的"产业集群（簇群）与区域创新发展"宁波会议和2003年5月地方产业集群研究网（www.clusterstdudy.com）的开通加速了产业集群研究的进展。目前，我国许多学者应用产业集群理论分别对农业、旅游业、服装业等制造业进行了大量的实证应用研究。

（二）关于旅游产业集群理论

事实上，随着我国和国际旅游产业规模的扩大和发展水平的进一步提高，旅游目的地产业集群现象已初露端倪并愈加明显，各种旅游产业集群思想也愈来愈跃然纸上。美国学者Gollub（2002）等人认为价值链是旅游集群的核心，旅游产业集群主要由三个集聚层次的价值链构成：第一层次也是最高层次是产出层，由目的地旅游产品及事件组成；第二个层次是供给层，即由目的地旅游设施、旅游基础设施与服务设施所组成；第三个层次是投入层，即由目的地人力资源系统、产品与服务创新系统、财政系统、基础设施系统、信息基础系统、商业氛围、基础设施的环境质量和营销系统等组成[5]。Sara（2003）认为旅游集群体系中除传统的分布于城市与目的地的娱乐、餐饮和宾馆等企业集群外，还存在另一种形式的集群即各种主题集群（thematic clusters），如各种遗产旅游、特种旅游、探险与运动旅游等，它们往往跨越了地域与行政的界限，依靠合作的价值链组成包价团队旅游，协同一致为旅游者提供一种有价值的旅游体验[6]。Donald（2004）等人根据波特的产业集群理论从产业链和提高竞争优势的角度来界定旅游产业集群，他们认为：旅游集群是由有效的旅游供应链组织起来的一系列旅游活动和旅游服务，其目的是旅游目的地所有单位协同作用以便提高目的地的竞争力[7]。国内学者尹贻梅（2004）等人认为：旅游企业集群是集聚在一定地域空间的旅游核心吸引物、旅游企业及相关企业和部门，为了共同的目标，建立紧密的联系，协同工作，提高其竞争力。旅游企业集群包括旅游吸引物、提供完成旅游活动必不可少的服务的部门以及为旅游活动提供支持辅助的企业与部门[8]。麻学峰（2005年）对旅游产业集群的界定是："所谓旅游产业集群是指围绕旅游六大要素，以旅游目的地为核心，同时具有竞争与合作关系，且在目的地区域范围内相对集中，有交互关联性的企业、专业化供应商、相关产业的厂商以及相关的机构的旅游经济集聚现象[9]。

（三）体育旅游产业的概念

在对产业集群理论形成及旅游产业集群概念进行梳理的基础上，把体育旅游产业集群诠释为：体育旅游产业集群是以一个特定区域的体育旅游资源为核心要素，由处于体育旅游目的地产业或产品链上的众多相互联系、相互竞争的企业部门与机构在地理空间上的趋向和集聚的现象，其目的是通过企业与部门间相互合作取得共识，以提高体育旅游目的地的整体竞争力，实现单个企业所不能达到的结果。

（四）体育旅游产业集群类型及其特点

产业集群形成的空间指向性是不同的。产业集群形成的空间指向有资源导向型、市场导向型和生产要素导向型三类[10]。结合体育旅游产业的特点，本文认为体育旅游产业集群主要存在资源型体育产业集群和市场型体育旅游产业集群两种类型。

1. 资源型体育旅游产业集群

以经营一定区域空间的体育旅游资源的企业为中心，以旅行社、酒店、餐饮、交通通信公司为主体，以保险、银行等配套服务企业为辅导的面向游客需求价值链的产业集群。这类体育旅游产业集群的形成主要选择在体育旅游目的地或邻近体育旅游目的地。旅游目的地的体育旅游资源对体育旅游者起着激发、吸引的作用，是体育旅游者的根本需求。因此，提供或经营核心体育旅游资源的企业构成了旅游产业集群的中心。

2. 市场型体育旅游产业集群

通常以具有销售中介职能的大型旅行社企业集团为龙头，以众多中小旅行社企业为主体，相关体育旅游要素企业为依托而形成的体育旅游产业集群。这类体育旅游产业集群的形成主要选择在具有体育旅游消费偏好、能力和条件的市场区域。市场型体育旅游产业集群内的企业之间的关系是建立在旅游专门化分工的基础上，相互依赖性较强。集群以体育旅游经营商为中心，处在外围的是专门面对消费者从事体育旅游咨询服务、代理游客业务的零售商或专门从事地接业务的专营商。这类体育旅游产业集群主要通过分工合作共同组成区域生产销售网络。

三、体育旅游产业集群形成的机理

从产业集群形成的集聚特征看，集聚的规模经济与外部性是体育产业集群形成的根本原因。因为大量的体育旅游企业或相关支撑企业聚集在某一地区生产，既形成了很大的生产规模，又产生巨大的需求，这种集聚的规模经济为该地区的体育旅游企业获得高品质、低成本的中间产品、劳动力等提供了足够的供给保障。体育旅游集群的形成主要是受体育旅游要素（客源市场、信息资源、目的地形象、体育旅游企业、人力资源等竞争要素条件）不断集聚的推动，在特定地域和具备一定社会资本前提下形成具有一定规模和竞争力水平的区域体育旅游产业群体。规模经济和范围经济是体育旅游产业集群的主要竞争优势，体育旅游产业集群要达到国内外一流的竞争水平，必须有集群内大型体育旅游企业集团的支撑并形成强劲的体育旅游产业聚集，从而推动旅游经济乃至区域经济的发展。从体育产业集群的结构来看，体育旅游产业集群由核心层、支撑层和辅助层所组成。一般以体育旅游资源和相关体育旅游资源开发企业作为核心层，以提供食、住、行、游、购、娱服务的相关企业和行业为支撑层，以目的地政府、教育、研究等机构组织及其他行业机构和企业作为辅助层（见图1）。

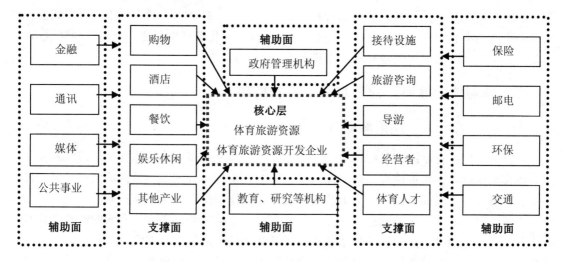

图 1　体育旅游产业集群结构图

四、培育和构建我国体育旅游产业集群的意义

（一）有利于技术创新

首先，体育旅游产业集群可以促进各种专门人才、专业知识、专业技能的交流、传播、创新与扩散，激发新思想、新方法、新技术的应用，使企业既能够跟踪前沿领域的发展，又能够及时掌握市场需求动态，为企业提供更多创新机会，并降低创新成本；其次，体育旅游产业集群集聚还营造了活跃的竞争环境，在这种竞争环境中存在的竞争压力、潜在压力和持续的比较也构成了集群中各个企业的创新动力。

（二）有利于形成区域品牌

体育旅游产业集群有利于形成区域品牌效应。首先，区域特色体育旅游产业集群本身在这一产业方面的声誉可以吸引新的游客；其次，体育旅游产业集群能够把具有产业关联的中小旅游及相关企业联结成较紧密的团体，为了保持整个团体的发展前景，集群内企业相互产生影响，从而形成集群加速发展的趋势，进一步增强区域的整体竞争优势；再次，区域政府在体育旅游产业集群形成与发展过程中起着多方面的扶持和推动作用，通过改善投资的软、硬环境，为体育旅游产业集群的持续健康发展提供优质、高效的系列化服务，从而有利于加强区域的品牌效应。体育旅游产业集群的这种区域品牌整体竞争优势是单一企业所无法达到的。

（三）有利于降低企业风险

体育旅游产业集群能够降低企业进入的风险，促进企业的产生与发展。由于体育旅游产业集群集聚带来的成本优势、创新优势和区域品牌优势等，集群内的企业与一个孤立地区的企业相比，更容易发展。因为，生长在体育旅游产业集群内的企业所提供的产品更具有成本优势，企业也更容易意识到自己在提供的产品、服务等方面存在的问题。而且，体育旅游产业集群中的进入壁垒是相当低的，原材料、资本、技能、劳动力等通常处于可利用状态，可以被迅速地集中起来以建立新企业。此外，体育旅游企业集群通常形成一个重要的区域市场，一个企业可以从已经建立的各种联系中获益。

五、我国体育旅游产业集群的培育和构建

（一）合理调整体育旅游产品结构

要打破传统体育旅游产品结构单一化体系，开发和发展多元化的体育旅游线路和多种不同的体育旅游产品，促进体育旅游产品的换代升级，实现体育旅游产品由低级向高级过渡。在发展赛事旅游产品的基础上，大力开发和发展民俗体育旅游、生态体育旅游、体育考古旅游、山地体育旅游等多种新的旅游产品，形成东部、中部、西部等大体育旅游线路和体育旅游产业集聚区，减少产品对资源的依赖性，延长产品的生命周期。要突出体育旅游产品的个性和特色，深化挖掘体育旅游产品的文化底蕴和历史内涵，增加旅游者对体育旅游产品的参与性和体验性，全方位满足旅游消费者的感官、精神需求。要针对不同消费档次群体和消费倾向，提供多层次、多档次、多组合的体育旅游产品和体育旅游线路，提高体育旅游产品的效用，最大限度地发挥出体育旅游产业集群化的优势。建立合理的体育旅游产品结构，正确处理不同体育旅游产品之间的结构比例关系，凸显集群增加产品附加值的作用，延长体育旅游产品和体育产业集群的生命周期。

（二）加强建设体育旅游合作机制

加强建设各种体育旅游产品、各个体育旅游区域的合作机制。要制定体育旅游集群化发展战略，在国家层面，制定体育旅游集群发展总体战略，合理布局我国体育旅游集群发展规划；在省市县层面，加强体育旅游集群区域政府间的互动与合作，联合制定体育旅游集群化发展的具体战略，减少体育旅游障碍和壁垒，共同打造精品体育旅游线路，提升区域体育旅游产业的综合实力。要整合各种体育旅游资源，根据区域联运、资源整合、资源共享、优势互补、整体开发的要求，各旅游企业之间充分发挥各自旅游资源优势的同时，加强企业之间的合作交流，实现不同旅游产品、不同景区之间的有效对接。要实现旅游产业的信息共享，充分利用现代网络信息技术，提高旅游业的科技含量和信息化水平，推进旅游产业网络化、信息化、集团化发展，充分发挥出旅游产业集群创新和技术扩散的优势。

（三）加大体育旅游产业集群化的培育与管理

政府要加大资金投入，制定体育旅游产业集群化发展规划设计，提升体育旅游产业的产业地位，在土地、资金等方面给予政策支持，对处于体育旅游集群区域内基础薄弱的景区设施进行改造和修建，缩小各景区基础设施之间的差距，满足体育旅游产业集群化发展需要。要积极培育体育旅游市场，通过市场引导投资、旅游、休闲等企业进入体育旅游产业集群化的开发与建设之中，形成体育旅游产业集群化发展的主要动力。要加强体育旅游企业及其员工的管理，切实保护旅游消费者的权益，防止旅游欺诈以及其他损害旅游者权益行为发生；同时需要统一规范旅游市场，形成合理的旅游市场竞争机制。

参考文献：

［1］ 陈剑锋，唐振鹏. 国外产业集群研究综述[J]. 外国经济与管理，2002，24（8）：22-27.

［2］ Weber A. 工业区位论[M]. 李刚剑等译. 北京：商务印书馆，1997.

［3］ Krugman P 1991a：Geography and trade. Cambridge，MA：M IT press；1991b：increasing returns and economic geography，Journal of political Economy 99.

［4］ 迈克尔·波特. 国家竞争优势[M]. 北京：华夏出版社，2003.

［5］ Gollub James，Amy Hosier，Grace WOO. Using Cluster-Based Economic Strategy to Minimize Tourism Leak-ages [Z]. Research Report Submitted to Global Economic Development Practice，San Francisco，California，2002：1-59.

［6］ Sara Nordin. Tourism Clustering & Innovation-path to Economic Growth & Development [Z].European Tourism Research Institute，Mid-Sweden University，2003，（14）：1-85.

［7］ Donald F.Hawkins. A Protected Areas Ecotourism Competitive Cluster Approach to Catalyse Biodiversity Conservation Economic Growth in Bulgaria [J].Journal of Sustainable tourism，2004，12（3）：219-244.

［8］ 尹贻梅等. 旅游企业集群：提升目的地竞争力新的战略模式[J]. 福建论坛人文社会科学学报，2004，（8）：22.

［9］ 麻学峰，吕白羽. 武陵山区旅游产业集群发展的对策[J]. 沿海企业与科技，2005，（9）：6-8.

［10］ 毛剑梅. 旅游业与制造业产业集群的比较分析[J]. 经济问题探索，2006，（6）：125-128.

试论苗族先民的历史贡献*

文　毅，张兴雄，覃忠跃

（黔南民族师范学院地方民族文化与教育研究中心，贵州　都匀　558000）

摘要：蚩尤是中华民族的三大人文始祖之一，以蚩尤为首的九黎氏族部落，开疆土、兴农耕、制五兵、创百艺、明天道、理教化，为中华民族早期文明的形成做出了杰出贡献。

关键词：苗族；祖先；历史；贡献

中华文明是世界上最古老的五大文明之一，中华民族的祖先在黄河流域和长江流域繁衍、生息，创造了绵延不断的东方文明。这个东方文明的源头就是以炎帝、黄帝、蚩尤三大人文始祖为代表的三祖文化。认识三大人文始祖，就是认识我们的祖先，就是认识我们的中华民族；研究三祖文化，就是研究灿烂的中华文明。五十六个民族五十六朵花，在数千年的文明进程中，各民族都有自己卓越的贡献，苗族是历史最悠久、文化积淀最丰厚、贡献最大的少数民族之一。以蚩尤为首的九黎氏族部落，开疆土，兴农耕，制五兵，创百艺，明天道，理教化，为中华民族早期文明的形成作出了杰出贡献。

一、蚩尤是中华民族的三大人文始祖之一

据《史记·五帝本纪》记载："轩辕（黄帝）之时，神农氏（炎帝）衰，诸侯相侵伐，暴虐百姓，而神农弗能征。于是轩辕习用干戈，以征不享。诸侯咸来宾从，而蚩尤最为暴，莫能伐，……蚩尤作乱，不用帝命，于是黄帝乃征师诸侯，与蚩尤战于涿鹿之野，遂擒杀蚩尤"。《史记》正义道："九黎君号，蚩尤是也。"《山海经·大荒北经》记载："蚩尤作兵伐黄帝，黄帝乃令应龙攻之冀州之野。应龙畜水，蚩尤请祈风伯、雨师从，大风雨。黄帝乃下天女曰魃，雨止，遂杀蚩尤。"《逸周书·尝麦篇》载：蚩尤打败炎帝，"赤帝大慑，乃说于黄帝，执蚩尤，杀之于中冀，以甲兵释怒。"[1]这些史料记载和传说，述说了远古时期中华民族三大先祖及其部落集团为开拓疆域、壮大力量、谋求发展所经历的纷争与融合。五千多年来，以蚩尤为代表的苗族先民，作为中华民族的一员，与各民族一道在征服自然、改造社会的过程中，在共同抵御外侮的斗争中，互相帮助，增强团结，融汇为统一、和谐的中华民族，形成你中有我、我中有你的民族大家庭。苗族先民与各民族共同创造了灿烂的中华文明，又创造了自己独特的文化。蚩尤善战，后世尊奉为战神，为苗族后人所景仰。黄帝、炎帝、蚩尤是中华民族的三大人文始祖。

二、苗族先民创造辉煌灿烂的文明

要研究苗族先民的文明，除依据文献记载外，还必须关注考古领域，应用考古学成果。

---

*基金项目：贵州省优秀科技教育人才省长资金项目《贵州苗族芦笙文化研究》（黔省专合字[2010]120号）阶段性研究成果。

承前所述，"大汶口文化"、"大溪文化"、"河姆渡文化"、"良渚文化"等文化遗存与九黎集团的文化联系密切。近年，三峡考古工作又有新发现，俞伟超先生考古研究认为，新石器时代长江中游文化系统中的大溪文化、屈家岭文化等原始文化为三苗遗存。这些文化遗存充分反映了苗族先民所创造的文明成就。

1. 开疆辟土

据史料记载，苗族先民开疆南方，五帝时拓展北方，把长江中下游、黄河下游的原始森林和荒芜地开发成为后来适于人类繁衍生息的好地方。楚国丈量全国土地，楚王后裔庄蹻带楚民（包括苗）远征云南，最早开发云南，秦、汉之际，苗人由江北移入江南，后又从江南迁向西南，在迁徙中，他们每迁徙一次，就留给后人一大片开垦地、耕稼地。不断地迁徙，不断地开发，他们不断地使江汉平原、两湖（洞庭、鄱阳）周围，一处处犬小不一的美好田园相继出现和形成，不管是南方的肥田沃土，还是北方的广阔草原，都留下了苗族先民的汗水、足迹。这就是苗族人对祖国的无私贡献。

2. 农耕文明

农耕文明主要指以石器为主的农业经济。大汶口文化中精制的椭圆形斧、穿孔铲、刀、镰、凿等石器生产工具，以粟为主的农业，渔猎生产占有一定地位。大溪文化以种植稻米的农业经济为主，兼营狩猎、捕鱼等，在大溪文化遗存中经常发现一些稻草、稻壳印痕，墓葬中大量随葬整鱼，这时的家畜饲养也较发达，主要家畜有猪、狗、鸡、牛、羊等。屈家岭时期各遗址内发现了大规模稻作遗迹以及家庭饲养业遗存（包括大量的猪骨和狗、鸡、羊的陶塑），说明原始农业、养殖业有重大发展。河姆渡文化和良渚文化遗址也有稻作遗存，其中河姆渡文化中的籼亚种晚稻型水稻是我国最早的人工栽培稻，良渚文化中的养蚕、纺织业比较发达。这些考古成果说明，苗族先民已由原来依靠采集、狩猎、捕鱼等生产方式为生，转而经营收入较为稳定的种植业和养殖业，农耕技术成熟，农业生产获得了长足的发展。考古发现正好同蚩尤九黎部落生存的时代和活动地域相吻合，可以视作最早从事农耕稻作的蚩尤九黎部落所留下的文化遗存。说明苗族先民总是从事农业生产，始终是一支劳动大军，影响和推动着农业的发展，为中华民族农业的发展做出了重大的贡献。[2]

3. 制陶与冶金

苗族先民在中华大地上是较早掌握制陶和金属冶炼并使用金属工具的先民群体。大汶口文化的红陶、灰陶、黑陶、灰白陶，三峡地区石家河文化的铜器，《管子·地数篇》记载的"蚩尤受庐山之金，而作五兵。"又云"葛卢之山发而出水，金从之，蚩尤受而制之，以为剑、铠、矛、戟"；《遁甲开山图》云："蚩尤者，炎帝之后，与少昊冶西方之金"。《吕氏春秋·荡兵》亦有载："未有蚩尤之时，民固剥林木以战矣，胜者为长。"《龙鱼河图》"黄帝摄政前，有蚩尤兄弟八十一人，并兽身人语，铜头铁额，食沙石子，造立兵杖刀戟大弩，威震天下。"据考古发现，分布在长江中游地区的湖南平江灰坑和铜熔块采矿遗址、麻阳县九曲湾古铜矿井，都是春秋时代以前的先民冶炼场所。文献记载与现代考古发现的相互印证等等，说明苗族先民掌握了先进的制陶技术、铜质冶炼技术，并制造了金属工具、武器等，这在中国、亚洲乃至世界都处于领先地位。说明苗族先民对中华民族的科技发展做出了不可磨灭的贡献。[3]

4. 刑法与宗教

《周书·吕刑》记载："蚩尤对苗民制以刑。"《尚书·吕刑》记载："苗民弗用灵，制以刑，惟作五虐之刑曰法。杀戮无辜，爰始淫为劓、刵、椓、黥。越兹丽刑并制，罔差有辞。"这是关于蚩尤创制刑法的记载。《史记》："黄帝与蚩尤战于涿鹿之野，蚩尤作大雾，军士皆昏迷。"《山海经》记载："黄帝令应龙攻蚩尤，蚩尤请风伯雨师以从，大风雨。"《玄女兵法》记载："蚩尤幻变多方，征风招雨，吹烟喷雾，黄帝师众大迷"。《国语·楚语》记载："少昊之衰，九黎乱德，民神杂糅，不可方物，夫人作享，家为巫史，无有要质，民匮于祀。"这是九黎之族"好祀重鬼"，把持少昊部族祭祀大权的情况。九黎率先发明的宗教即巫教，至今，在湘、鄂、渝、黔一带，苗族聚居地区流传的"赶尸"、"落洞"、"巫蛊"等巫术相传都与蚩尤有关。总之，文献史料记载说明了以蚩尤为代表的"三苗"部族是中华大地上最早创制刑法、创制宗教（尤其是巫术）的人们共同体。

5. 文学艺术

苗族先民在文学艺术上的贡献主要以口头文学、荆楚文化为代表。湘西《永绥厅志》记："苗民有七十二堂神。"多神崇拜、万物有灵产生了许许多多的神话流传于民间。苗族先民在上古时期就创造了许许多多的神话，例如黔东南的《苗族古歌》，其中包括《开天辟地》、《铸造日月》、《枫木歌》，黔西北的《谷佛补天》，湘西的《奶归玛簋》，滇东北的《造天地万物》，广西大苗山的《龙牙颗颗钉满天》，海南的《盘王》等等。这些神话、古歌记述了开天辟地、补天、天地形成、造日月和射日月、万物起源等内容，充满幻想，积极健康。《麻山苗族史诗——亚鲁王》和"贾理"都是苗族口头文学的代表。

《麻山苗族史诗——亚鲁王》广泛流传并运用于麻山苗族地区，分散流传于贵州西部苗族地区，这是一部麻山苗人在丧葬仪式中对亡灵返回亚鲁王国时代历史唱诵的神圣诗篇，是一部26000余行活形态的大型长篇史诗。"史诗"的语言优美，表现形式灵活多变，有的用叙事形式朗读和吟唱，有的用道白的形式问答，诗歌采用反复重叠和比兴表现手法，歌唱的曲调低沉悲苍，旋律单纯，节奏简洁。《麻山苗族史诗——亚鲁王》是有史以来第一部苗族长篇英雄史诗，迄今已有约2500年历史，3年前发现于贵州麻山地区。《麻山苗族史诗——亚鲁王》所传唱的是西部苗人创世与迁徙征战的历史，所颂扬的首领亚鲁王是苗族民族英雄。长诗以铿锵有力的诗律和舒缓凝重的叙事风格，生动讲述了西部苗人的由来和迁徙过程，是上古时期中华民族曲折融合的历史见证。

"贾理"（苗语"JiaxLil"）在口头文学中也占有重要的位置。"贾理"流行在黔东南苗族地区，"贾理"既是对这类亦诵亦歌的口头诗体作品样式总的专称，也是对这种样式的单篇作品的通称，由许许多多相对独立和完整的部分组成，总篇幅超过万行。"贾理"集苗族古代文学、史学、哲学、法学、语言学、民俗学、自然科学、巫术等于一身，是苗族古代社会的"百科全书"、"圣经"、"法典"。"贾理"主要传承人是理老、寨老和巫师，不同场合有不同的应用特点，可唱、可颂、可吟、可说。例如由王凤刚搜集整理的《苗族贾理》，其中《创世篇》、《洪水篇》叙述人类的起源、天地日月星辰等的形成、自然界万物的产生、鬼神的产生、许多自然现象的起因等等;《迁徙篇》叙述中部苗族的具体迁徙路线以及在黔东南地区村落分布的历史格局;《巫事篇》选录扫寨、祭嘎对、开路、解钩四则,论述苗族古老神秘的原始宗教。《苗族贾理》共 80 万字,其内容广博精深,反映了苗族古代先民的文学、历史、哲学、法学、民俗、科技等文化内容,在篇幅框架构建、内容编排、遣词造句上,可以说已经达到了高度完美、炉火纯青的艺术境界,呈现出气势磅礴、高屋建瓴、环环相扣、流畅顺达、风格浪漫、富于哲理等特色。《苗族贾理》既是苗族民间文学中的一枝奇葩,也是国家非物质文化遗产保护项目。

许多学者认为苗族与荆楚同宗共祖,苗族文化与荆楚文化在许多方面相同、相通。例如楚辞中屈原的《离骚》、《九章》、《九歌》、《天问》、《招魂》等"书楚语,作楚声,纪楚地,名楚物",表现了超现实的浪漫思绪和丰富的文学表现形式。其中楚国巫文化与苗族神话"古歌"中的开天辟地、日女月男、打柱撑天、箭射日月、民族起源、婚丧习俗等内容、形式都大同小异。罗义群教授研究认为,以苗族神话"问"的形式为表现的民间文学与屈赋《天问》如出一辙,作为祈祷胜利的军傩乐歌与古今苗族风俗大致吻合;《少司命》的主题反映了苗族文化中的求子习俗;《山鬼》则与苗族巫歌同为真幻混交,二者有惊人的相似;《国殇》则表现了楚苗所共有的鬼雄崇拜,充分论证了屈赋与苗族文化之间的渊源关系。[4] 关于苗族文化与荆楚文化,历史学家范文澜先生称楚国为"苗族的楚国",龙海清、龙文玉在《屈原族别初探》中研究认为屈原是我国第一个把巫术文化作为创作背景的苗族作家。楚辞对于巫术文化主要吸收其形式,取其炽热又丰富的想象和情感,表现了他的爱国热情和政治理想。田兵先生在《苗族名称与今天苗族》中说:"实际上屈原是楚国王室,整个当年楚国的领导层都是苗族。"如果这些观点成立,说明楚巫文化源于古代苗巫文化,而当今的苗巫文化又保留了荆楚文化。

苗族是一个能歌善舞的民族。在婚宴上可连唱三天,在芦笙场上可连跳三天,因而有"芦笙响,脚板痒"之说。苗族舞蹈包括巫舞、史诗舞、爱情舞、娱乐舞,其中巫舞与祭祖敬神有关,既继承了荆楚歌舞祀神,又保留了恋祖情结。总之,苗族歌舞代代相传。

我们知道了荆楚文化与苗族文化的关系,弄清了楚辞是先秦时期最具代表性和最有生命力的文学形式,与《诗经》、先秦散文齐名,同是中国远古时代最辉煌、最成熟、最具特色的典型文学形式,楚辞的发展与苗族文化发展息息相关、密不可分。"苗族创造的巫术文化以信鬼好巫、多神崇拜而著称。各种祭祀活动是巫教与神话文艺杂交的统一体。屈原正是从这种统一体中吸取了营养,创作了中国历史上的一代诗风。苗族所创造的巫术文化对中华民族的文化曾产生过广泛而深远的影响。""屈赋狂放、奇艳的美学风格,影响了曹植、左思、鲍照、李白、李贺、辛弃疾等一代又一代的作家和诗人。他的不朽诗章反映了他的不朽人格,在历史的熔炉内已升华为一种屈原精神。屈原精神蕴含的爱国主义和强烈的自我意识,以及忧国忧民之心,已成为支撑国人灵魂的脊梁。每年的端午节人们都要包粽子、划龙舟,纪念这位文化先驱。"[5] 苗巫文化蕴藏着极为丰富的楚文化矿藏,是屈赋乃至中国文学史的重要源泉。可以说,苗族先民在文学艺术发展史上占有重要的地位,为中国文学艺术作出了重大的贡献。

三、结 语

中国苗族是一个经历了数千年不断迁徙的民族,有自己的历史,有自己的文化,有自己的思维方式。苗族在历史上曾创建过三次文化高潮，即黄帝与蚩尤时代以发明兵器、刑法、宗教为代表的第一次文化高峰，大禹和三苗时代以创造稻作文化为代表的第二次文化高峰，以楚文化为代表的第三次文化高峰。苗族先民对人类的历史贡献正如摩尔根在《古代社会》中论述美洲印第安人的贡献一样："美洲印第安人的历史和经验，多少可以代表我们的远祖处于相等状况下的历史经验。印第安人的制度、技术、发明和实际经验，构成人类记录的一个部分，其价值特别宝贵之处在于他们的意义远远超出了印第安人本族的范围。"

参考文献：

[1]　李廷贵等. 苗族历史与文化[M]. 北京：中央民族大学出版社，1996.

[2][3]　贵州省苗学会. 苗学研究通讯[J]. 贵阳：贵州省苗学会，2000，（11）：9.

[4][5]　罗义群. 苗族文化与屈赋[M]. 北京：中央民族大学出版社，1997，4-5.

布依族《摩经》里的道德传统解读

黄泽梅

（黔南民族师范学院马列主义教学部，贵州　都匀　558000）

摘要：《摩经》是布依摩教的祭司布摩在各种宗教仪式上吟诵的经典，其贯穿在古歌、神话和传说中的价值观念，集中体现了布依族的道德倾向和文化个性，成为指引布依族社会发展的重要精神文化。本文从劳动观念、家庭伦常、处世原则等方面来阐释布依族《摩经》中蕴含的道德传统，分析《摩经》在布依族人民生产和生活中的影响。

关键词：摩经；道德传统；劳动观念；家庭伦常；处世原则

"如果会做人，够吃一辈子，人若不学好，三个做三样，六个做六样，赌博的赌博，打牌的打牌，变卖父辈田。"[1] 这段出自布依族《摩经》的唱词，既是丧葬仪式中超度亡灵所用的经文，更是布依族传统的伦理道德观念在摩教中的体现。所谓摩教，简而言之，就是以帮助人们消灾避邪，引导亡灵升入天堂为信仰宗旨的布依族的民族宗教。出于祭祀活动的需要，摩教在漫长的岁月里逐渐产生了自己的系统经典——《摩经》。从内容上看，《摩经》可谓卷帙浩繁，从神话传说到万物起源，从家庭伦常到风俗习惯……几乎涵盖了布依族生活的方方面面，也是人们研究布依族传统文化的百科全书。马克思指出："宗教本身是没有内容的，它的根源不是在天上，而是在人间。"[2] 摩经的产生，尽管是源于人们对于鬼神的恐惧和依赖，但它所遵循的价值理念却是来自布依族的世俗生活，经文中祈祷各路神灵、鬼魅妖邪善待好人，依据的正是民间"善有善报，恶有恶报"的伦理观点。这种对既定规范的认可和维护，使得《摩经》成为了布依族社会传统道德教育的特殊教材。

一、劳动观念：生要勤劳，死要勤俭

布依族自古以来就以水稻种植而闻名，在长期的农业生产中，勤劳朴实的布依族人经过艰苦的摸索，为水稻耕种技术的提高和传播作出了重要的贡献。《摩经》的许多经文，如《造万物》《赎谷魂》《古谢经》等，都有关于布依族先祖为了种植水稻而历尽艰辛的生动描述。而在自然经济条件下，个人的劳动能力和勤俭程度直接影响到生活水平，所以人们争相以热爱劳动为荣，并形成了布依族崇尚劳动、鄙视懒惰的道德传统。"地里不锄草，草不砍下去，田不拔乌拉，稻不长上来，乌拉长成片，茅草长成丛，那样人会穷，不要怕艰辛，田里拔乌拉，水稻方茂密，劳动才有吃，才受人羡慕。"（《母祝文》）对于生活在社会底层的劳苦大众而言，即使只能拥有野草般卑微的地位，忍受各方强权的欺压，却依然阻止不了人们对于美好生活的向往。透过经文的字里行间，我们可以清楚地感受到，布依族人民所期盼的幸福，不仅来自物质上的丰裕，能够衣食无虞——"有吃乐融融"；更有精神上的诉求，希望活得尊严——"才受人羡慕"。而实现这些愿望的途径，就是"勤劳"。在布依族那里，"勤劳"不仅是衡量道德品质的重要标志，更是个人安身立命乃至于接受天神庇佑的首要条件。"下力多种地，下力多种田，种地方有吃，神仙才保佑。"[3] 布依族认为，好逸恶劳是连神都无法容忍的劣行，且会败光祖业。只有通过艰辛的劳作，不断的付出与奋斗，才能积聚财富，免于捉襟见肘的困苦，"买得肉过年，上得公粮税。"这份坦荡自在，对于长期背负生活压力的布依人来讲，就是一种尊严，无关乎身份地位，而是对个人劳动成果的肯定。

宗教因信仰而产生。面对复杂变迁的世事和难以掌控的命运，人们亟欲寻找某种超自然、超人类的神秘力量来实现自我救赎，从而获得精神上的慰藉。在摩教看来，这种神秘的力量无疑来自鬼神。可以说，祖灵崇拜和冥世观念构成了摩教主要的思想基础。通过隆重庄严而又冗长繁复的丧葬仪式，以及定期的祭祀，生者与死者之间形成了特殊的互惠关系：魂归阴地的祖先依然可以享受子孙丰厚的祭品，而生者则祈祷祖先的亡灵能够帮助自己消灾解困，并且福泽后人，"第一保佑儿孙健壮，第二保佑子孙发达，第三保佑牛马兴旺，第四第五保佑后代安康。"[4] 然而这种关系的建立也并不是绝对的，前提条件必须取决于生者是否足够勤劳朴实、善良纯厚，否则就会受到祖灵的厌弃。为了强调劳动的重要性，《摩经》甚至把布依族对劳动的崇尚从俗世延伸到了神界，《十二层天，十二层海》就通过大胆丰富的想象，为我们呈现了"另类"的仙家景象：挤成堆的鸭子，拢成群的天鹅，晒满花布的天街，拥挤热闹的海市……在这个充满浓郁的人间生活气息的海天世界里，神仙不再是高高在上，而是被世俗化了，他们一样需要种田织布、打井造水、赶场经商。经文虽是为了以此向人们解释各种自然现象的由来，却也从侧面说明了无论是人也好，神也罢，唯有劳动创造才有资格受到他人的尊重，实现自我价值。

劳动不仅使人们生存和发展的实际需要得到满足，也是亡魂回归极乐仙境、安宁飨祀的唯一途径。这点在《摩经》里体现得尤为充分深刻。《摩经》从表面上看，它是布摩在各种宗教仪式中用来沟通鬼神的工具，然而其最终的作用却是为了抚慰人们因为命运的难以掌控而深感无助痛苦的心灵，尤其是消减人们对于死亡的恐惧和焦虑。不同于中国民间所构筑的阴罗地府，《摩经》为我们展示了一个祥和美好的彼岸世界——祖业之地。"仙家好又好，仙家好又乐，那里仙屋高，那里仙房新，祖爷祖奶全在那，先逝祖辈都在那。"（《殡亡经·天堂歌》）然而，亡魂要想回到祖地，获得圆满安顿，必须经过龙桥、狱门的重重试炼，只有被证实生前德行端正、勤劳谦善的人，才能"走到祖宗处"。若是抢劫偷盗之人，只能成为游荡的野鬼，在冥途特定的地方受苦，以偿前世的罪孽。尽管这些说法带有浓厚的宗教迷信色彩，但其根本目的却是为了劝诫人们在有生之年多行善事。以死寓生，就此而言，《摩经》的内核仍是在其抑恶扬善的道德教化作用。布依人深信，上到天堂的亡魂，并不意味从此就能永享福乐，而是回归祖先劳动创业的艰辛之路。"男子垦田的板锄挖缺了口，才得常住那地方，垦田的条锄挖断了耳，才得常住那地方，姑娘舂碓的脚板踩出了泡，才得常住那地方，挑水的肩膀磨成了茧，才得常住那地方。"[5] 即使鬼神，要想得到应有的报偿，也必须通过诚实本分的辛劳创造。这种崇尚勤俭的道德传统，使得劳动成为了布依人一种本能，贯穿生死。

二、家庭伦常：尊老爱幼，和睦相亲

在中国传统的道德伦理文化中，家族的稳定和血脉的传承往往超越人与自然的关系，成为人们首要关注的重点。特别是小农经济的生产方式，造成了家庭成员在经济上的相互依赖，父母对子女的哺育以及子女对父母的赡养，成为彼此之间既定的权利与义务。在此基础上，形成了尊老爱幼的人伦规范。但相对于儒家"无违即孝"的极端观念，布依《摩经》在劝导世人孝顺父母的同时，也兼顾到了孝与慈之间的伦理互动。因为农耕社会的发展有赖于生产和生活经验的传递，从而使得长辈的智慧和阅历显得尤为珍贵，就像布依族谚语说的"不听老人言，没有米下锅。"在布依族看来，只有亲子两代人之间帮扶互爱，才能实现家庭喜乐和谐，倘若缺失一方，另一方就会变得处境艰难。《穷困孤寡歌》就分别从父母和子女两个角度唱述了失去亲人之后命运的凄凉悲苦。"外出天黑无人接，出门无人来惦记，摔倒无人过来扶，头破血流无人问，痛生痛死谁来理。"这种对血缘亲情的依赖和重视，强化了布依族的家庭伦理观念，但其中狭隘的"亲亲"（意即亲近自己的家人）思想无疑人为的缩小了"互爱"的对象和范围，"柴刀没有菜刀快，叔伯怎跟父母比，柴刀没有剪刀快，婶娘怎跟母亲比，太阳没有炉火烫，嫂嫂怎跟母亲比，唯有亲生父和母，知疼知爱知怜惜。"[6] 相比儒家所倡导的亲吾亲以及人之亲的"博爱"理念，境界显然削弱了许多，也是其不足之处。

正是以最基本的亲子关系为核心，布依人形成了自己"奉祖先、孝父母、睦兄弟、亲宗族"的亲情伦理道德。《摩经》中的《母祝文》里就不厌其烦的叙述了母亲从嫁为人妇到生儿育女直至临终话别的一生功德，经文通过展现母亲在日常伦理中的传统美德，尤其是怀胎受孕时的艰辛隐忍和养育子女时的辛劳操持，生动刻画了母亲给予子女的种种恩情，以此教导人们莫忘亲恩，奉先思孝。类似的还有《忆恩歌》，同样是用摆事实、讲道理的方法，在抒情的格调中阐发了对父母的感恩之情，"想起父母恩难报，为人须当报其恩，父母恩深实难报，杀身难报娘恩情，父母在时应孝道，人发孝心鬼神钦。"《摩经》所传达的伦理道德观念，反映了布依族处理人际关系的基本准则，尤其是家庭成员应当遵循的行为规范。这些准则、规范的作用不仅在于促进个体家庭的稳定兴旺，同时还包括维护宗族姻亲的团结和睦。因为传统的小农经济往往导致个体家庭在面对各种意外灾难时难免人微力乏，必须借助宗族或"外家"（意即母亲或妻子的娘家）的力量。所以"别骂舅家人，如同刀砍脚，别骂外公婆，那是子孙魂，舅家五代靠，外家五代找。"[7] 直到今天，在布依族中仍然保留着"敬外家"的习俗，无论红白喜事都要请外家到场，否则就会因为"失礼"而受到谴责。

作为布依族传统家庭教育的重要内容，伦理规范的教育更多的是以"训诫"规定下来，渗透在日常社会生产和生活中，成为维系家族稳定的基础。在布依村寨里，因为长辈掌握着丰富的社会经验和文化传统，从而具有较高的声望和权威，他们同时也肩负着对年轻人的教导责任，特别是遇到重大事情，年轻人必须听从长辈的意见，以使其为人处世能够符合群体的价值取向。这在布依《摩经》里多次得到了体现和强调。如《母祝文》中借用母亲的亡魂告诫子女务必虚心接受长辈的规劝，才能避免各种不必要的祸端。"别睡樟树枝，别怨恨叔伯，若与人结仇，叔伯来商量，亲戚都到全，会有人来劝，他劝你要听。"当然，要想实现家道和顺的伦理目标，除了必须倚赖长辈的提携和教导外，家庭成员之间的关系是否处理得当同样至关重要。

在处理家庭关系的问题上，布依族向来重视道德伦理的作用。提倡为人父母对待孩子应当一视同仁，尤其像"分家"这样的大事更要做到公正合理，以免引起儿子间的仇怨（出嫁的女儿不能享受家产）。"旱地平均分，水田平均给，都有织布机，猪羊分一样，肥的带瘦的，不存在偏心，小的带大的，不留有后患。"虽然分家以后，兄弟各立其业，但这并不意味着彼此感情的阻断，仍需相互来往照应，才不至于遇到困难时独木难支。"他日若娶媳，他日若结亲，喝酒要相约，喝茶要相请，齐赶偷猪虎，共商村中事，同寻走失牛。"随着男女婚姻的缔结，夫妻关系成为了家庭人际关系的核心，直接影响着家庭的稳固和发展。不可否认，长期以来由于男尊女卑的传统观念，导致妇女在布依群体中地位低下，尽管她们同样承担着家庭的生计，却只能屈从于男子。但在绝大多数布依族家庭里，丈夫通常都很喜爱妻子，也能尊重妻子的意见和要求。人们普遍认为，滥情不专的人会遭到天罚。"莫嫌糟糠妻，他妻好莫羡，他妻好别贪，别与她谈情，会遭雷击打，她夫来成仇。"至于妻子，则必须严格遵守各种"门风家法"，勤俭持家。"舂米别忘囤，挑水别忘担，莫与丈夫吵，家庭不和谐，谁人去耕地，哪个来理家，诸事要分清。"（以上经词均译自《母祝文》）

三、处世原则：团结友善，本分守礼

传统的伦理道德赋予了布依族强大的群体凝聚力，同时也放大了个人在社会关系中的责任，在布依人的传统观念里，即使是亲戚邻里之间同样负有团结协作、互济互助的义务。所以，如果谁家遭遇天灾人祸，或者逢上婚丧嫁娶，左右邻居和四方亲戚都会主动到场帮忙。《布依嘱咐经》中亡魂在远去祖地之前将自己的家庭托给叔伯婶娘看顾，就是基于布依人在长期社会生活中所形成的对于亲属和街坊的依赖意识。这种团结友善不仅表现在布依族的村寨邻里之间，对待与其他民族的关系亦是如此。远古时期，恶劣的自然环境严重威胁着人类的生存和发展，在对自然的实践改造中，人们需要吸收借鉴不同民族的智慧和力量，才能创造更加美好的生活。也由此形成了各民族之间彼此尊重、相互学习、祸福同当的交往准则。翻开布依《摩经》，关于民族往来的经文不在少数。《摩经》中的《韦姓鹰歌》叙述了韦姓布依族在迁徙过程中遭遇恶鹰阻拦，为了克服困难，联合汉族、苗族共同制服巨鹰的战斗事迹。《造房歌》则讲述了布依族祖先为了建造房屋，先后走访了汉人、侬人、罗人、苗人，均得到了热心的帮助，又以报酬请来布曼人的建房师傅，终于建成新房的故事。这些远古传说，充分反映了布依族历史上与汉族、苗族、彝族之间团结互助、亲密友好的关系。"布依老祖先，交友遍四方，朋友诚心待；结交有汉人，汉人敬我们，送来亮槁多，夜路胜点灯；结交有苗家，苗家敬我们，送来麝香浓，交易作钱使，麝香换蜡回，蜡能染衣裙，染得衣裙美，盖过几多人。"（《过场经》）尽管在《摩经》中也有一些贬低其他民族的语言，但无论如何，团结合作、友好相处始终是布依族处理民族关系的主流思想。

《摩经》作为摩教的系统经典，本身也是布依族传统文化的重要组成部分，它以特定的方式制约和影响着人们的社会生活。除了主要用于丧葬仪式中超度亡灵，《摩经》还是人们祈福禳灾、驱邪避秽的重要祷词。按照摩教的观点，人生所经历的各种祸福荣辱，生死成败，或是神灵安排，或是鬼魅作祟，必须通过相应的仪式达成与鬼神的互动和沟通，才能扭转不利运势，逢凶化吉。但是任何一种仪式活动都要严格遵循摩教世代沿袭的礼仪，包括程序、规范和禁忌，否则不能达到所求的目的。为了避免触怒鬼神，以保家族兴旺，布依人自觉地将这些规范和禁忌融入到日常的生产和生活中，并传承给后代子孙，成为约定俗成的族规礼法。这些因摩教信仰而获得权威的宗教礼仪，反过来又制约着布依人的现实生活，不断强化群体的价值认同和凝聚力。如《摩经》中强调"不得偷捞井中鱼，不得偷拐他人女，不得背人干丑事，不得偷摘林中果，不得偷拿竹上布，不得偷取他人财……"（《咒牛祭祖词》），否则人死之后不但不能回归祖地，还要受到严厉的惩罚。人们为了死后的福报，基于都能恪守本分，并以多做善事为荣。可以说，布依族地区自古以来民间公益事业的发展，很大程度得益于摩经冥世观念的传播。"传统社会中伦理道德的价值判断及行为规范主要来自宗教。各传统宗教中的清规戒律对几乎整个社会都具有重要影响；宗教的教义在有些时代和社会甚至替代法律，

成为人们生活行为的基本指导和主要评判标准。"[8]

当然，布依人对礼仪的讲究并不止于宗教活动，更多的是对人们日常习俗和社会交往的规则要求。"不是布依歌优美，不是布依人话多，布依地方讲礼貌，不是布依歌动听，不是布依话甜蜜，布依地方尊礼节。"（《造谷歌》）如同经词说的那样，布依族地方向来非常讲究礼仪。尤其是在公开的社交场合，良好得体的言行举止往往能够得到众人的赞赏。《摩经》里人物称谓的变化就充分体现了布依族生活中的谈话礼仪，遇到年纪比自己大的人，都要以 weis（音：唯，同"我"）自称，只有长辈或者地位尊崇的人才能称 Gul（音：故，同"我"）。如果与人交谈不用尊称，会被视为"港盘"（意即不懂礼节）而招至反感。若是家中杀鸡摆宴，必须将堂层正中的上席座位让给老人，并敬以鸡头，以示对长者的尊敬。"老人吃鸡头，老人吃鸡腿，后辈啃鸡翅，后辈啃鸡身。"（《过场经》）正因如此，自觉遵从族群的道德规范和社会习俗，成为布依人品质和素养的重要体现。相对男性而言，布依族女性应当遵守的礼仪更为繁琐而具体，女孩从小不仅要学作各种家务手工，还要懂得家规族礼，"家里有长辈，家里有亲戚，不要站对面，家里有伯母，家里有叔娘，不要高声笑。"只有谨言慎行，"才有好名声"。倘若言行出格，就会连带父母受到指责，"别人说你不懂礼，别人说你没教养，骂父没教导，骂母没教育，母终生害羞。"[9]因而教化本民族的规矩礼仪，成为布依族传统家庭教育的重要内容，也由此推动了布依地区礼仪之风的盛行。

四、结　语

布依《摩经》尽管是为了配合摩教的各种仪式活动而创作出来的一种带有原始性的宗教文学，然其对宇宙奥妙的大胆猜想、对祖先业绩的缅怀讴歌、对礼仪习俗的传承……深刻影响着布依族的民族心态和文化个性。《摩经》中所传达的勤劳、自强、孝顺、友善、诚信、尊礼等价值理念，构成了布依族传统伦理道德的主要内容，它以独特的方式向人们诠释了真善美的定义，保证和维护了布依族社会的稳定和谐。正因如此，对待《摩经》，必须站在时代的高度"取其精华，去其糟粕"，正确解读其在当今社会条件下的时代价值。

参考文献：

[1] 黄镇邦译著. 布依嘱咐经. 贵阳：贵州人民出版社，2011，43.

[2] 马克思恩格斯全集. 北京：人民出版社，1972 年，第 27 卷第 436 页

[3] 黄镇邦译注：《布依嘱咐经》，贵阳：贵州人民出版社，2011，53.

[4] 贵州省安顺、镇宁民族事务委员会. 古谢经. 贵阳：贵州民族出版社，1992，67.

[5] 贵州省安顺、镇宁民族事务委员会. 古谢经. 贵阳：贵州民族出版社，1992，46.

[6] 韦兴儒，周国茂. 布依族摩经文学. 贵阳：贵州人民出版社，1997，194.

[7] 黄镇邦译著. 布依嘱咐经. 贵阳：贵州人民出版社，2011，50.

[8] 陈声柏. 宗教对话与和谐社会. 北京：中国社会科学出版社，2008，8.

[9] 黄镇邦译著. 布依嘱咐经. 贵阳：贵州人民出版社，2011，47.

厦格泥人节考察

李小红[1]，嬴鹏辉[2]

（1.黔南民族师范学院 历史与社会文化系，贵州 都匀 558000；
2.纳雍县化作中学，贵州 毕节 553306）

摘要： 泥人节是厦格村侗民的一种中秋娱乐活动，该节日已有五百余年历史，其独特之处是玩泥取乐，将喜悦尽情地在泥土里释放。本文尝试从泥人节的主要内容入手，阐析该节日的发展因素，并透过节日表层探析侗家人的文化内涵。

关键词： 厦格；泥人节；文化内涵

厦格，即贵州省黎平县肇兴乡厦格村，是个纯侗族聚居区，现辖5个自然寨，1 600余人，距乡政府驻地约4公里，交通较为便捷。该村地处半山腰，民居以木质结构为主，古朴且奇巧，系肇兴"八寨一山"旅游景点之一，景观奇特。泥池塘位于厦格寨寨脚，古称"天鹅湖"，现称"河下湖"，全塘总面积约770平方米，常年水深约0.6米，最深处约1.3米。历年的八月十五，该塘均是泥人节活动的主要文化空间。

一、泥人节的主要内容

（一）放 鱼

泥人节是一个较复杂的节日，需要准备很长一段时间，其中最主要的是塘鱼的积累过程。这个过程带有传奇色彩，既是侗家人原始生活图景的再现，又是原始宗教思想的体现。作为一个公共池塘，泥池塘肯定要放养很多的鱼，这既体现了侗家人能够巧妙利用天然资源的智慧，又体现了侗家人为了秋收节庆的使用而日常积累的一种美好的传统。放鱼大体上可分为集体放鱼和个人放鱼两种类型。

1. 集体放鱼

在厦格村曾有一个古老习俗：原先，这一带的江河里面都有很多的鱼，人们经常出去捕鱼，尤其是出远门捕鱼的人们捕获的鱼数众多，又不能及时吃完，大家于是就商量着放到泥池塘里面去放养，从此池塘里的鱼就与日俱增，这是传统的放鱼方法。现在的放鱼方法与此不同，是专门为了节日准备而临时放鱼。节日临近时，每家都要放几尾鱼到池塘里面去，放得越多说明你家今年的鱼收入越多，越富有，就越有面子，所以人们一般都争第一，看谁放的最多。

2. 个人放鱼

秋收前，人们为了使得稻田得以充分利用，方便在秋收后可以种植其他农作物，或是因为连年作为水田不利于水稻的生长，为了来年水稻得以更好地生长，人们纷纷把田水放掉，使得自家的水田变成旱田。这样一来，每家收获的田鱼很多，一时半会儿无法把鱼吃完，自家又没有其他地方可以养着，加上一些小鱼有时又不忍心把它吃掉。这样，大量的田鱼就被放养到大池塘里面去了。刚开始人们为了方便以后收鱼还数好数目，可是随着旱田的增加，各家各户都把余下的田鱼等放到这口池塘里面，此外，泥池塘也有一部分鱼是侗家人因还愿而放生的。这样一来，泥池塘田鱼成群，数量可观，当然也分不清楚哪家具体有多少了。

（二）大闹"天鹅湖"

在厦格泥人节中，奇景趣事应接不暇，其中压轴大戏就是大闹"天鹅湖"。这里有三大看点，那就是看鱼跃、看人玩、看牛斗。

1. 看鱼跃

塘水大量放掉后，人们开始逐渐看到鱼背。这时，大家或者迫不及待地用手去指着自己喜欢的鱼儿，或者指着自己觉得最大的鱼，或者开玩笑地争执意中鱼是谁放进去的。这样，人们在岸边七言八语闹个不停，笑声、争论声、拍掌声连成一片，似乎成了一曲别有韵味的侗族大歌，直叫人拍手叫绝。

塘里的水越来越少，鱼都挤到了一块儿。这时，鱼儿为了争夺自己应有的空间不断地往上跳跃，大小的各色鱼都腾空而起，真有"鱼跃龙门"般的感觉。每当大鱼一跃而起的时候，众人们就一齐高喊。这时候，一阵阵的欢呼声随着风儿飘向四周山林，预示着泥人节已经正式入了第一次高潮。

塘水大体上流干，仅剩池塘最深处凹下去的部分尚余少量的水供鱼呼吸。这时人们还不能进入池塘捕鱼，人们还需等待钢炮三声。

2. 赏捕鱼

随着最后一声钢炮的结束，捕鱼活动拉开帷幕。大家一哄而入，奋力捞鱼，勇争第一。塘内的人一边捕鱼，一边吼叫，活像冷兵器时代战斗一样。人们拿着捕鱼工具不停的呼喊，甚者嗓子都哑了。此时，岸上之人也毫不相让，跟着叫喊。塘里塘外，欢呼声此起彼伏，直上云霄，颇有点欲惊天上人的味道。大家兜鱼时，有人因网兜小，入网鱼儿可能会跳回塘里，就干脆用手去抓鱼。有人因鱼滑难控，不小心滑倒塘里，弄得满身泥泞。有人干脆跟别人浑水摸鱼。

每人捉到一尾鱼时，都会自觉地举到头顶，跳几跳，做一个挥手动作以示炫耀，向大家展示自己的本事，从而激发他人奋力捉鱼。有的获鱼者干脆激动得绕场跑几圈。大家以各种方式追逐嬉戏，引得鱼塘四周数千观众捧腹大笑，别有一番风味。

3. 打泥水仗

随着捕鱼者的"大显身手"，塘中鱼越捉越少，得鱼的几率越来越小。此时，有些人好不容易才捞到鱼，大家就开玩笑地争着去抢他的鱼，这时就为争一尾鱼而引起泥水仗。塘泥松软，不会伤到身体，人们只管用泥水四处乱打。塘里的人们越玩越起劲，动作也越来越粗犷，或用手脚拍溅，或用网兜淋洒，一会儿这个变成泥人，一会儿那个也变成泥人，一来二去的，在大"混战"的过程中最终个个都成了泥人，这个过程戏称为"互扮泥人"。不少人下塘意不在鱼，只图个快乐，他们作乱、捣鬼，专门搞破坏活动。有的人把自己捞到的鱼又往塘里倒，只为了开心。有的人专门偷鱼，然后把偷来的鱼又倒回塘里去。有的人故意将泥浆甩往岸上的人。不少游客衣服被弄脏了都不在意，有的游客甚至当场就跳下塘里行即兴之乐。一时间，塘里更乱了，大家笑得东倒西歪，巴不得自己也赶快进塘去感受一下，使人不由得联想起蛮荒时代人类生活的情景。

4. 观牛斗

泥水仗尽兴结束后，便是斗牛（黄牛）活动。场地就在人们刚刚搅浑了的泥塘里进行。大体上是厦格寨与上寨之间的斗牛比赛。但斗牛的来源十分广泛，无论你是哪里人，都可以赶牛来斗，无需报名。你或者任选一方，或者干脆自己独立，任由别人的牛跟你的牛斗，只要进场就是平等对待，就相当受人欢迎。

在鞭炮声和欢呼声中，主人牵牛在前开道，后面不少人尾随，来展示队伍的庞大，震慑对方。牛不断地绕场，算是入场式，这种仪俗称"踩堂"。一支支"队伍"在岸边欢呼、吹口哨，为牛儿加油助威。有的主人喜欢打扮牛，在牛身上罩红缎，背上插令旗鹤尾等，但严禁在牛角上镶铁角等利器。

斗牛入场后，就只能靠牛"自导自演"了。大多数情况下，每一对斗牛刚开场时是比较友好的，很少出现一开始进塘就斗个不停的情况。它们僵持了很长一段时间后，才在众人的鼓动下进入状态，慢慢地开始触角。这时真正的斗牛才正式开场。

塘中牛角撞击声不绝于耳，岸上众人呼声不断，直至其中一头败下阵来。有的牛不善罢甘休，把打败的牛追的满塘转，惹得众人们尖叫不停，口哨不绝。

当然，斗牛均斗志高昂且顽强时，那就更精彩了。两牛四蹄腾空，冲上去缠斗一团，难解难分，气氛十分紧张。有时两牛苦斗近一个小时还未能分出胜负，此时牛角出血，牛眼发红，牛嘴冒沫，牛身泥裹，还在争斗。因决斗时间太久，人们逐渐由激动转为同情，再就是忧虑，最后是不忍，最终人们只好把两牛强制隔开，算是平局。若不如此，两牛再缠斗下去的话恐怕伤及牛体，毕竟目前牛还是侗家人离不开的农用劳动力 。

（三）宴宾友

随着斗牛的尽兴，暮色开始降临，泥人节步入了尾声。若是有贵宾（比如上级领导或是隔壁村寨来客）加盟的话，那泥人节的内容还要丰富些。比如增加吹芦笙、唱大歌等节目作为"扫尾曲"正规宣告结束。文娱活动结束后，大家相邀吃晚饭，牛肉、鱼肉加上自家酿制的米酒盛情款待客人，直至客人酒足饭饱，尽兴而归，让客人在泥人节的气息中"鱼"味难尽，数月不绝。

二、泥人节的发展因素

（一）不利因素

伴随着社会的不断开放，人们的思想也逐渐发生改变。厦格村民开始不再接受这种传统的娱乐方式，甚至觉得这种节日没有"钱"途，导致泥人节一度风雨飘摇，在人们的眼皮底下苟延残喘。

1. 外来文化的冲击

改革开放促进了厦格与外界的交流，这对于人们视野的开阔和思想的开放起到了很好的引导作用。但与此同时，外来世俗文化也随之进入厦格，并在当地人心中打上深深烙印，导致泥人节等传统文化受到强烈冲击。随着外来文化的盛行，本地文化无可避免地走向衰落。对于外来文化，年轻人是主要受众，尤其是 80 后、90 后，他们自我为本，奉行我行我素。在一个需要众人参与的大众化节日中，他们宁愿宅在家里上网、看电视等，也不愿参与到众人中去,泥人节这一传统文化的传承着实令人担忧。

2. 人口大流失的打击

最近十余年的外出务工潮,强力改变了厦格村在家人口的结构。留守老人、小孩能否对泥人节拥有一个良好的传承,这对于泥人节而言,简直就是一大考验。农村人口的不断外流,直接给泥人节以致命的打击。一般情况下,为了让家里人过上"小康"生活,中青年大都外出务工,每当过节时人员就出现辈分型断层,家里就只剩下老人与小孩,这对于节日的人员分配是一个很大的考验。泥人节开始步入了"老人小孩节"时代,若任其自然发展,泥人节文化最终将会名存实亡。

(二)有利因素

1. 政府支持

近年来,肇兴乡政府已经意识到传统文化的重要性,开始努力寻求有效的应对策略。厦格泥人节传统文化的价值开始被社会所重视,政府也积极寻求保护对策,这极有利于厦格民族传统文化的传承,传承和保护泥人节文化的意识在当地逐渐得以增强。

因为厦格泥人节传统文化有着显著的地域性特征,又有着得天独厚的节日资源,故而在第三次全国文物普查中,开始将厦格村庆祝泥人节的场地——泥池塘纳入了文化遗产保护视野。这对于泥人节的保护与宣传起到了积极的作用。这一举措,将大力提升本土文化的认同度,激励政府和民间共同传承民族传统习俗。

2. 友人参与

国内外友人自发地积极参与节日活动,在体现侗家人的宽广胸怀的同时,更展示了泥人节文化的无界性。尤其外国友人,他们能以一种全新的角度去认识泥人节文化,并亲自参与泥人节活动,甚至投入大量资金,他们不仅为厦格泥人节文化注入了新的活力,更为厦格泥人节的发展打下了坚实的基础。1989年,著名的法国摄影家扬·莱玛(中文名阎雷)在广西三江和贵州黎平一带拍摄侗族人民日常生活时,还来到厦格地区参加泥人节活动。他的摄影画册《歌海与木寨》轰动世人,为包括泥人节在内的侗族文化起到了重要的宣传作用。

三、泥人节的文化内涵

(一)当地人心态

厦格侗家人很了解泥人节捕鱼以及以鱼款待贵客的深层次原因。因为这不仅是一种传统的待客之道,更是一种原始的宗教行为。对于侗族而言,鱼是一个圣物,是神灵才能得以享用的上等菜,不是一般人能够随便吃的,也就是说"此鱼只应天上有,人间哪得几回闻"。拿鱼来款待客人,是一种很高尚很神圣的待客方式,更是希望客人能够年年有"余"。捕鱼时,获鱼者相当激动,都很自觉地把鱼高高的举到头上去,以显示自己的愉快与能力。从获鱼的多少以及获鱼者的得意冲动,可以看出侗家人是如何在意对胜利的追求,甚至可以看出侗家人对英雄概念的认识,这是侗家人能力与挑战的表现形式,也是对本民族竞争心态的培养手段。

(二)男女关系

节日中的泥水大战,可以窥测侗家人的心胸气度,突出了侗家人的幽默大方。在打泥巴仗时，男女争鱼盗鱼、涂泥抹土，这是当地年轻男女自由打趣的另类表达。泥池塘是侗家人进行大联欢的场所，同时也是厦格侗家人培养男女情愫的摇篮，甚至比闹洞房更有趣。

从节日中的"男女共欢"可以看出，侗家男女之间并没有很大的忌讳，不像有些民族那样男女有别。泥人节没有庸俗的世俗观念约束，不论男女老少，只要你喜欢都可以参加。从这一点上可以得知侗族女子的传统地位以及和谐美好的男女关系。大家没有明显的男女界线，只求欢乐共享。

四、结　语

泥人节实质就是侗族中秋节的一种别称。人们在中秋时节为了家人及客人丰盛的美餐而进入池塘捕鱼的行为，随着历史的洗礼，逐渐演化为节日的一项活动。由于池塘是公有的，不能随便进入，大家只好约定一个具体的日期进行捕捞，而中秋节就是家人团聚、客人满屋的日子，为了给自家及客人一顿美好的肉食，捕鱼就自然而然地定在了这一天。当然，人们在捕鱼的过程中动作比较激烈，很可能不小心把泥土溅到别人的身上，再加上喜欢开玩笑者的做作，有意无意地把泥土溅到别人的身上，最后大家都弄成了泥人。从此年复一年，每次大家都是一身泥土，大家都习以为常了。当网不到鱼的时候，有人就开始舀泥水往别人身上泼，你泼我，我泼你，一来二去，就成了一个在捕鱼的同时以泥水取乐的场面。随着历史的积淀，加上侗家人聪明才智的发挥，不断地丰富当天的活动内容，最后成了名副其实的泥人节。当然，厦格泥人节并非孤例，日本、菲律宾等国也有类似的泥人节，所以说厦格泥人节是世界泥人节文化的有机组成部分。

参考文献：

[1]　郭达津. 侗乡情韵[M]. 贵阳：贵州人民出版社，2000.

[2]　杨祖华. 肇兴体验[M]. 海口：海南出版社，2008.

[3]　刘必强. 神奇的节俗：黔东南民族传统节日[M]. 贵阳：贵州民族出版社，2008.

[4]　韦建丽. 贵州民族风情荟萃[M]. 贵阳：贵州人民出版社，2012.

[5]　潘登. 侗族传统节日文化及其传承与保护[J]. 当代教育，2011（01）.

[6]　杨代富，邓怀云，杨秀银，罗茜. 黎平厦格村"泥人节"抢鱼[N]. 贵州都市报，2013-09-22.

参会代表合影

韦恩胜副市长致辞

插1

王明亮局长致辞

黄胜副院长致辞

张河清院长发言

杨胜明会长发言

彭远森副会长发言

肖进源所长发言

胡可铨高工发言

王世杰（国家级厨师）发言

罗永常院长发言

张文磊主任发言

杨胜明会长答疑

肖进源所长答疑

与会嘉宾及人员认真思考　　　　　　　与会专家和领导会间认真讨论

与会专家会间讨论

镇远镖局野马在会间认真思考

都匀朱紫寨考察

都匀朱紫寨考察

都匀大河桂花园度假山庄

都匀高寨茶园酒店

都匀螺丝壳江涌泉三文鱼庄

都匀螺丝壳三合竹鼠农家乐

都匀朱紫寨农家乐

都匀螺丝壳河头茶园旅游点

优秀论文颁奖

优秀乡村酒店颁奖

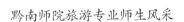

黔南师院旅游专业师生风采